理解了要执行,
不理解也要执行,
在执行中去理解,
否则就要剁胳膊剁腿。

— 林园简介 —

著名投资人，深圳市林园投资管理有限公司董事长。拥有30多年的资本市场投资经验，旗下基金产品穿越牛熊为客户带来丰厚回报，在投资界被誉为"中国股神"、"民间股神"、"中国巴菲特"、"股市常青树"，美国华尔街基金经理称赞他为"**全球行业宏观领先者**"。

1989年，持全家拼凑的**8000元**本金投身股市，反复波段式投资深发展，在股市中赚到第一桶金——**12万元**。

1992年，股市资产超过**1000万元**。

1993年，卖掉股票，投资房地产，逃脱了中国股市第一波大熊市。

1994年，卷土重来，重仓**深发展**和**四川长虹**。

2000年，撤离A股市场，将资金投向周边国家的资本市场。

2003年，在A股熊市时杀回来，**倡导价值投资**，重仓绩优股，收益倍增。

2005年，股市资产已达**4亿元**。

2006年，股市资产突破**20亿元**，成立私募公司——林园投资管理有限公司。

2016年，卖掉银行股、保险股，买入**医药股**。

2017年，再次对外发行基金产品。

2020年11月，管理的基金产品规模达**260亿元**，个人资产突破**1000亿元**。

传奇仍在继续……

— 荣誉榜 —

- 林园荣获2019年度常青树私募基金经理（私募排排网）
- 林园荣获2019年度十年杰出私募基金投资经理（东方财富）
- 林园荣获2017年度十佳经理（投资快报）
- 林园投资公司荣获2019年度最强私募公司（一年期）（Wind）
- 林园投资公司荣获2019年度最强私募公司（三年期）（Wind）
- 林园投资公司荣获2019年度最强私募公司（五年期）（Wind）
- 林园投资公司荣获2019年度十大信赖基金奖（光大证券）
- 林园投资公司荣获2019年度十年最佳私募基金公司（东方财富）
- "林园投资2号"荣获2019年度最强私募基金（股票策略）（Wind）
- "深国投·林园"荣获2017年度2年期收益前十名（投资快报）
- "深国投·林园"荣获2017年度3年期收益前十名（投资快报）
- "深国投·林园2期"荣获2017年度股票策略收益前十名（投资快报）
- "深国投·林园3期"荣获融智评级2010-2011年度"五星级"（私募排排网）
- "深国投·林园"荣获融智评级2011年度"五星级"（私募排排网）

2018年4月，林园和客户在办公室漫谈投资的确定性。

2018年3月，林园在第十二届中国（深圳）私募基金高峰论坛上做主题演讲：随着中国老龄化社会的到来，生产高血压、糖尿病、心脏病三种疾病治疗药品的公司，就是未来的"药中茅台"。

2019年2月23日，中国顶级投资家林园慈善晚宴在成都瑞华酒店举行，晚宴拍卖所得19万元将资助贫困高中生完成学业。在主题演讲中，林园重申未来投资机会在医药股。

2018年12月，林园应邀参加《证券市场红周刊》年底座谈会，强调未来三十年中国股市确定性最高的投资机会在治疗高血压、糖尿病、心脏病这三种病的医药股中。

2018年5月，应《证券市场红周刊》邀请，林园赴美国参加巴菲特股东大会。

2018年7月20日，在第一财经《中国经营者》栏目中，林园和嘉宾谈熊市里的价值投资机会就在治疗高血压、糖尿病、心脏病这三种慢性病的医药股中。

2018年5月,在第六届中美投资人酒会上,林园宣讲中国股市的投资机会在医药股,在生产高血压、糖尿病、心脏病这三种疾病治疗药品的医药公司中。

2018年7月,陕西省汉中市政府邀请林园参观考察汉中市的投资环境。

笑傲股市30年

林园炒股秘籍

（增订版）

王洪 著

山西出版传媒集团
山西人民出版社

图书在版编目（CIP）数据

林园炒股秘籍 / 王洪著 . -- 太原：山西人民出版社，2019.6（2025.3 重印）
ISBN 978-7-203-10911-2

Ⅰ.①林… Ⅱ.①王… Ⅲ.①股票—证券投资—中国 Ⅳ.①F832.51

中国版本图书馆 CIP 数据核字（2019）第 107423 号

林园炒股秘籍

著　　者：	王　洪
责任编辑：	李　鑫
复　　审：	贺　权
终　　审：	梁晋华

出 版 者：	山西出版传媒集团·山西人民出版社
地　　址：	太原市建设南路 21 号
邮　　编：	030012
发行营销：	0351-4922220　4955996　4956039
	0351-4922127（传真）　4956038（邮购）
E－mail：	sxskcb@163.com（发行部）
	sxskcb@126.com（总编室）
网　　址：	www.sxskcb.com

经 销 者：	山西出版传媒集团·山西人民出版社
承 印 者：	廊坊市祥丰印刷有限公司
开　　本：	650mm×960mm　1/16
印　　张：	24.75
字　　数：	300 千字
版　　次：	2019 年 6 月　第 1 版
印　　次：	2025 年 3 月　第 4 次印刷
书　　号：	ISBN 978-7-203-10911-2
定　　价：	168.00 元

如有印装质量问题请与本社联系调换

目录

林园语录

再版代前言　我是如何活过 A 股这 28 年的 …………………… 001

第一章　林园财富传奇：从 8000 元到亿万富翁

一、8000 元的起步 ………………………… 009

二、初露锋芒 ……………………………… 009

三、逃过熊市 ……………………………… 010

四、卷土重来 ……………………………… 011

五、胜利大逃亡 …………………………… 013

六、大展宏图 ……………………………… 014

七、传奇仍在继续 ………………………… 016

第二章　林园的确定性理论

一、巴菲特是如何把握确定性的 ………… 021

二、林园关于确定性投资的理念——买股票就是买未来盈利确定的公司 ……………………… 024

三、确定性最高的三类企业 ……………… 027

四、买入 …………………………………… 032

五、持有 …………………………………… 038

六、卖出 …………………………………… 039

第三章　无风险套利

- 一、风险 ·· 042
- 二、规避风险 ··· 045
- 三、跟林园学习"无风险套利" ················ 050

第四章　挑选公司的六大财务指标

- 一、挑选股票，就是挑选公司 ················ 060
- 二、林园挑选公司的六大财务指标 ········· 064
- 三、怎样对待造假账的公司 ···················· 071

第五章　双腿跑出来的持股信心

- 一、国际大师们的惯常做法 ···················· 080
- 二、动态跟踪——防止风险的利剑 ········· 086
- 三、亲身感受你投资的公司 ···················· 108

第六章　熊市策略与牛市策略

- 一、三年布阵 ··· 112
- 二、"乌龟"政策 ····································· 114
- 三、牛熊分界——招商银行15元 ············ 116
- 四、牛性思维与熊性思维 ······················· 120
- 五、为什么要买大盘股？ ······················· 121
- 六、为什么要买小盘股？ ······················· 122
- 七、牛市初期"满仓""捂股" ···················· 122
- 八、股市中调整心态很重要 ···················· 124

第七章 什么时候做什么事

一、什么时候做什么事 …………………………… 128

二、泡泡吹大时赚钱才最爽 ……………………… 130

三、牛市初、中、末期的操作方法 ……………… 132

四、2007年将是A股最好的时期 ………………… 133

第八章 选股的六种技巧

一、在行业盈利出现拐点时选择企业 …………… 138

二、从盈利高的知名品牌企业中选 ……………… 140

三、从"巨人"般的品牌、"婴儿"般的股本中选 …… 141

四、选择能够看得见"底"的公司 ……………… 142

五、选择你认为10年后仍然能够"存在"的企业 …… 142

六、数字说话 ……………………………………… 143

第九章 林园看股市

一、股价 …………………………………………… 152

二、涨到天上的股票 ……………………………… 152

三、股市中的"庄" ……………………………… 153

四、基金减仓 ……………………………………… 153

五、股市中赚谁的钱？…………………………… 154

六、林园的忠告 …………………………………… 154

第十章 树立中国股市的赚钱标准 …………………… 157

第十一章 股市大牛，我们要勇往直前 ……………… 167

第十二章 林园最近 10 年的投资心得

目前股市已被低估 ·········· 212

便宜 ·········· 212

垄断的老字号值得期待 ·········· 213

满仓 ·········· 214

我的投资主线 ·········· 215

等待股市吹泡泡 ·········· 217

典型熊市第三期 ·········· 218

信心来自基本判断 ·········· 219

市场需要信心 ·········· 220

要做阿 Q 不要做祥林嫂 ·········· 221

套住的都是金项链 ·········· 222

嘴巴不会少 ·········· 223

一针见血,抓住事物的本质 ·········· 224

投资茅台的故事 ·········· 225

敬业的研究员 ·········· 227

活得长最重要 ·········· 227

段永平不可能做空茅台 ·········· 229

回应爆仓 ·········· 230

了解我吧! ·········· 231

股市需要"活雷锋",谁对你好要知道 ·········· 232

第十三章 林园最新投资逻辑分享

一、投资医药股是我这辈子资产上台阶的第 4 次大机遇
·········· 236

二、糖尿病、心脏病、高血压就是"药中茅台"…… 243

三、持有白酒，未来只投3种病…………………… 248

四、市场点位低估，未来看好医药股走势………… 253

五、发产品不是要挣你们的钱，是做改变你们命运的好事
　………………………………………………… 261

六、远离竞争，拥抱垄断（医药股的牛市会超过30年）
　………………………………………………… 268

七、未来30年投资医药股最坏的结果是赚100倍 … 285

八、充满争议的投资神话，未来30年的投资机会 … 289

九、建仓三大慢性病医药股，散户可投医药指数…… 298

十、293次出价，"民间股神"林园慈善晚宴以19万元
　　落锤，神秘中标者待揭………………………… 305

十一、6个字值19万？！阿里拍卖"股神"林园神秘晚宴
　………………………………………………… 308

第十四章　林园粉丝心路历程集锦

一、守股如守寡——深圳投资者余军…………… 314

二、高山仰止，一生追随——北京投资者王曦缇…… 331

三、炒股其实没风险——成都投资者楚华………… 335

四、跟着林园改变命运——青岛投资者于宝顺…… 344

五、太阳、水、林园——上海投资者任永平………… 349

六、与林园的六次见面——成都投资者黄元泽…… 353

七、林园是世界顶级行业宏观大师——上海投资者文安国
　………………………………………………… 355

八、中国特色的"股神新时代"——深圳投资者杨璞
　………………………………………………… 360

九、"股神"大道——上海投资者杨光 …………… 364

十、伟大的投资家——广东投资者邓君胜………… 368

十一、解读我眼中的"股神"林园——深圳投资者李斌
　　…………………………………………………… 371

再版后记　"行业＋垄断＋成瘾"就是林园的财富密码 ………… 378

林园语录

我赚钱的"秘籍"就是"行业 + 垄断 + 成瘾"。

投资股市的本质,就是投资挣钱的企业。

对于优质、稀缺的资源,你能拥有就不错了。

过去 20 年产品不降价的公司才是真正的好公司。

选择高速增长的行业,分享企业赚钱的乐趣。

中国股市是最能赚钱的地方。

高价股不等于下跌。

买好公司,最重要的标准就是这只股票不管熊市还是牛市,它的股价是否每年能创新高。

股市的风险其实是企业经营的风险，我们只要能够把握住经营的风险，我们就是在做一个可知的事，把不确定的东西变成确定的。

底部的公司未必风险小，不断创新高的公司未必风险就大，因为底部和顶都只有一个，谁都不知道。

股票下手依据：看趋势不看涨跌。

在错误的方向上狂奔，除了犯下严重的错误之外，你不会得到什么更好的结果。

赚不到钱没关系，但是不能赔钱。

大牛市中赚不到钱就是风险。

股市有泡沫时，才是我赚钱的最好时机。

再版代前言

我是如何活过A股这28年的

——林园在格隆汇2018"决战港股"
海外投资系列峰会上的发言

今年确实有点头疼。我在A股市场投资这么多年，2018年是最痛苦的，因为今年没有盈利，这很麻烦。过去28年里，如果按照每年12个月来算，我每年都是盈利的，但今年就是没有盈利。本来今年上半年还盈利的，但下半年就不盈利了，而是亏损。我心里很难受，感觉不痛快，因为我们从来没有遇到过12个月不盈利这种现象。

我说过去28年我们没有一次失误，我们认为我们是全球第一，大家可以当我吹牛。为什么能做到没有一次失误呢？主要是我们买入的股票没有失败过，全部都是盈利的，到今天为止，只要我买入，12个月内都是盈利的。为什么会这样呢？我也在想这个事。对行业宏观和竞争的把握，这是我们的强项。对行业宏观的把握，我们做到了100%精准的预测，这是我们对以往的总结。

接下来，我认为我还是不会错，肯定是对的。

讲过去没有意义，因为资本市场是看未来的，你要看到未来，看到咱们的投资方向是什么。目前对宏观经济我是不看好的，为什么？因为实际上，从过去到今天，中国的制造业是过剩的。当老板不好当，各行各业现在都是亏损的，经济危机实际上已经发生了，只是没有向金融方面传导，也就是说，过剩经济太多了，各行各业生产的太多了。

产量再减少3倍，我们也不会出现短缺，但太多了就一定有竞争，而我们投资的敌人就是竞争。我们要做独家买卖，我们最喜欢垄断，惧怕竞争，因为竞争就一定会导致失败。

现在基本上所有的行业都是过剩的，你看我们的金融、地产，还有家电制造业，这些生活的方方面面都做到全球第一了，唯独和大健康有关的行业，现在和世界的差距是100倍到500倍。相关统计显示，过去100年，全世界制造业上市公司产生的利润，接近70%来源于跟健康有关的医疗领域，上市公司中大市值的公司，医药公司占了差不多半壁江山。那么接下来会怎么走？我们预测，未来30年，中国的医药产业也要达到一个和它的人口相匹配的地位，而我们现在偏偏就唯独医药不行。我们这一代人过去没有搞计划生育，有兄弟姊妹，人多。这一代人，未来30年要死去，有的说是有4亿，有的说是有6亿，我们现在的主攻方向，就是让这一代人"不死"。这一代人现在50多岁，又是我们国内目前购买力最强的人群。

我认为我们是世界第一，因为我们投资没有错过。那么，为什么在这个节点说投资医药？数据显示，过去3年中国医药行业的利润在持续地增加，现在正是高发展的阶段，你要说策略，现在就是买入的时候。

我们从2016年4月开始，就在买入与医药相关的公司股票。我们过去做了100多家三甲医院的调查，发现过去3年，大内科就诊量增加了1倍，大内科室的效益最好，因为这些病是去不了病根儿的，未来100年也解决不了这个问题。过去100年能治好的病，也就是一个肺炎。虽然去不了病根儿，但这些人想活着，就要对症下药。

这类病，患者吃了药就离不开。你看高血压、心脏病、糖尿病这方面的病，患者必须天天吃药。

我们投资是有依据的，一定要量化。我们的投资不能有一次失误，不能是碰运气，投资的确定性就是100%的，不能有一次错误。你说今天有一次对了，明天有一次错了，那完了，你又倒回去不少。我们就知道，钱滚钱才能滚大，钱是靠复合增长的。我们这个年龄，活到一个平均的水平就差不多了，你的钱再往下滚，那就是很麻烦的事情，自己算不清楚账，坚决不干。只有医药行业的账现在算得清楚，它的大前提就是中国人的寿命、全球人的寿命。人的平均寿命不会减少，目前我们算的是最坏的结果，除非发生世界大战，这是我们没有办法的。在和平年代，我相信30年以后，我们的平均寿命比今天的还要长。那么为什么中国医药行业会和那些世界大国有这么大的差距？这是因为中国人过去没有把健康当成一个大事。现在我们会发现，我这个年龄的人，见面都在说健康。我去我父母家里，他们就是让你吃这补品、那补品，保健品这方面的开支比他们的其他生活开支都要大。我们现在唯一确定的就是，这4亿到6亿人是要保命的。

今天的美国，为什么每一届总统都要调整医疗健康方面的开支？因为那是个沉重的包袱。最近美国一些保险公司都在兼并，因为它付不起当年的保费。人多活一年，保险公司在健康上的开支就会多很多。

我们核算过，咱们的医药公司和世界的差距是100倍到500倍。虽然大市值的医药公司多得是，但中国所有的医药公司加起来还够不上人家一家公司的市值，这是不合理的。

大约在2001年的时候，有朋友就说中国的银行都不挣钱。当时四大商业银行中、农、工、建还没有上市，整个中国市场的总市值还比不上人家一个银行，我也觉得不合理。今天我们看，中国的银行市值大得很，医药行业也一定会有这一天。医药行业的门槛非常高，一个新药出来，需进行人体实验，还有副作用观察，都需要若干年，不是那么简单的。总之在这个节点就是要买医药公司的股票。

2018年下半年受一些事件的影响，医药股整体下跌，但我们觉得这不影响对行业整体的判断。现在买，未来5年赚几倍，甚至10倍，是不出奇的，会很轻松。别的行业虽然指数不高，会让人觉得现在好像是投资的时机，但是我们还是不看好。现在是熊市，风险巨大，你能怎么救助？太多公司了，救不过来的。企业效益是靠真正的实销，把产品实销出去才有效益。今天买，就一定要买我们认为好的东西，能够走出来的大行业，这就是我要强调的。

活到80岁，就倒回不了50岁，所以我每次见到投资者，就给他们宣扬我们的思想，这也是一种信念。虽然能让你发财的行业多得是，但是多数只是故事，确定性不高。我们投资的核心就是确定性与垄断性，医药行业就是垄断。一些药企具有"独家配方"，加上人口老龄化，这就是我今天翻来覆去说要投资医药股的原因。

结合我们的A股市场，现在投什么样的医药公司股票？3种病：糖尿病、高血压、心脏病。与这3种病相关的医药产品销售产生了医药行业70%的营业额。医药公司的销售收入，全世界的范围里面，只要沾上这3种病，它的利润就占到医药行业的70%，你不投它们，投什么？别的不要看了，就看这3个。这3种病是去不了病根儿的，什么高科技也治不好，我们把范围缩小，就在这里面去折腾。化学药是老外的事，我们暂时不管。

我们投资这么多年的体会是什么？你要成为一个赚钱机器，就要投资那些已经成为赚钱机器的东西，盈利是第一位的。不要买做大了的，不是说做大了就一定能盈利。很多人跟我们私下讨论这个事，他们说今天中国的银行股便宜，比什么都保险，我说你们说得对，但是它已经做到全世界第一了，我不去搞了。这是我们投资的原则。

什么叫 PE？为什么要有证券市场？这些人为什么热衷于上市？就是有个 PE 的放大。PE 的放大，一种是企业盈利的放大，还有就是股本的放大。我说 100 倍，不是拍脑袋说话的。成熟的公司只有盈利的放大，没有股本的放大。我们要发大财，要上台阶，就一定要有股本的放大。我们选择医药行业，它和世界强国还差 100 倍到 500 倍，你就等着它涨到全世界前面吧，这是一定的。只要有需求，中国人的投资欲望就一定是全世界第一。中国人绞尽脑汁要挣钱，只是没到时机。

化学药不要去搞了。这些病无法去根儿，不死就行了。得了这些病，又不死，其他治疗的用药暂时就不要做。我们要投的是那些让他不死，让他活着，让他成瘾，吃了离不了，离了就不舒服的药。我现在天天就在吃。治疗这 3 种病相关并发症的药，这些药就是让你的循环通畅，循环不畅以后，血液黏稠度会变高，会烂胳膊、烂腿，会死人，那么就吃这些增强循环的药。

我从过去几十年的跟踪和与医生的聊天发现，目前，一个人得了糖尿病，他要去输液，治疗和预防并发症的花费，大概是治疗药价格的 2 倍，甚至 2 倍还多，因为他吃了这些药确实舒服。得了这些老年病，人一天昏昏沉沉的不舒服，但又不敢多吃，稍微一多吃，就想睡，很难受。我要说的意思是，首先我们投资这些方面的中成药，一旦需求上去了，就会把这些企业养大，而且会迅速养大。

投资的核心就是垄断，垄断的概念就是毛利率的变化，毛利率的变化不能为负，不能今年为负，明年还是负的，它的趋势要是正的。

别的没有什么好讲的，今天在这里就是要大家大胆地买股票，A股也跌得差不多了。实在不敢买的，就买一些可转债，医药股的可转债。

最后提醒一句，别借钱炒股。

谢谢！

2018 年 12 月 19 日

（本文不构成操作建议。股市有风险，投资需谨慎。）

林园炒股秘籍

第一章

林园财富传奇：
从8000元到亿万富翁*

* 本章最早成文于2006年底，2019年再版时略有修改。
本文不构成操作建议。股市有风险，投资需谨慎。

> 从1989年的8000元到2018年的百亿以上市值，近30年间，林园创造了一个财富神话。让我们走近林园，了解他的投资理念，分享他的财富传奇。

一个人被称为神，肯定有他奇特的地方。

2018年仲夏的一天，一位面相敦厚的西北汉子悠闲地行走在陕西汉中的大街上，除了那个略显夸张的大鼻子外，你在他身上看不出有任何特别的地方。他全身的"行头"加起来也不过几百元，你甚至会将他与那些"不注重生活品位"的当地人相提并论，但你却会被他眼中不经意间流露出的狡黠所震撼……

他叫林园，父母曾是南郑人民医院的医生，在他卫校毕业后举家迁往深圳。如今他故地重游，身上仍旧保留着西北人特有的淳朴与敦厚。不同的是，近30年（1989年至2018年）的时间，他创造了从8000元起步，财富暴增到百亿元以上的股市神话。

"谁言寸草心，报得三春晖。"对于生于斯长于斯的故乡，林园总是满怀敬意与深情。近年来，陕西商会在深圳的义卖捐赠活动，林园每场必到，踊跃捐款，奉献爱心。2018年7月，应汉中市政府的多次邀请，经过有关部门的沟通协调，林园成立了以他名字命名的汉中林园投资公司。以后几十年，林园自己的股票分红和从社会上募集来的资金，将全部归在汉中林园基金中，把税收留在汉中，支援家乡建设。

现在由林园领投1000万元的汉中林园投资1号私募证券投资基金已经开始运作。

一、8000 元的起步

我们从林园 8000 元起步的那天开始，了解他的传奇。

那是在 1989 年，本来打算子承父业、悬壶济世的林园，却跟股票结下了不解之缘，这一切冥冥之中似有天意。

林园学的是临床医学专业。从卫校毕业后，林园的工作几经更换，却在深圳博物馆安营扎寨。尽管收入不高，但比较清闲，这为他日后炒股提供了便利。以深圳为起点，林园从炒作原始股开始，积累了原始资本。

1989 年，林园的一位好朋友告诉他，深圳出现股票交易所了，股票是个"钱生钱"的好东西，他应该去了解了解。抱着一颗好奇之心，林园踏进了股市。当时深圳共有四间证券营业部，事实上，股票在当时是个新事物，很多人都不了解，所以每间营业部都空荡荡的，但林园去了几次之后却发现股票里蕴藏着赚大钱的机会。于是，林园说服家里人，东挪西凑，筹到了 8000 元钱，义无反顾地扎进了汹涌的股海之中。现在来看，不得不佩服林园当时的眼光和胆识。

二、初露锋芒

林园在股票市场上充分展现了西北汉子那种冲劲，第一笔交易就以 88.45 元的价格买入后来升值到 100 元的深发展 5 股。看似莽撞，林园实际上是有备而来，对如此高价的股票都敢于积极介入，这主要是基于林园对深发展这个特殊公司的细致研究。也正是第一次成功，为林园日后的投资风格确立了"胆大心细"的基调。

深发展一路上行，林园通过反复操作，充分把握住了这次机会，掘得了他进入股市的第一桶金并获得了难能可贵的操作经验。

1990年初，春节过后的股市开始活跃起来。林园投资的深发展进行了拆股，1股拆成32股，由于供给数量过少，深发展受到了投资者的狂热追捧，股价一路涨到100多元。

为了100多元的差价，林园骑着自行车穿梭于各个营业部之间，几个月下来，他从深发展赚了12万。这是林园在深发展那里赚到的第一笔钱，也是林园开始资本市场旅程的本钱。8000元变成了12万元，这让林园信心百倍，他强烈地感觉到，自己属于这个市场，甚至这个市场属于他。

暂别深发展后，林园随即把目光投向了"获利丰厚"的原始股。接下来的两三年，林园奔走海南、上海等地收购内部职工股，即原始股。如同很多中国早期资本市场的著名人物一样，林园看到了原始股巨大的获利前景。林园相继将原野、锦兴、琼民源、深华新等大笔收入囊中，这些股票上市后股价均翻了十几倍甚至几十倍。1992年，林园的股票市值已超过了1000万元。

三、逃过熊市

1993年春天，中国股市进入第一波熊市。当时流传着一句顺口溜：1993年消灭大户，1994年消灭机构。林园觉得这句市场顺口溜很形象，当时的市场供应量太大，后续资金跟不上，供需状态发生了逆转，市场出现了"商品""降价"的趋势。看着自己手中的"存货"也面临"贬值"的趋势，林园决定脱手。通过分析当时市场资金的结构，林园发现几乎没有资金看重价值投资，也就是说，这个市场没有长期投资的价值，卖掉手中的股票是最正确的投资。

这两年离开股市的日子，林园怀念起在陕西的生活，故土情结使他把资金投到了西安的房地产市场。然而，房地产市场并没有像股市那样给他带来预期的回报，林园从房地产市场获利500万元。

四、卷土重来

1994年底，在圈内朋友的建议下，林园来到上海考察当地的房地产投资市场，但"身在曹营心在汉"，林园并没有忘记他一直牵挂着的股市。在上海的考察中，他惊奇地发现，资金有回流股市的迹象，尽管不是特别明显，但凭借对资本市场那种敏锐的洞察力，林园意识到机会再次向他招手。证券市场的机会不等人，他卖掉房产变现了1000万元，这虽然不是林园的全部资金，但对于布局已经够用了。此时的上证指数跌到300多点后，开始盘升，林园肯定这就是大底，并试探性地建了一些仓，寻找昔日的感觉。虽然大盘几经反复，但牛市的趋势在一点点产生，1996年初，牛市终于拉开了序幕。

还是那只熟悉的深发展。刚开始林园少量介入了一些，但深发展不断下跌，让很多跟着他炒股的人都快坚持不住了。然而，林园认为大盘已出现好转，不应该出现这种情况，况且深发展是一只金融股，有强大的政府背景以及区域经济的支撑，没有理由这样跌下去，除非有大资金在故意压低吸筹。林园这样判断的另一个理由是：深发展每股盈利就有1元，光分红就非常可观，有20%，他觉得这是个机会，下定了决心："买，没什么可怕的。"于是林园陆续买入深发展。当深发展爬升至12元左右时，那种趋势已经不容置疑，于是林园放心地大量介入。随后林园在40元左右套现，因为他发现了另一个机会。这次深发展为林园赚了3000多万元，这是林园在深发展那里赚到的第二笔钱。

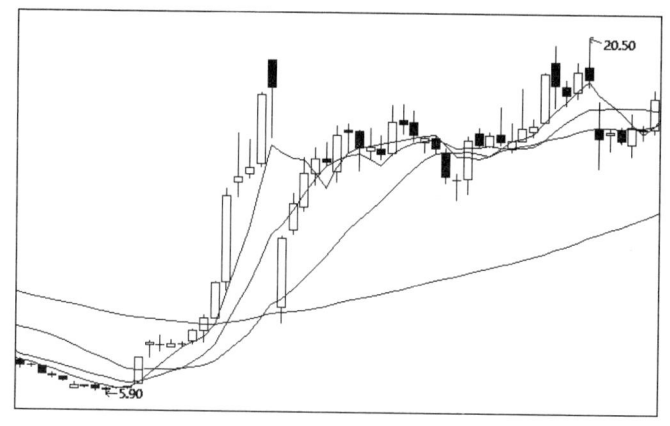

图1 深发展1996年1月3日至1996年12月18日K线图

1997年初，林园将目光锁定在四川长虹这只当时的家电龙头股上。那几年彩电业的毛利率都很高，长虹的每股利润也有2元。他以25元的价格买入，这个价格在他看来并不算高，因为他预料到，长虹即将"爆发"，而最佳的投资方式就是换乘高速上升的电梯，这样的财富增长肯定能获得百分之数百的"绝对回报"。从深发展移仓长虹，尽管他没有吃尽深发展的利润，但这一跳，也为林园带来了不少的收入。后来，卖出长虹的价格在平均每股60元以上，当时他几个账户上的四川长虹总计有100多万股，最多的一天曾为他赚出了一个奔驰车队的价钱，这次又为林园进账了4000多万元。

那一轮牛市，很多投资者几乎是闭着眼睛买股票，用当时的流

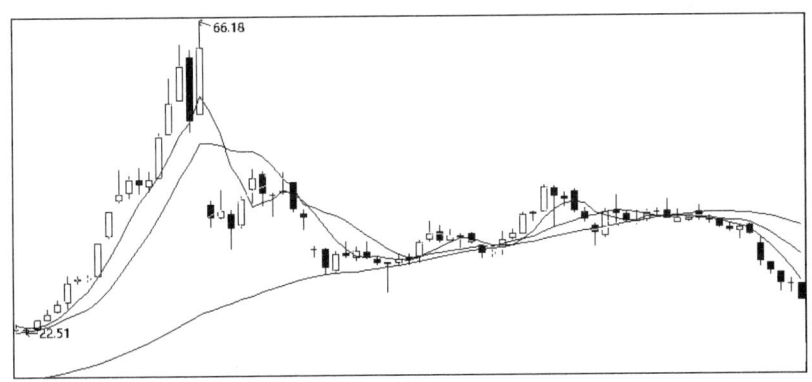

图 2　四川长虹 1996 年 12 月 31 日至 1998 年 1 月 12 日 K 线图

行语叫作"博傻",意指只有最傻的人,才赚不到钱。从林园当时的交割单看,他虽然频繁操作,但从未失手。这看似有很大的运气成分,其实是林园那股钻研事物的精神,以及对事物有独特认识的优势,让他能够看清股票走势的秘密。几年下来,他获得了 9 倍的盈利。

五、胜利大逃亡

2000 年,林园再次发现市场陷入疯狂之中,许多股民奋不顾身地投入到炒股的热潮中。国际投资大师曾说过,当市场疯狂的时候就要考虑它的风险了。的确,林园意识到了风险的到来。于是,他策划并实施了胜利大逃亡计划——保存已经取得的利润,逐步变现持有的股票。2001 年初,上证指数一路狂涨到 2100 点,最高冲到 2245 点时,林园悄无声息地全线撤离了 A 股市场,将资金投向了周边国家的资本市场。

凭借对国内证券市场的投资经验，林园很顺利地在周边资本市场的投资中取得盈利。从2000年到2003年间，林园的平均投资回报达到了3倍左右。

六、大展宏图

2003年，中国股市还在熊市的怀抱中挣扎，很多股民已被深度套牢，股市悲观失望的情绪依然浓厚，但让人惊奇的是，在寒意还未退去的时候，林园又杀了回来。

林园这次回归，是因为他眼光独到地看到了中国证券市场上，价值投资潮流的兴起。尽管很多人并不认可价值投资的说法，并且把基金投资看作新一轮的坐庄路线。然而，任何新生事物在刚出现的时候都伴随着质疑。林园敢于加入价值投资行列，因为他之前的收益，多数来自价值投资。在他看来，不论中国证券市场以前如何混乱，今后必定要走健康发展之路，否则国家就不会全力支撑着这个市场。价值投资是欧美股票市场的主流投资方法，中国迟早要向他们看齐。所以，根本不必怀疑价值投资是否是中国资本市场未来的主线。林园这次将1.7亿元换成股票，重仓介入贵州茅台、五粮液和云南白药等绩优股，两年下来股票增值140%。

在股市一片惨淡的时候，人人"谈股变色"，而林园却能在股票市场赚大把的钞票，也许有的人会提出疑问：是真的吗？林园在接受媒体采访时，向记者出示了他的部分成果——4个账户投资组合的资金对账单。

一个名为联合证券深圳地区振兴路营业部账户显示，2004年1月，林园存入的1000万元资金，到2005年9月结算时，资金账户达到了2400多万元。交易的股票有贵州茅台、武钢股份、同仁堂、云南白药、招商银行等，其中还有部分配售中签的股票以及前期买入股票的卖出所得，还有一些股票的分红和派息等。

另外一个账户同样是联合证券深圳地区振兴路营业部的，2004年1月存入的1000万元资金，到2004年底资金账户结算时为2460万元。交易的股票为宇通客车、中国联通、贵州茅台、伊利股份、贵研铂业、云南白药和东阿阿胶、武钢股份、同仁堂等。

还有一个账户也在同一家营业部，2004年1月存入1000万元的资金，到2004年3月结算时，资金账户证券总市值达到了1285万元。买入的股票有上港集箱、贵州茅台、五粮液、深发展A、宝钢股份、招商银行、两面针等股票。

最后一个账户上，显示的是2005年1月1日存入的1500万元，到2006年1月11日时，资金账户的股票市值达到了3033万元，买入的股票主要有千金药业、贵州茅台、马应龙、万科A、云南白药、铜都铜业和新兴铸管。

事实上，从2004年4月到2005年底，林园炒股挣了近2亿多元，加上之前账户上的1.7亿元，林园的实际资产已经达到4亿元。

2005年至2006年，林园买入铜都铜业、黄山旅游、丽江旅游，并融资买入无风险套利品种：五粮液、上海机场。这些是林园价值投资策略的最好体现，让林园在熊市中都能赚到钱。实际上，在熊市中多数人认为不赔钱就不错了，然而，只要坚信正确的价值必然有正确的价格体现的理念，其他人也可以像林园一样在熊市时踏进市场，持有那些熊市中的高价股。

七、传奇仍在继续……

从 2006 年 1 月 1 日到 2006 年 10 月底，林园又在股市上净赚了 4 倍，总资产翻了 5 倍，市值已超过 20 亿元。随着 2007 年大牛市的延续，林园的财富传奇已经超出了人们的预期……

2017 年，随着贵州茅台股价不断突破 300 元、400 元、500 元、600 元、700 元的整数关口，林园的股票市值大幅上升，更有财经媒体断言他的市值超过了 300 亿。

（本章最早成文于 2006 年底，2019 年再版时略有修改。本文不构成操作建议。股市有风险，投资需谨慎。）

林园炒股秘籍 第二章

林园的确定性理论*

*本章成文于2006年底,不构成操作建议。股市有风险,投资需谨慎。

> 投资的确定性，首先是投资行业的确定性，必须是未来几十年不断高速增长的行业，然后再从高速增长的行业里挑选垄断企业。投资确定性是抵挡股市风险的重要原则，也是建立牢固基业的基础。只要有 5% 的不确定性，林园就不会买入该股票。为了降低投资的不确定性，林园日常重点研究的股票不超过 30 只。每年新增加跟踪的股票限制在 5 只以内。

功成名就后的林园，被媒体誉为"中国巴菲特"。巴菲特是谁？巴菲特是有史以来最伟大的投资家，他依靠股票、外汇市场的投资成为世界级的富翁。虽然林园目前的资产总量不及巴菲特，这跟国内股市的资金总量有关系，但对比财富增长速度，林园远胜于巴菲特。

1965 至 2004 年间，也就是从巴菲特控股并开始管理伯克希尔公司投资之后的 40 年间，伯克希尔公司每股净值由当初的 19 美元增长到 2004 年底的 55824 美元，年复合增长率约为 21.9%。在战后的美国，主要股票的年均收益率在 10% 左右，巴菲特却达到了 22% 的水平。如果考虑到上述对比是在伯克希尔公司缴纳了收入与资本所得税（即税后收益），而标准普尔 500 指数是税前收益这一情况时，巴菲特的业绩更加令人惊叹。

如果一个人在 1964 年巴菲特掌管伯克希尔公司时投入 1 万美元并且一直坚持，那么到 2004 年底，这 1 万美元的投资回报将会达到 2868.65 万美元；而同样投资 1 万美元到标准普尔 500 指数只能增值到53.18万美元。40年间巴菲特管理的伯克希尔公司的投资收益是标准普尔500指数收益的54倍。

如果你拿巴菲特21.9%的年增长率跟林园的相比，你会惊奇地发现后者是前者的4.5倍！

林园一直认为，世界上最神奇的事就是复合增长。假如你每年能拿出1.5万元做投资，年回报率为20%，那么40年后你的资产就是1.08亿元。这两个数字之间的巨大利差正是复合增长的魅力所在。

1989年他以8000元进入股市，至2005年底，林园投资的股票市值已超过4亿元，16年间年均增长高达98%。相比之下，"股神"巴菲特旗下的伯克希尔公司在过去的41年间，每股账面价值从1965年19美元增长至2006年底的59377美元，年复合增长率仅为21.5%。很多人对林园股票投资98%的复合增长率持有怀疑态度，因为16年间林园曾离开过证券市场。实际上，如果剔除那些休息的时间，增长率要比98%高得多。

要做到每年都实现复合增长并不是一件容易的事，这就要求绝大多数的投资必须是成功的，而不是今天赚钱，明天又赔钱。这样才能够复合增长，才能够不断累积财富，也才有林园从8000元到20亿元的股市神话。为此，林园给自己定下了铁律，什么股票可以炒，什么股票不能炒。林园强调，只要有5%投资不确定性的股票，他就不买入。林园选股的铁律是：

1. 选自己熟悉的行业
2. 要买跟踪三年以上的企业
3. 选未来3年"账好算"的企业，不买未来盈利不确定的公司为了降低投资的不确定性，林园日常重点研究的股票不超过30只。每年新增加跟踪的股票限制在5只以内。对公司销售状况和经营前景的熟悉程度，林园自认为比一些公司的董事长还要到位。

他认为，若企业3年内的年均复合利润增长都在18%及以上即可以视其为高增长，若这些企业的市盈率（Price earning ratio，即市盈率，反映市场对企业盈利的看法）在20倍以下时，就是有投资价值的，买入就是合理的。按照这一标准，他买入了招商银行、瑞贝卡、黄山旅游、丽江旅游和上海机场。据2006年中期业绩报告显示，招商银行利润实际增长达31%，在未来3年内招商银行突破20元/股的可能性非常大。虽然此时招商银行的市盈率为41倍（不考虑招商银行2006年7月以后因可转换债券转股导致的股本增加及每股净资产提高），但仍有一定程度的上升空间。对于瑞贝卡，从这个公司上市开始，林园就一直跟踪它，但他并没有买入，不过2006年调研时，他发现该公司业绩未来3年复合增长都可能在20%以上，而市盈率又在20倍以内，于是他就坚决买入。对上海机场的调研结果显示，该公司今后3年也将有15%或以上的增长，而这还不包括可能发生的如货运注入、整体上市等能使其业绩大幅提高的突发因素。在他买入上述股票后，招商银行、瑞贝卡、黄山旅游、丽江旅游这些公司，其股价已经大幅上涨，不过他并没有马上卖出，而是仍然坚决持有它们。因为他判断，这些公司的业绩已经进入上升期，未来3年盈利的高速增长也是可以预见到的。以这些股票目前的价格来看，它们已经远离成本区，股价下跌对他造成的投资风险已经很小。接下来，他会继续"持有"这些股票，并通过这些公司每年"分红送股"，实现"收益"。这样他就骑上了未来几年的"大黑马"，不轻易下马，充分享受企业高增长带来的高收益。林园相信，像招商银行、上海机场、瑞贝卡、黄山旅游、丽江旅游这些高增长的优质公司，在未来 3 年中股价都会持续上涨，会创出一个又一个上市新高。

一、巴菲特是如何把握确定性的

确定性投资，即事先就能确定收益的投资。很多投资者都买过国债，国债就是事先能确定收益的投资产品。每当一种国债发行时，你就能根据购买时的利率，确定几年后的收益。国债之所以一直是大众投资的主要选择，就在于它具有其他投资品种无可比拟的"确定性"。

将购买国债的"确定性投资"转嫁到股票交易中，在这点上，林园和巴菲特不谋而合。股票与国债相比，风险显然要大得多。风险的实质就是"不确定性"。你很难预测公司几年后的经营状况，公司的业绩是上升还是下降，但过去和现在已经发生的事情是具有"确定性"的，未来只是过去和现在的延续。比如公司签订一份合同，兼并一家公司，发明一项技术，获得一笔现金，这些已经发生的事情，很有可能保持公司的优势。巴菲特和林园正是从已经发生的"确定性"中推导出了未来的"确定性"。

在解密林园的投资秘籍——股票交易的确定性原则前，我们先看看巴菲特是如何把握"确定性"的。巴菲特给出了 10 种方法：

1."研究我们过去对子公司和普通股的投资时，你会看到我们偏爱那些不太可能发生重大变化的公司和产业。""经验表明，盈利能力最好的企业，经常是那些现在的经营方式与 5 年前甚至 10 年前几乎完全相同的企业。"长期稳定的老字号公司，依然拥有最好的盈利能力，未来不会有太多变数。

2. "一座城堡似的坚不可摧的经济特许权正是企业持续取得超额利润的关键所在。""一项经济特许权的形成，来自具有以下特征的一种产品或服务：①它是顾客需要或者希望得到的；②被顾客认定找不到很类似的替代品；③不受价格上的管制。以上3个特点的存在，将表示一个公司能够对所提供的产品与服务进行主动提价，从而获得更高的资本报酬率。"公司经营领域的排他性，确保未来垄断利润的长期独享。

3. "对于投资来说，关键不是确定某个产业对社会的影响力有多大，或者这个产业将会增长多少，而是要确定所选择的任何一家企业的竞争优势，而且更重要的是确定这种优势的持续性。那些所提供的产品或服务具有很强竞争优势的企业能为投资者带来满意的回报。"先人一步的竞争优势是未来的保障。

4. "我们持续受惠于这些所持股公司的超凡出众的经理人。他们品德高尚、能力出众，始终为股东着想，我们投资这些公司所取得的非凡的投资回报，恰恰反映了这些经理人非凡的个人品质。"有人品担保，公司至少不会误入歧途。

5. "我们从来不看什么公司战略规划，我们关注而且非常深入分析的是公司资本分配决策的历史记录。""一旦成为CEO，他们需要承担新的责任，他们必须制定资本分配决策，这是一项至关重要的工作。"计划赶不上变化，一个人的习惯不容易改变，公司的经营习惯也是如此。

6. "真正能够让你投资赚大钱的公司，大部分都有相对偏高的利润率。通常它们在业内有最高的利润率。"高利润率保证企业有足够的现金流用于发展（有了以上6条准则，公司的盈利能力高于业内平均利润率的既定事实一般会持续很长时间）。

7."对公司经营管理业绩的最佳衡量标准，是能否取得较高的权益资本收益率，而不是每股收益的增加。"内在价值，即权益资本收益率，是未来公司创造价值的核心。

8."在这个巨大的股票拍卖场中，我们的工作是选择具有如下经济特性的企业：每一美元的留存收益最终能够转化成至少一美元的市场价值。"收益转化成市场价值，企业才有更好的未来。

9."内在价值是一个非常重要的概念，它为评估投资和企业的相对吸引力提供了唯一的逻辑手段。""内在价值可以简单地定义如下：它是一家企业在其存续期间可以产生的现金流量的贴现值。"现金流量的贴现值，所依据的标准就是国债利率。

10."我们在买入价格上坚持留有一个安全边际。如果我们计算出一只普通股的价值仅仅略高于它的价格，那么我们不会对买入产生兴趣。我们相信这种'安全边际'原则——本·格雷厄姆尤其强调这一点——这是投资成功的基石。"等于是折价买入国债！利用市场先生的错误，是巴菲特投资思想的一个重点。

巴菲特对于他持股公司的营运状况，和他自己的私人公司了解得一样清楚。巴菲特的注意力集中在这些公司的销售、盈余、利润和资本转投资的需求上，每天的股市成交价对他完全不重要。照巴菲特的说法，就算股票市场关闭10年，他也不会在乎。

巴菲特因其在股票市场投资很少失手而被称为"股神"，其实，他的投资理念非常简单：就是认为股票的价格最终是由股票所代表的资产收益价值决定的，所以他在股票选择上，就是购进那些投资价值被低估的股票并长期持有，而不管股票市场如何波动。

有人曾质疑巴菲特当年没有购买微软的股票，错失了一个赚大钱的机会。但是，决定巴菲特是否购买的是其基本的投资理念，如果微软这样的风险型企业进入他的投资组合，那就肯定会有其他的同样风险型的企业进入，巴菲特只是根据自己的投资铁律选择了一种自己最能够把握的组合方式。

巴菲特的事例说明投资确定性的重要性，把握投资确定性的能力就是抵挡外部风云变幻的能力，也是建立牢固基业的基础。

二、林园关于确定性投资的理念——买股票就是买未来盈利确定的公司

2006年国内A股市场持续走牛，2007年开户入市的热情空前高涨。据统计，2007年元旦刚过的10天内，中国股市新增客户数达到129.1677万户，平均每天开户数达12.9168万户，创下近乎疯狂的纪录。1月23日的数据显示，中国A股、B股以及基金的开户人数达到8093.41万户，股民数量首度超越美国。而来自中国证券登记结算公司的数据显示，农历新年后，2007年2月26日开市第一天，A股开户数超过11万，相比年前最后一天2月16日的4.08万户，增长了170%。2月27日，A股开户数创下2006年以来单日开户数纪录，达13.1万户。

然而，福祸相倚。就在当日，中国股市上演了一场遍野哀鸿、惨惨戚戚的惊世大戏。

2月27日，上证综合指数大跌8.84%，深圳成分指数大跌9.29%，双双创出10年来最大的单日跌幅，800多只股票被摁在了跌停板上。

"黑色星期二"由此诞生。

目睹已经10年没有看到的A股暴跌惨景,所有中国股民茫然无措,"牛皮"的股评家哑语失声。不过,大家都明白一个事实:"2·27"暴跌的幅度放在任何国家的金融市场历史中都属十分罕见,9%的整体下跌深度即便在成熟市场中也一定被判定为股市灾难,何况A股还有涨跌幅的限制。

这种情况让人不禁联想起一则小故事:

从前,有两个朋友结伴沿着百老汇街赶往证券交易所,在快要到华尔街的地方,其中一人问他的朋友:"老兄,你对市场有什么看法?"

朋友耸耸肩,用手指着特里尼提教堂墓地,说道:"它令我想起那里。"

这人很疑惑,说道:"难道你是说市场如此安静?"

"哦,不是,我的意思是,市场就像墓地,里面的人出不去,外面的人却终究要进来。"

这个故事恰好是当时中国股市的写照,无数人蜂拥而至,甚至很多疯狂的投机者把自家的房子典当或出售,换了钱去购买基金或直接炒股,但其实这里面绝大多数人甚至不知道股票是什么东西,只是看到周围的人赚了钱,于是也一起进来。

林园认为,这就是中国超过8000万的股民赚钱的少、赔钱的多的根本原因。不仅仅是刚入市的新股民,甚至一些在股市里泡了多年的老股民,对于他们为什么要做股票、股市的魅力到底在哪里也还不清楚,整天都在追涨杀跌,寻找黑马,结果累得半死,却只弄得伤痕累累，甚至血本无归。

林园认为，炒股的奇妙之处就在于，它不同于做一般实业，理论上讲它可以做到无限大，不受行业瓶颈的限制。投资者只要抓住行业的快速增长周期，选择其中的龙头公司，买入并持有，等行业增长后卖出，再选择其他高速增长的行业重新介入，就相当于在跨行业做实业。由于证券市场有非常好的兑现性，这样的跨行业操作才能实现，这是做实业投资所不能实现的。

而进行这样的操作，就要求投资者必须将投资的确定性放在首位。如果你的投资是不能够确定的，那就等于是在赌博，这也意味着你没能充分利用好证券市场，实现资产的复合式增长。因此，确立"只有把确定性放在首位，才能实现复合式增长"的思维方式，比在某一次投资中获得巨额的回报，或者抓住一匹大黑马重要得多。

证券市场对于每一个投资者来说，都需要时间积累来实现财富的几何式增长，所以在证券市场中，年龄对每一个投资者来说都是非常重要的。你30岁拥有100万元，和35岁拥有100万元，在其他实业投资方面可能区别不是很大，但在证券市场上的差别却是相当大的。因为，在证券市场中，你的钱就是你的赚钱机器，如果你的资产每年都能够实现快速增长，那么你的钱就会越滚越多。中国人讲四十不惑，40岁以前对股民来说都是学习阶段。

事实上，在炒股者中，我们也没有见过年纪轻轻就成为大富豪的。巴菲特30岁时只有100万美元，37岁时成为千万富翁，49岁时才成为亿万富翁。只要你不犯错，那么在股市上是可以赚大钱的，不犯错是股市赚钱的关键，这就要求投资首先要考虑确定性。

做一个投资是不是一定盈利？如果你有把握做到卖出的每一只股票都比买价高，日积月累，年复一年，一贯如此，那么，你离获得巨额财富就不远了。

那么如何才能把握投资的确定性呢？

归根结底，就是做自己能够把握的事，把命运掌握在自己手中。你对哪一个行业比较熟悉，能够把握哪些企业的走势，你就去买进哪些企业的股票，对于那些不熟悉的、不能准确判断其未来走势的企业的股票，一定不要买进。买股票就是买公司，公司经营的确定性最重要。所以，投资者一定不能投资盈利没有确定性的公司。另外，投资者买入股票的股价是否能让他们盈利，也是投资者决定是否买进时需考虑的重要因素。即便是盈利确定的公司，若股价没有上涨空间，也不能投资。

三、确定性最高的三类企业

根据巴菲特的说法，经济市场由一小群有特许权的团体和大部分无特许权的商品企业团体所组成。后者中的大多数是不值得投资的。他将小部分拥有特许权的团体，定义成是提供商品和服务的企业，而这些商品和服务是：

1. 消费者需求的
2. 无近似替代性产品
3. 不属于法律约束范围

因为具有这些特色，有特许权的经销商可以持续提高其产品和服务的价格，而不用害怕会失去市场占有率或销售量。

一般情形是，有特许权的经销商甚至在供过于求，以及在产能未完全利用的情况下，也能提高商品的价格。像这样的价格变动能力是此类经销商重要的特征之一，这使它们能获得较高的资本投资报酬率。另一个重要的特征是，有特许权的经销商拥有大量的经济商誉，这使得它们有较高的耐力去承受通货膨胀所带来的影响。

反观这些无特许权的商品企业，所提供的产品多半大同小异，竞争者彼此之间没有太大的差别。几年以前，基本物资包括石油、天然气、化学药品、小麦、钢、木材和桔子汁等等。到了今天，电脑、汽车、航空公司、银行业和保险都已经变得很常见。尽管有庞大的广告预算，要有效地区别产品的差异仍极为困难。

一般来说，商品企业的报酬率都不高，而且"最有可能是获利不易的企业"。既然产品基本上没有什么不同，他们只能在价格上互相较量，拼命地把产品的价格压低，甚至比成本高不了多少。除此之外，也只有在商品供应紧缩的时候能够赚钱。巴菲特指出，决定商品企业长期获利能力的关键，是供应紧缩年数和供应充足年数的比值。然而，这个比值通常都很小。

大多数拥有特许权的经销商，也都拥有经济上的优势。一个主要的优势是，它们拥有随时抬高价格，以及在投资资本上赚取高额利润的能力；另一个优势是，它们能够在经济不景气的时候生存。巴菲特认为，最好的情况莫过于犯了错还能够获得高额报酬。他说："特许权经销商能够容忍经营不善的失误。不当的管理能减少特许权经销商的获利能力，但不至于造成致命的伤害。"

特许权经销商最大的弱势是，它们的价值不会永远不变。它们的成功不可避免地会吸引其他业者进入市场，竞争将会跟着发生，替代性的产品跟着出现，各个厂家的商品之间的差异性也就愈来愈小。在这段竞争期间，经销商将逐渐地退化成巴菲特所说的"弱势特许权经销商"，然后进一步成为"强势的一般企业"。最后，曾经拥有无限潜力的特许权经销商，会萎缩成为一般性的商品企业。

当这样的情形发生的时候，良好的经营管理能力的价值和重要性将大为提升。特许权经销商可以在不当的经营管理下生存，一般的商品企业却不能。正因为如此，巴菲特投资的大部分企业具有特许经营权，特许经营权是巴菲特投资理论的核心，特别是对于普通投资者来说，持有具有成长性的特许经营企业的股票是持续稳定获得高额收益的最佳途径。

在同等条件下，与一般企业相比，拥有特许经营权的企业未来的盈利性无疑更加确定。因此，林园在挑选确定性高的公司时，首选就是垄断行业。

1. 垄断行业

垄断就是指一个或几个厂商利用其在市场上对某一产品具有排他性的控制权，通过制定垄断价格来获得超过社会平均利润率的超额利润（或称为垄断利润），通过设置行业壁垒，阻止资源在某行业的进出，从而限制某行业本应出现的自由竞争。在实践中，根据垄断的成因，可将垄断市场的结构分成三种类型：一是自然垄断型市场，即由于技术和自然因素，某一行业只有一个或几个经营者独占或分享该行业的有限资源而导致的市场垄断。二是经济垄断型市场，即一个或几个经营者，通过竞争、联合、兼并、购买形成了规模经济优势，控制了该行业产品的生产和销售所形成的市场垄断。三是行政垄断型市场，即政府及所属部门运用行政权力，以垄断经营、获取特许经营权等方式构造行业壁垒，使某一行业只有一个或几个经营者独占或分享该行业的资源和提供产品而形成的市场垄断。

从上述定义可以看出，垄断行业由于具有较高的行业壁垒，使得一般性企业很难进入，因此，这类企业能持续不断地获得大大高于社会平均利润率的垄断利润，尤其是行政垄断型行业，其未来的收益稳定而且确定，如高速公路、机场等。对于高速公路这类企业，需要了解其目前的车流量（高速公路每月都公布）以及离高速公路满负荷还有多远。据此，就可以计算出此高速公路的未来增长潜力。现在的车流量越大，则未来的增长空间越小。另外，投资者可以实地考查一下路面状况，以确定公路的维修成本，以便对其未来的盈利情况有一个更准确的把握。而机场是靠飞机的起降费来实现利润的。对上海机场的调研，林园主要看其起降次以及未来机场的功能定位。如在调研中，他了解到上海机场想要打造国际客运及货运的亚洲乃至世界的中转中心，而且初步已经有了成效。未来几年，上海机场仍将向着世界的中转中心这一目标迈进，这一确定的发展方向也就决定了其未来的盈利模式，其前景及走势是确定的。

2. 老字号

这类企业也就是林园常说的"红烧肉""粉蒸肉"的故事。"红烧肉""粉蒸肉"之所以能够千百年地传承下来而没有消失，自然有它的道理，那就是其品牌值得信赖、产品质量过硬。事实上，真正能经得起时间考验的好产品是很少的，而且随着中国经济的发展，中国独有的这些"好东西"会逐步传遍到世界各地，这些品牌企业或者老字号产品是最有机会"全球化"的；市场逐步扩大，利润也会同步放大，而这些"老字号"由于其产品的"独有性"，定价能力非常强，产品毛利率很稳定，因此买入这些公司的股票风险是相当有限的。如老字号品牌企业同仁堂，老字号产品与老字号品牌同时共有的企业如云南白药、贵州茅台、五粮液、片仔癀，老字号产品马应龙，等等。的确，像同仁堂这样的企业虽然近两年来利润没有增长，但经营业绩也算"稳定"。正如我们所看到的，同仁堂自上市以来股价经过大幅上涨后，能在相对高位站得住，未出现持续下跌的情况，这也就是说，老字号企业最差的结果也是经营稳定。所以林园认为老字号企业是最能产生"大黑马"的摇篮。

3. 龙头企业

能在市场竞争中脱颖而出的龙头企业往往都被市场证明是后劲十足的。

一个女孩买了一个手机，她说现在的手机价格真便宜，才1000多元一个，林园问她，你一个月赚多少钱，女孩说2000元钱。按照林园的标准，以2000元的月收入水平买价值1000多元的手机似乎太贵了。这一简单的判断后面实际上有一个估值的标准问题。林园认为，投资一个公司就像买一个手机一样，最重要的就是要搞清楚它的价值几何，它到底值多少钱，它到底贵不贵，这就是他投资的依据。但贵与不贵本身并不是绝对的，它是由很多因素决定的，林园为什么说1000元买一个手机太贵了呢？过去的事实告诉他，那些能通过投资来实现大量工业化生产的商品，它们的价格最终都是趋降的，他投资时，尽可能回避这类公司。但也有一些企业是例外的，比如，招商银行、中集、江中制药（从校办企业起家）、伊利牛奶、瑞贝卡等，表面上看它们所处的行业及产品并没有什么特别，但它们在市场竞争中能够成为强势企业（市场集中度增加）。为什么这么说呢？它们的优势在哪里？林园在参加招商证券组织的三峡游期间，见到了招商系统的老领导，据他们说，招商银行这样的企业，成立之初就实行市场化运作，没有政府背景，是经过十几年市场竞争的强势企业，所以林园看好其未来发展前景。伊利、江中制药也有类似的成长背景。瑞贝卡为什么能打败韩国企业，成为假发制品行业的老大？瑞贝卡的创始人将其归结为中国人的勤劳、聪明，对于这点林园也深有同感。因此，林园对这些从激烈的市场竞争中拼搏出来的强势企业（市场龙头老大），有无比的热情，他认为，未来的结果可能就是随着消费的升级，这些已经形成品牌的强势企业，会像出山老虎一样凶猛，它们会渐渐增加产品毛利率，使利润有超预期的增长。对于这些公司，林园将对它们进行密切地跟踪、调研，适时买入。

四、买入

作为价值投资概念的核心，安全边际在整个价值投资领域中处于至高无上的地位。它的定义非常简单：实质价值或内在价值与价格的顺差，换一种更通俗的说法，安全边际就是价值与价格相比被低估的程度或幅度。

根据定义，只有当价值被低估的时候才存在安全边际或安全边际为正，当价值与价格相当的时候安全边际为零，而当价值被高估的时候不存在安全边际或安全边际为负。价值投资者只对价值被低估特别是被严重低估的对象感兴趣。安全边际不能保证避免损失，但能保证获利的机会比损失的机会多。

与内在价值一样，所谓的安全边际也是一个模糊的概念，比如仅从定义上，我们不能确定实质价值或内在价值与价格的顺差达到什么程度才能说安全边际足够大，可以买入股票。

格雷厄姆和巴菲特这两个大师级的人物之所以都非常强调安全边际原则，都要求一定的安全边际，其根本原因就在于，影响股票市场价格和公司经营的因素非常庞杂。而相对来说，人的预测能力是非常有限的，很容易出现预测失误。有了较大的安全边际，即使我们对公司价值的评估有一定误差，市场价格在较长时间内仍低于价值，公司发展受到暂时的挫折，都不会妨碍我们投资资本的安全性以及取得最低程度的满意报酬率，这就是安全边际原则的精髓所在。

巴菲特指出："我们的股票投资策略持续有效的前提是，我们可以用具有吸引力的价格买到有吸引力的股票。对投资人来说，买入一家优秀公司的股票时支付过高的价格，将抵消这家绩优企业未来10年所创造的价值。"这就是说，忽视安全边际，即使买入优秀企业的股票，也会因买价过高而难以盈利。

确定性是林园选股的重要原则，下面我们来看看他在买入经过挑选的、确定性高的公司股票时，是如何贯彻这一原则的。

1. 选择行业

就目前来看，林园非常看好如下行业：银行（招商银行），汽车制造（宇通客车），一次性消费品（茅台、五粮液、伊利、云南白药），旅游（黄山旅游、丽江旅游），基础设施建设（上海机场、中原高速）。以上企业都是业绩平稳增长的知名品牌，其产品在国际市场上具有非常高的性价比，其本身在全球化进程中有极强的竞争力，它们的市场不限于国内。

在这里要特别分析一下，林园为什么看好汽车制造业。他认为，汽车将成为继房产之后，中国人的另一个消费热点。随着全国高速公路网的建成，客车的需求量也会持续增长，就目前的情况而言，轿车制造商的竞争力他还看不到，但客车制造商的竞争力已经开始显现。林园2005年去过宇通客车这个企业，对这家企业的印象非常深刻。客车生产以人工为主，而中国劳动力价格低，这正好是中国的强项。宇通客车的国外竞争对手都不再大量生产客车，而国际市场的需求将主要由中国企业生产的客车满足，林园去宇通客车考察时，正好看到准备出口中东某国的大批宇通客车。像宇通这样的客车生产企业正好遇到国内国外客车需求双重增长的动力，未来3年，企业的盈利增长将是看得到的。类似的企业还有新兴铸管，这家企业生产的铸管出口到美国，比当地产品的价格要低25%以上，要知道该企业的产品质量仅次于日本久保田，全球排名第二。

2. 选龙头

选好行业后，林园会选择该行业中的龙头企业。有龙头，他是不会选择第二名的。选好后，他首先会少量买入，然后跟踪企业的经营状况（一般是3年），对其主要竞争对手进行研究、跟踪。企业盈利若能持续增长，股价估值也合理，他就开始大量买入、持有。对买入的公司进行每日营销状况的跟踪，最主要的是对其分红政策进行追踪，林园甚至会要求公司多分红，他认为不管是送股还是分现金，必须要送而且得多送，这样才可刺激股价的上涨。

林园的选股标准是——有老大就不选老二。他手中拿的都是全中国最优质的上市公司、最能赚钱的上市公司，这样他才能不理大盘的波动。此外，他持有的这些公司，是不受其他因素影响的上市公司，而且都是未来3年盈利确定性高的公司。

3. 合理价格

首先，林园也认为有些股票的累计升幅已大，买入可能不是最好的时机，但他也不会卖出这些公司的股票，他会坚决"持有"这些股票。因为，这些股票的上升趋势已经确立，这些公司的盈利水平每年都在创新高，而且经过跟踪调查，他发现这些公司的经营状况并没有变坏的趋势，而是在向好的方向发展，盈利水平超出他的预期。的确，现阶段是很少有人购买这些"高价股"的，但这并不能改变这些股票的上涨趋势，所以这些股票被"各路诸侯"一致看好，他们（包括林园）是不会卖出这类股票的。事实上，持有这些股票的风险也是有的，有的投资者认为这些股票是"庄股"，林园认为这种说法并没有错。他认为，"庄"就是对这些股票坚决看好的投资群体组成的联合体，而这些投资者又是相互不联系的，只是思想上联合在一起。这种思维方式的"高度一致性"，使得这些股票的流通量高度锁定，导致股价连创新高。在国际市场上也有此类公司，例如，香港市场上的汇丰银行，自20世纪90年代开始，林园一直都在看它的走势，曾经连续16年，其股价每年都在上涨，几乎每年都会创新高，而它的换手率却非常低，几乎被一些机构长线持有。这就是香港市民说的"做什么投资都不如买汇丰银行的股票"。此外，汇丰银行每年都能给投资者好的盈利回报，说明它的盈利状况很好，这也是林园说的"股价上涨，是企业盈利的体现"。

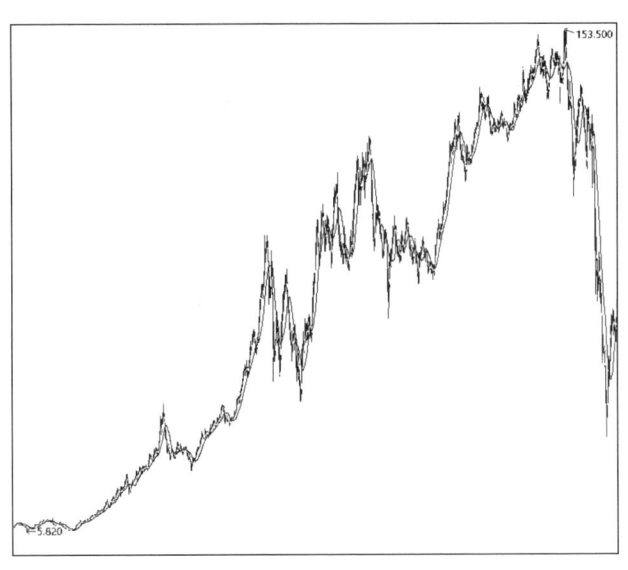

图3　汇丰控股1981年6月至2007年1月K线图

不久前,有人问林园对招商银行的估值,他说,从15元/股起,最多能到50元/股,很多人不相信,认为这是不可能的事,林园告诉他们:"股市中,一切都有可能。股票涨起来,涨到你不相信,跌起来也跌到你不相信。"为什么林园说招商银行能到50元/股,几乎没有人相信呢?一个观点就是如果涨到50元/股,招商银行的市盈率会高得吓人。林园认为,参考标准不一样。今天,大家可能认为招商银行25倍市盈率是合理的,3年后,50倍市盈率大家也能接受了,否则,就没有当年发展银行60元/股时,很多人还认为发展银行买了也套不住,套住了也是一个"金项链"的说法,而且招商银行在未来3年中本身盈利的增长,也将支持其股价持续走高。人们不能用今天的标准给3年后的企业定价,这个标准是会变化的。全世界的股市在某一个阶段都是有泡沫的,个股也一样,会在某一阶段估值偏高(泡沫)。好的公司会随着公司业绩的增长,过一段时间使其股价重新回到合理或者低估的水平，这时股价又会重新上涨。这些公司的投资者损失的无非是时间成本。若公司本质不好，不能持续盈利，泡沫就会破灭，当然，股价持续下跌也就成为必然。

林园认为招商银行能达到 50 元/股，也有为他自己"打气"的成分，因为招商银行是他的重仓股，他当然会坚决"看好"。树立"信心"对他自己本身来说是非常重要的，如果一个人对自己做的事没有信心，那就是在"赌博"。他的做法是：股票上升趋势一旦形成（股价不断创出新高，如今天的招商银行），那就要不轻易言顶。他会给自己定下纪律，那就是"坚决持有"，不理会中途的涨涨跌跌，毕竟高低都是"相对的"，如果觉得涨多了就会下跌，老想着卖出股票，就可能犯历史性的错误，后面会迎来真正的上涨。当然，也有可能股价会真的下跌，这时就要考验人们的承受力了。林园认为以"平常心"去对待这种波动就可以了。如果是低位买入招商银行，那么即使跌到买入价又怎么样呢，所谓的"高抛低吸"在林园看来，实际上是做不到的，甚至是无法操作的，即使十次操作九次都是对的，只要有一次错误，投资者的损失都是巨大的。对于目前持有招商银行，林园认为，要做"乌龟"，"猫着"不动，"拿着""贪到底"。他坚信招商银行高了还有高，最终涨到大家都不敢相信，而且会成为大家的"观赏股"。这就是好企业的魅力。

在过去的炒股人生中，林园操作的每只股票都是赚钱的，事实上，他买入每一个组合，都是事前想好的，没有发生过"意外"，他坚信今后也不会有意外，因为他在买入前，首先考虑的是"最坏的结果"而不是"赚多少"。赚不赚钱并不重要，即使不能赚钱也没关系，"活着"最重要。

另外，林园有他自己的一个"不用思考"的估值标准，这个估值标准已经成为他生活的一部分，并成为一种"条件反射"。这里讲一个他亲身经历的小故事。2006年10月，林园去江中制药考察，到黄山时已是晚上6点钟，一行人来到一家饭馆，坐下看过菜牌后，林园问服务员："你们的菜怎么这么贵？"服务员说："黄山都是这么贵的菜，它是旅游城市。"林园的第一反应就是不吃了，"走人"。到第二家餐厅，菜价只有前一家的1/3。当他面对第一个餐厅的服务员时，他的第一反应就是不能受服务员的引导，改变自己的想法。你也许觉得，按照林园的身家，这种做法很可笑，但林园改变不了他自己，因为这种严格的估值标准已成为他的一部分，难以改变。可以说，林园做每一件事，都是经过反复考虑的。林园调侃自己是一个"老油条"，但他的投资，简直就是一种"艺术"。

五、持有

买入就是为了持有，如果轻易清仓，还买它干什么，如果清仓，什么复合增长就都成了空话。常常在股市中听到一种声音，"真后悔当初没有买"。的确，股票如果没有进你的账户，那它的增长永远是持有人的盛宴，而与你无关。为了保持流动性，机构总会用股价的波动去吓唬投资者，明明是你研究透彻的股票，各种分析都支持你的买入理由，但股价就是被向下打压，甚至出现跌停的现象，投资者不但被吓得远远的，还把手中的筹码送给机构。所以，持有很重要，这是你开始财富增长的重要前提。为了不被那些无用的信息干扰，巴菲特把自己的办公场所设在远离华尔街的地方。巴菲特曾经说过，他对华尔街那群受过高等教育的专业人士的种种非理性行为感到不解。也许是人在市场，身不由己。所以他最后离开了纽约，躲到美国中西部一个小镇里去了。由此，他远离了市场，也因此，他战胜了市场。

买入后，"持有"对每个投资者来说都是极为重要的。但是，投资者每天看着股价的阳线和阴线，判断支撑线和压力线，时刻害怕股票破位下跌，晚上睡觉都睡不踏实。巴菲特的办公室里没有股票行情终端机，他认为，如果你打算拥有一家杰出企业的股份并长期投资，但又每一天去注意股市的变动，这显然不合逻辑。当你忽略市场的变化时，将会惊讶地发现，你的投资组合反而变得更有价值。"在我们买了股票之后，即使股市休市，我们也不会有任何困扰。"

当买入的公司被多数投资者一致看好时，其股价上涨的趋势就形成了，虽然在上涨过程中会有下跌，但这只是上升过程中的调整。这时很多投资者都会选择卖出手中的股票，其实，这是投资误区，"黑马"也因此和他们无缘了，这就是林园说的"他们在痛苦中赚钱"。反之，林园这时会坚决"持有"这些上涨趋势已经形成的股票，"贪到底"。只要公司盈利状况不发生变化，一般情况下他是不会选择卖出股票的。

六、卖出

企业的盈利能力是企业好坏的"试金石"，是任何外因都不能改变的。林园认为，股价的涨跌最终都是企业挣钱能力的体现。股价的短期波动是供求关系的体现，若没有人买，股价必然下跌，跌到有人买为止。股价实际上就是股票能卖出的价格。但林园即使要卖出手中的股票，也会选择合适的时机卖出。他不会选择在成交"清淡"时卖出手中的股票，他要观察市场上有没有人"接受"，有没有人买进。他会采取"你不买，我也不卖"的投资方法。他看着你，你要想买，他才卖出。这并不意味着他卖出了，股价就会下跌，若是这样，一开始他就不会选择这样的股票。多数情况是：他卖出后，股价还会继续上涨，这才是好公司。要知道，真正的好公司，其股价是不会由谁买谁卖来决定的，而由其自身的规律决定。如中国银行发行上市，很多人认为银行股的扩容会导致现有上市银行股下跌，但林园认为这不会影响上市银行股的表现。如招商银行，它经营得好好的，中行上市并不能影响它的盈利能力，可以说与它的经营无关，怎么能够影响它的最终股价呢？他认为招商银行就是银行股中盈利能力最好的公司。

林园会在以下3种情况下卖出他持有的股票：

①公司经营出现困难，毛利率持续下降；
②发现性价比更好的公司；
③做资产配置，需要同比例下调所持股票的比例，以抵御市场风险。

总之，他卖出股票的时机是非常灵活的，这就是"投机"。

（本章成文于2006年底，不构成操作建议。股市有风险，投资需谨慎。）

林园炒股秘籍

第三章

无风险套利*

* 本章成文于2006年底,不构成操作建议。股市有风险,投资需谨慎。

> 证券投资的投资工具不只有股票一种,如果投资者能掌握其他的投资工具,也能实现无风险套利。权证、可转债都是林园用来无风险套利的重要工具。林园的财富,超过一半都是来源于无风险套利。

一、风险

风险——任何一位投资者都要面对的强敌。

一进入资本市场,投资者就开始面对各种风险。所谓风险,是指遭受损失或损害的可能性。

从风险的定义来看,证券投资的风险主要有两种:一种是投资者的收益和本金的可能性损失;另一种是投资者的收益和本金的购买力的可能性损失。

在多种情况下,投资者的收益和本金都有可能遭受损失。当发行公司因经营管理不善而出现亏损时,或者投资效果没有预期的好时,持有该公司股票的投资者,其收益就会减少,有时甚至无利润可分,得不到任何股息。另外一种情况是,在购买了某一公司的股票以后,由于某种政治或经济因素影响,大多数投资者对该公司的前景持悲观态度,并因此大批量地抛售股票,使该公司的股票价格直线下跌,其他投资者也不得不在低价位上脱手。这样,投资者高价买进,低价卖出,本金因此遭受损失。对于债券投资者来说,债券发行者在出售债券时已确定了债券的利息,并承诺到期还本付息,但是，并不是所有的债券发行者都能按规定的程序履行债务。一旦债券发行者陷入财务困境，或者经营不善，而不能按规定支付利息和偿还本金，甚至完全丧失清偿能力时，投资者的收益和本金就必然会遭受损失。

投资者收益和本金购买力的损失，主要是因为通货膨胀。在物价大幅度上涨、出现通货膨胀时，尽管投资者的名义收益和本金不变，或者有所上升，但是只要收益的增长幅度小于物价的上升幅度，投资者收益和本金的购买力就会下降，即通货膨胀侵蚀了投资者的实际收益。

从风险产生的根源来看，证券投资风险可以区分为企业风险、货币市场风险、市场价格风险和购买力风险。

从风险与收益的关系来看，证券投资风险可分为市场风险（Market Risk，又称系统风险）和非市场风险（Non-market Risk，又称非系统风险）两种。

1. 市场风险

市场风险是指与整个市场波动相联系的风险，它是由影响所有同类证券价格的因素所导致的证券收益的变化。经济、政治、利率、通货膨胀等都是导致市场风险的原因。市场风险包括购买力风险、市场价格风险和货币市场风险等。

2. 非市场风险

非市场风险是指与整个市场波动无关的风险，它是某一企业或某一个行业特有的那部分风险。例如，管理能力、劳工问题、消费者偏好变化等对于证券收益的影响。非市场风险包括企业风险等。

3. 市场风险与非市场风险的比较

具有较高市场风险的行业，如基础行业、原材料行业等，它们的销售、利润和证券价格与经济活动和证券市场的情况相联系。具有较高非市场风险的行业，是生产非耐用消费品的行业，如公用事业、通讯行业和食品行业等。

由于市场风险与整个市场的波动相联系，因此，无论投资者如何分散投资资金都无法消除和避免这一部分风险；非市场风险与整个市场的波动无关，投资者可以通过投资分散化来消除这部分风险。不仅如此，市场风险与投资收益呈正比例关系。投资者承担较高的市场风险，可以获得与之相适应的、较高的、非市场风险不能得到的收益补偿。

在西方现代金融资产组合理论中，市场风险和非市场风险的划分方法得到了相当广泛地采用。为了更清楚地识别这两种风险的差异，下表列出了市场风险和非市场风险的定义、特征和包含的风险种类。

市场风险和非市场风险的比较：

	市场风险	非市场风险
定义	与整个市场波动有关的风险	与整个市场波动无关的风险
特征	1. 由共同因素引起； 2. 影响所有证券的收益； 3. 无法通过分散投资来化解； 4. 与证券投资收益相关。	1. 由特殊因素引起； 2. 影响某种证券的收益； 3. 可以通过分散投资来化解； 4. 与证券投资收益不相关。

续表

包含的风险种类	1. 购买力风险； 2. 货币市场风险； 3. 市场价格风险。	企业风险等。

二、规避风险

国际投资大师巴菲特本人出色的风险管理已成为他铸造辉煌投资业绩的重要前提和保证。

1. 不要上错了船

"一匹能数到10的马是杰出的马，但不是杰出的数学家。"关于选择投资目标，巴菲特引用英国评论家塞缪尔·约翰逊的话做了这样一个非常精辟的总结，这一总结源于其投资上的一项重大失败。

1965年，巴菲特做出一项重要的投资决定，即购买伯克希尔·哈萨维公司的控制权，该公司是位于美国南部的一家纺织企业。但很快，巴菲特决定停止伯克希尔·哈萨维公司的纺织业务，并承认，这是他投资事业的一项重大的失败。

在制定投资决策时，显然巴菲特对纺织业的业务特征是欠缺理解的，这主要表现在以下几个方面：

①忽视了国外的竞争者在劳动力成本方面的巨大优势；

②国内同行不断地加大资本投入，这时如果拒绝再投资，企业的竞争力会不断减弱；

③忽视了纺织业本质上是一个产能过剩的行业，行业竞争异常激烈，价格战成为企业竞争的常用手段。在每一轮投资过后，企业

所增加的优势很快就转化成全行业降价的底线，投资者投入了更多的钱，而得到的回报却少得可怜。

尽管伯克希尔·哈萨维公司的总裁肯和其继任者加里都非常优秀和尽职尽责，但正如巴菲特后来所总结的一样："当有着辉煌名声的管理人员要去对付前程黯淡、管理混乱、声名狼藉的公司时，不变的只会是公司的名声。""如果你发现自己在一艘长期漏水的船上，那么造一艘新船要比补漏洞有效得多。""良好的管理记录（以经济回报来衡量）与其说是因为你很有效率，倒不如说是因为你上了那条船。""一家能够在本行业内有效分配资产的纺织品公司是杰出的纺织品公司——但不是杰出的公司。"

幸运的是，很快，巴菲特就意识到了自己的错误。于是，巴菲特用纺织业务产生的现金收购了国家赔偿公司，进入保险业。可以说，如果没有这种非常明智和及时的撤退，巴菲特和伯克希尔·哈萨维公司的辉煌程度将大打折扣，巴菲特在全球富豪榜上的排名将可能排在第50名之后，而不是今天的第2名。

其实，中国谚语"男怕入错行，女怕嫁错郎"也可以运用到投资领域，作为关于资金投向的一个很好的总结。在错误的方向上狂奔，除了犯下严重的错误之外，你不会得到任何好的结果。

2. 当心"有效市场理论"的误导

20世纪70年代以来，"有效市场理论"在学术圈子里变得非常流行，甚至成了神圣的经文。这个理论认为，所有关于股票的公开信息都已经适当地反映在了它们的价格中。按照这个理论，一个往股票清单上投飞镖的大猩猩选出的股票投资组合与一位绝顶聪明、工作勤恳的证券分析师选出的投资组合一样前程似锦。

事实上，虽然市场常常是有效率的，但如果由此而得出市场永远是有效率的结论，显然就是"差之毫厘，失之千里"。但令人吃惊的是，信奉"有效市场理论"的不仅仅是学究们，还有许多专业投资人和基金经理，直到今天，在主要的商学院里，"有效市场理论"仍然是投资学课程不可缺少的一部分。

在字典中，风险的定义为"损失或损失的可能性"，而"有效市场理论"的追随者喜欢将股票或股票投资组合相对于其他股票或股票投资组合（经常使用的是大盘整体的变动，即股票指数）的波动程度，即 β 值作为衡量风险的标准。"有效市场理论"的追随者认为只要精确计算出每只股票的 β 值，即它过去的相对波动程度，然后根据这些计算结果建立晦涩难懂的投资和资产配置理论，再据此进行资产配置就可以有效地回避风险。一个很简单却非常有力的反例是巴菲特购买《华盛顿邮报》的例子：1973年《华盛顿邮报》股票的暴跌，创造了一个非常有利的购买机会，而此时《华盛顿邮报》的股票相对于其他股票或大盘的波动程度即其 β 值非常高，难道说《华盛顿邮报》的股票在低价位时比在高价位时的风险要高得多？巴菲特在1973年仅仅花费1100万美元的购买成本买入173万股《华盛顿邮报》的股票，到1999年末，其股票市值已达到9.6亿美元。

事实上，成功的投资大师都不认同"有效市场理论"，以下是一些投资大师对"有效市场理论"的看法：

格雷厄姆说："我很难把有效市场理论教授们的研究和实际投资效果联系起来。"

菲雪说："我不相信对于勤奋、知识丰富的长期投资人来说，股市非常有效。"

巴菲特说："如果股票市场总是有效的：我只能沿街乞讨。"

彼得·林奇说："很显然，在投资方面，沃顿商学院那些信奉定量分析和随机漫步理论的教授们远远没有我在富达基金管理公司的同事做得好，因此，面对理论和实践，我选择了后者。"

罗杰斯说："美国市场、中国市场对我而言和其他市场没什么两样。研究历史上世界各地的市场，你会发现市场总是相同的，因为我们人类是有共性的，不管你喜欢与否，不管你是黑人、白人，还是黄种人，历史上各个时期的市场都是一样的，人们犯可怕的错误，做愚蠢的事情……你要有远见，这是好的投资者的成功秘诀。"

显然，根据股票的价格的相对波动程度（β值）来确定投资风险的大小，这正是"有效市场理论"对风险认识的误区之一。

3. 警惕"兼并与收购"

证券市场总是倾向于欢呼每一次并购，因为并购似乎总能带来更多的想象空间，但作为投资者，准确地说是作为拥有上市公司一部分股权的所有者，我们更应该做的是清醒地分析每一次的并购对我们有利还是不利，而不是人云亦云地跟着市场去欢呼。在这一点上，巴菲特的分析异常精彩。巴菲特将渴望收购的CEO比喻为深受《青蛙王子》故事影响的人，他们只记住了公主的成功，为了获得与被收购公司这只癞蛤蟆亲吻的权利，他们常常付出了过分昂贵的代价。在他们热情的一吻之下，癞蛤蟆没有变成王子，还是那只癞蛤蟆，而初吻得到的令人沮丧的结果更进一步加深了他们围捕新癞蛤蟆的渴望，直到有一天，当他们陷入癞蛤蟆堆里不得不宣布收购整体失败时，往往是自己接受了教训，而股东则只有付学费的份。当然，更加惨不忍睹的是有的公司在被收购的时候还是王子，而在

CEO 的一吻之下，却变成了癞蛤蟆。

以下是问题发生的部分原因：

① CEO 多数具有乐观主义的倾向，他们常常相信在自己的一吻之下，癞蛤蟆必定会变成王子，因此他们常常为收购付出极其昂贵的代价。

② 很多公司是以组织规模的大小来酬报它们的 CEO，《财富》500 强企业的排名等也起到推波助澜的作用，它让 CEO 知道按照销售额排名的公司位置，而 CEO 对按照盈利能力排名的公司位置可能从来就不知道。

③ 管理人员经常更热衷于扩大统治范围而不是关心公司所有者财富的增长，完全站在所有者的立场去看待兼并收购的管理人员少之又少。

④ 很多兼并与收购着眼于短期的会计报表上报告数字的最大化，或倾向于把注意力放在交易是否会立即对每股收益产生稀释作用。

⑤ 友善的投资银行家总有办法使 CEO 相信收购行动是合理而稳妥的，就像一个顾客问理发师："我是否需要理发。"如果 CEO 对收购志在必得，其下属和财务顾问很快就能提供必要的预测以使任何收购价格合理化。

由此可知，对被收购公司的股东来说，并购是一座富矿，同时也提高了管理人员的收入和地位；对并购双方的财务顾问和中介机构来说，并购也是个大蜜罐；但对收购方的股东来说，并购常常意味着股权内在价值的大幅度减小。

三、跟林园学习"无风险套利"

对于投资，巴菲特强调："第一，永远不要损失；第二，永远不要忘记第一条。"这或许正是巴菲特关于风险管理思维的真知灼见。

跟巴菲特一样，林园始终把控制风险作为首要任务，正是这种讨厌风险的态度，使得林园在中国证券市场混沌发展的时期，成功躲避了一次又一次的下跌，这也是投资复合增长的重要前提。

林园在投资时，最喜欢的就是无风险套利。在很多中小投资者眼中，这种无风险的套利似乎是不可能的事，是机构的特权、大户们的最爱。事实上，证券投资的投资工具不只股票一种，如果投资者能掌握其他的投资工具，也能实现无风险套利。

1. 招商银行转债套利过程

可转债是林园用来无风险套利的重要工具之一。

可转债是一种可以转换的债券。它首先是一种债券，因此有固定收益债券的一般性质——具有确定的债券期限以及定期息率，能够为投资者提供稳定的利息收入和还本保证。我国发行的可转换公司债券的期限一般为3至5年，从这个意义上而言，可转债也能被看作具有短期债券性质的债券。

可转债另一个特别的性质就是"股票期权"。投资者在转股期内有选择权——继续保留可转债等待到期日，或者将其转换为股票，也可以在交易所将可转债抛售。换句话说，可转债包含了股票买入期权的特征，投资者通过持有可转换公司债券可以获得股票上涨的收益，所以从根本上说，可转债是股票期权的衍生物，人们也往往将其看作期权类的二级金融衍生产品。

投资可转债的收益其实就来源于这种特殊的性质。通常而言，除获得票面利率之外，可转债还提供了两种实现收益的方式，一是直接在交易所买卖可转债；二是通过转股实现套利。

除了套利以外，投资者选择转股通常还有两个重要的原因，一是如果该公司前景光明，可以通过转股分享企业未来巨大的成长潜能；二是转股后交易的流动性相对比较高，对频繁交易者更有利。

2005年2月，林园注意到了招商银行的财务报表。报表上的各项指标显示该行的业绩非常不错，资产质量也很好，国内其他银行无法与其相比，并且，招商银行凭借良好的服务，得到了广大用户的认可，获得了稳定的客户基础。

林园认定招商银行未来有很大的发展空间，而且招商银行看好国内个人理财的良好前景，制定了针对个人客户的战略定位，这一定位必然使招商银行在未来的竞争中取得不错的市场份额，甚至可能成为银行股中的龙头。各种有利的分析都促使林园不断涌出介入的冲动，但当时股市的剧烈震荡还是让林园有些望而却步。为了安全，或者说为了实现无风险套利，林园认为买入招商银行可转债应该是个不错的选择，只要招商银行4年内不倒闭，他的投资就无风险。

后来，招商银行的股改工作使林园被逼转股，到底怎么办？林园又如同当初研究深发展一样研究招商银行。他相信，只要掌握这家银行的价值内涵，就能做到胸有成竹，操作起来就可以如操作深发展那样不断获取利润。

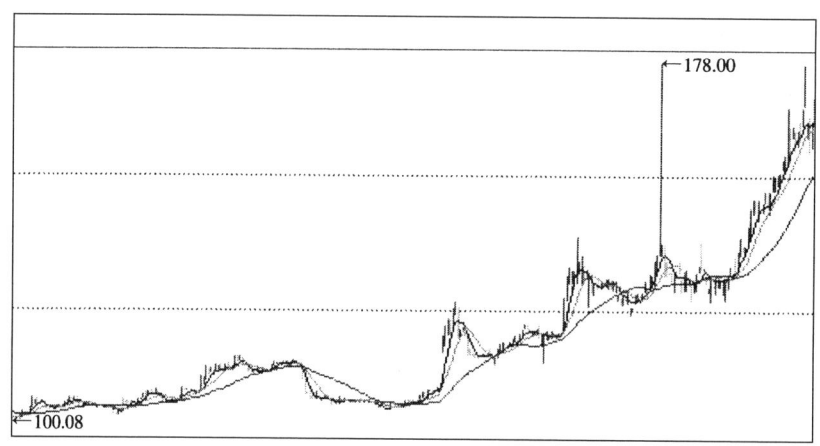

图 4　招行转债 2005 年 3 月 21 日至 2006 年 9 月 28 日 K 线图

林园买入招商银行可转债的均价是 102.50 元，全部转股没有任何损失，因为招行的价值有目共睹，而股价却远远低于它的价值。林园初步计划增持招商银行到总资产的 30%，因为这只新的银行龙头股会给林园带来新一轮牛市的丰厚收益。赚取"熊变牛"的第一桶金非常重要，这样你才能在日后的牛市中更大胆，赚更多的钱。

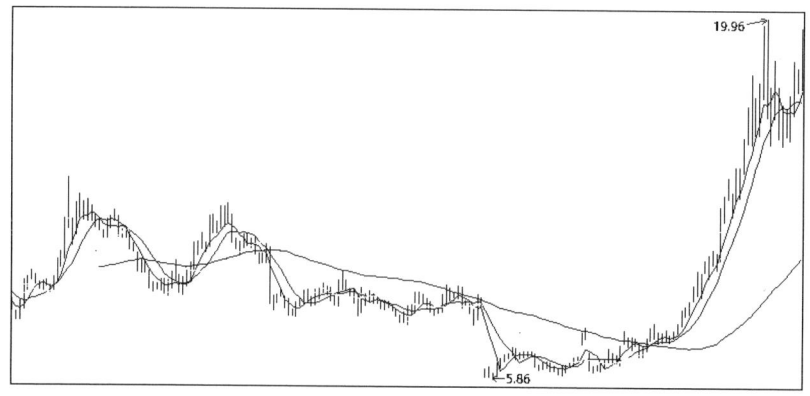

图 5　招商银行 2003 年 10 月至 2007 年 3 月 K 线图

招商银行就这样成为林园后来3年总体布阵的主力产品。虽然在这3年期间招行继续那种箱体震荡，但持有转债可以规避未来不确定的收益，而通过股改，招行的生命力彻底被激活，股价未来只有上涨再上涨，将转债进行转股，也就完成了最好的套利，不论怎样都会收益，只是多与少的关系，风险也自然得到了规避。

2. 五粮液套利过程

林园在五粮液的套利，归功于权证。

权证是指由特定发行人发行的，约定持有人在规定期间内或特定到期日，有权按约定价格向发行人购买或出售标的证券，或以现金结算等方式收取结算差价的有价证券。

权证分两种：一种是认购权证，指持有人有权利在某段时期内以预先约定的价格向发行人购买特定数量的标的证券，其实质是一个看涨期权；另一种是认沽权证，指持有人有权利在某段时期内以预先约定的价格向发行人出售特定数量的标的证券，其实质是一个看跌期权。

认股权证亦分为欧式和美式认股权证两种。美式认股权证允许持有人在股证上市日至到期日期间的任何时间行使其权利，而欧式认股权证的持有人只可以在到期日当日行使其权利。目前我国主要是欧式权证。

通常情况下，投资者在拥有某股票的情况下，会购买相应股票的认沽权证，以对冲该股票价格下跌所带来的损失；而卖空股票时，则会购买相应股票的认购权证，用以规避该股票价格上升给投资者所造成的损失。

权证为套利者带来了欣喜，而这欣喜又是有限的。权证是一种非常有利于套利交易的品种，但如果只有单向的权证，实现真正的无风险套利是很难的。因为要进行无风险套利首先要规避的就是方向性风险，在没有做空机制的情况下，这点难以实现。

当然，机会并不是没有，对于价格低于理论价值的权证，可以按比例购买股票+认沽权证，构造 Delta 中性组合，也就是买入波动率，在股价向任一方向变动时都可以获取利润。

权证是基于股票价格及其波动率的衍生品。权证的价值有一部分是由正股价格决定的。股票投资者只能对股价本身看涨或者看跌，而引入权证之后则可以对股价波动率看涨或者看跌。正是由于时间价值的存在，在到期日之前，价内权证的理论价值和正股价格也不是完全的线性关系。当价内权证的正股价格上升 0.1 元，权证理论价值的变化必定小于 0.1 元。因此，如果按照一定比例同时持有股票和认沽权证，就可以使股价上升时股票头寸的利润超过权证头寸的损失，而在股价下跌时权证头寸的利润超过股票头寸的损失，从而实现同时对股票上下两个方向进行投资。

然而，林园不是投机客，不是操作权证进行获利，而是利用权证定价的原理，分析大股东的底线，而对正股的未来价值进行判断。

这样的品种市场上经常可以看到，如五粮液股改方案是，每 10 股获 1.7 股、3.9 份行权价为 6.93 元的百慕大式认购权证和 4.1 份行权价为 7.96 元的百慕大式认沽权证，若所有的认沽权证（31315 万份）行权，大股东必须准备 20 多亿元的现金。

林园以每股 6.5 至 6.8 元的价格，通过抵押借款买入五粮液，在他看来，五粮液的底就是 7.96 元/股，大股东若要不使行权成为事实，就必须通过各种手段使股价长期维持在7.96元/股之上，这是林园的基本判断。而且基于他对五粮液多年的了解，五粮液公司要做到这点并不难。况且还有工行宜宾分行出具的不可撤销的连带责任履约担保函，为宜宾国资公司在五粮液股权分置改革中派发的认沽权证提供了担保。因此以7.96元以下的任何价位买入五粮液都是安全的，而且买的越多越好，所以林园才用了抵押借款的方式融到更多的资金参与。

接下来的事实是，五粮液的股价就如同林园事先规定好的一样长期在12元上方运行，终于在2006年11月初爆发，在2007年1月下旬最高冲到33元/股。

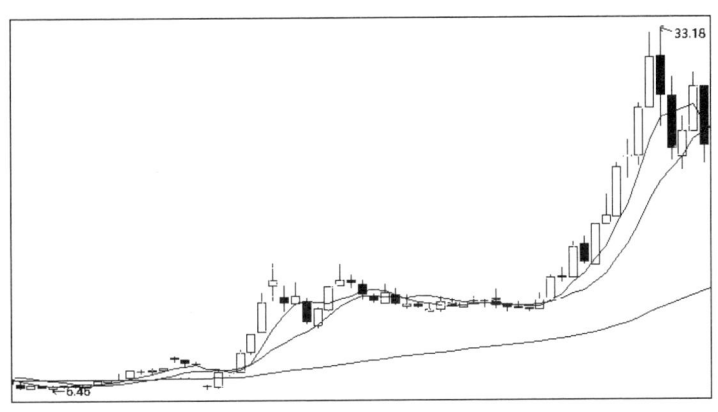

图6　五粮液2006年3月8日至2007年2月16日K线图

3. 上海机场套利过程

2006年5月，中银国际邀请林园参加他们在大连举办的一个投资者交流会，期间，林园听说上海机场也发认沽权证，每10股送7.5份认沽权证，行权期为12个月，行权价为13.6元，但当时上海机场的股价还在12元附近,行权期只剩下9个月,责任人是上海机场集团。他听后的第一反应是赶紧借钱买入,而且是越多越好。因为上海机场集团是不可能拿77亿现金来行权的,发生行权的可能性很小,并且上海机场的业绩也不错,13.6元就是上海机场的保底价,9个月内上海机场的股价肯定要比行权价高很多。然而,因为上海机场的流通盘很大,被抛到13.6元/股以下很容易,但他想那时上海机场的大股东肯定比他还着急!他怕啥!因此,肯定有人会把股价维持在比较高的位置。这种天大的无风险套利机会错过了就不会有第二次,而这也只是简单地复制五粮液的无风险套利原理。

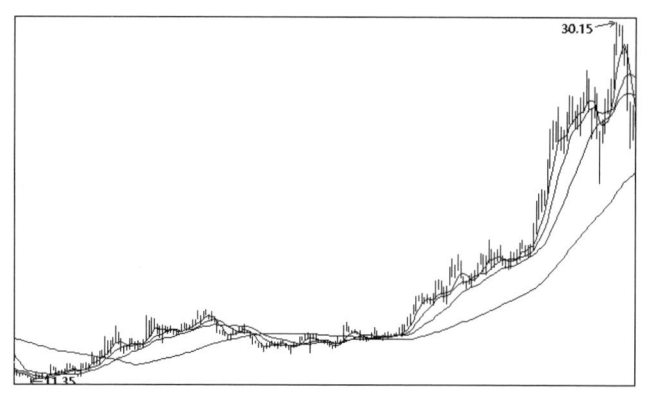

图7 上海机场2006年4月7日至2007年2月16日K线图

有朋友问林园,这样明明白白的东西为什么没有人买?林园说,他也搞不清楚,五粮液发认沽权证7.96元/股,可五粮液的股票还跌到过6.13元/股,也许正是证券市场的这种涨涨跌跌的波动,才给了他赚钱的机会,否则,他也赚不到钱。

从上面几个案例看出,林园的这几个操作,原理都很简单,风险在当时看起来似乎很大,但认真分析后会发现这中间根本没有风险。既然没有风险，何不尝试一番，更何况是一些具有内在价值的股票。

（本章成文于2006年底，不构成操作建议。股市有风险，投资需谨慎。）

林园 炒股秘籍 第四章

挑选公司的六大财务指标*

* 本章成文于2006年底,不构成操作建议。股市有风险,投资需谨慎。

> 选定高增长的行业，再从行业中挑选那些具有垄断特质的公司，这些公司的财务指标都大同小异。在众多的财务指标中，林园只认真审视其中的六大财务指标。

一、挑选股票，就是挑选公司

挑选股票，就是挑选公司，要了解公司，就要了解它的财务指标。林园很少花大量的时间去研究公司的财务报表。一份详细的上市公司财务报告，拥有众多的财务指标。林园只是认真审视其中的六大财务指标，而这种财务分析方法与巴菲特不谋而合。

巴菲特常用投资收益率指标衡量企业的投资价值。一个上市公司的获利能力再强、成长性再好，那也是它自身价值的体现。当买进它并长期持有后，如果它不能依靠企业的获利给投资者带来丰厚的复利收益，它就不是一个具有投资价值的股票。巴菲特的估值方法直接给了我们投资一个企业的投资收益率，而投资收益率则相当于一个企业能够给我们提供的长期存款利率。

巴菲特说，"只要企业的股东权益报酬率充满希望并令人满意，或管理者能胜任其职务而且诚实，同时市场价格也没有高估此企业"，那么他"相当满足于长期持有该企业的任何证券"。

巴菲特主要研究损益表、资本转投资的条件和公司产生现金的能力。

1. 把重心放在股东权益报酬率，而不是每股盈余

大多数的投资人用每股盈余来判断公司年度的绩效，看它们是否创下纪录或较上一年度有显著的进步。但是既然公司借上年度盈余的一部分来不断增加公司的资本，盈余的增长（自动增和的每股盈余）就显得毫无意义。当公司高调宣布"每股盈余破纪录"的时候，投资人就被误导而相信经营者一年比一年表现好。衡量每年度绩效的一个比较真实的指标是股东权益报酬率——营运收益与股东权益比，因为它已考虑了公司逐渐增加的资本额。

2. 计算"股东盈余"

企业产生现金的能力决定了它的价值。巴菲特投资那些产生超过营运所需现金的公司，而将不断消耗现金的公司排除在外。但是在评估一家企业的价值时，很重要的一点是要了解到，并不是所有的盈余都是在平等的基础上创造出来的。有高固定资产的公司，相对于固定资产较低的公司，将需要更多的保留盈余，因为盈余的一部分必须被划拨出来，以维持和提升那些资产的价值，因此，需要调整会计盈余以反映一些产生现金的能力。

巴菲特提供了一份较为正确的计算方式，他称之为"股东盈余"。计算股东盈余的方法是将折旧、耗损和分期摊销的费用加上净利，然后减去那些公司用以维持其经济状况和销售量的资本支出。

3. 寻找高毛利率的公司

高毛利率反映的不只是企业良好的经营状况，同时也反映了经营者控制成本紧抓不放的精神。巴菲特欣赏注意成本观念的经营者，而厌恶放任成本不断扩大的经营者。股东会间接获得企业的利润，而被不智花费的每一块钱，都将剥夺股东的利润。多年来，巴菲特已经观察到有高运营成本的公司，通常会寻求维持或补贴这些成本的办法。而运营成本低于平均水平的公司，则多半自傲于它们自己能够找到削减支出的办法。

4. 保留的每一块钱盈余，都可以确定公司至少已经创造了一块钱的市场价值

这是一个便捷迅速的财务检测，它不只会告诉你企业的优势，同时也会让你知道经营者如何理性分配公司的资源。用公司的净收入减去所有支付给股东的股利，剩余的就是公司的保留盈余。现在，加总10年来这家公司的保留盈余。下一步，找出公司目前的市价和它10年前市价的差价。如果这家公司在这10年之间的保留盈余转投资毫无生产力，市场最后将会把它定出低价的价格。如果市场价值的改变小于保留盈余的总和，这家公司便走上衰退的道路了。但是如果它已经能够赚得较平均水准为高的保留盈余报酬率，它的市场价值的上涨利润应该会超过保留盈余的总和，如此每一块钱都创造出了超过一块钱的市场价值。

国际大师巴菲特的伯克希尔·哈萨维公司的股票从来没有分红－拆股过，因此，对于长期持有，甚至终生持有伯克希尔·哈萨维公司股票的人来说，是无法获得任何现金流的。之所以没有分红，其实也非常简单，因为巴菲特认为，如果利润用于再投资，可以产生高于投资额的等价购买力回报，那么这个投资就是成功的。

在巴菲特眼中，利润是复合增长的基础。林园虽然也知道这个道理，但买入股票"猫着"后，也不希望它老是不涨，这样，资金的时间价值就被抹杀了。林园会主动要求他"持有"的公司多分红，提这样的要求也是股东的合法权益，听不听是公司的事，但只要他是其中的一分子，他就会不停地"吆喝"。当然，如果他的组合中有高派息公司，他就会建议"现金分红"，这对一些低市盈率的股票非常有效，如新兴铸管、铜都铜业等。如果组合中有成长型的企业，林园就会建议以送"红股"的方式分红，这样可以通过反复"除权""填权"来获得收益，如云南白药、五粮液、招商银行等。

当然，企业的硬朗度也是林园选股的基本指标。他说的硬朗度就是指企业的盈利能力，企业手上的现金越多、毛利率越高越好。为什么红烧肉、粉蒸肉这些传统小吃，中国人都喜欢吃，因为它们是经过千百年市场检验的好东西。林园选公司时很注重选择这样的老字号公司，因为它们的产品都是经过时间考验的，他认为这样的公司才是靠得住的公司，基本不受管理层变动因素的影响，这样的公司才能够做到轻松赚钱。林园坚信茅台酒总有一天会卖到 1000 元以上的价格。要选择产品价格稳定或趋升的公司，林园只给这样的公司算账。不要买账算不清的公司的股票，未来只有把公司的账算清楚了，才能够确定你的盈利，而不是拍脑袋去决定。要知道股价能否持续上涨，95% 的因素取决于公司的经营情况，以及发生在公司里的故事，只有 5% 的因素是股市炒作造成的。要搞清楚公司的经营情况，调研和跟踪是非常必要的，对你投资的公司，你要清楚地知道每个月的经营指标才行。

二、林园挑选公司的六大财务指标

1. 利润总额——先看绝对数

从会计的角度讲，利润是企业在一定会计期间的经营成果，其金额表现为收入减去费用后的差额。利润总额由四部分组成，即营业利润、投资净收益、补贴收入和营业外收支净额。

利润总额 = 营业利润 + 投资净收益 + 补贴收入 + 营业外收入 – 营业外支出

营业利润 = 主营业务利润 + 其他业务利润 – 营业费用 – 管理费用 – 财务费用

主营业务利润 = 主营业务收入 – 主营业务成本 – 主营业务税金及附加

其他业务利润 = 其他业务收入 – 其他业务支出

利润总额能直接反映企业的"赚钱能力"，它和企业的"每股收益"同样重要。若一家上市公司一年只赚几百万元，在林园看来，这种公司是不值得他去投资的，还不如一个个体户赚得多。所以，在林园看来，企业年利润的总额至少要有1个亿，比如武钢、宝钢每年都能赚上百亿元，招商银行也能每年赚数十亿元，这样的企业和那些"干吆喝不赚钱"的企业不是一个级别的。企业只有赚足了钱，才有不断扩张的动力，才有在行业周期不景气时抵御风险的能力；而足够数量的利润才能保证企业有足够的创新费用，企业的生命力才能长久，这也是长期投资所要考虑的最基本要素。如果企业没有这样长久生存并成长的能力，也就没有必要在它身上进行价值投资。

林园在挑选重仓股的时候,首先考察的是利润总额绝对数量大的公司,然后结合其他财务指标,以及该企业的经营特色去决定是否投资。他之所以会看重这个指标,有一个很重要的原因。投资者应该知道上市公司披露财务报告的时间与实际会计年度会有一定的时间差,而通过提前知道未披露的财务报告数据,就可以有效地对股价短期走势做出判断,这是很多短庄利用财报披露的时差,做短炒的依据。而知道了利润总额后,就掌握了企业的赚钱情况,短时间内,这些企业的利润不会有快速变化,但在披露报告的时间差内,可能有些指标会发生变化,从而影响到投资者对公司的正确认识。因此,一旦知道了企业的赚钱能力,投资者就没有什么可担心的了,一些机构也是利用这个特性建仓的。

2. 每股净资产——不要去关心

股票的净值又称为账面价值,也称为每股净资产,是用会计统计的方法计算出来的每股股票所包含的资产净值。其计算方法是用公司的净资产(包括注册资金、各种公积金、累积盈余等,不包括债务)除以总股本。股份公司的账面价值越高,则股东实际拥有的资产就越多。

这一指标反映了股东所拥有的资产现值。每股净资产越高,股东拥有的资产现值越多;每股净资产越少,股东拥有的资产现值越少。通常每股净资产越高越好。而且,很多投资者认为每股净资产是财务统计、计算的结果,数据较精确而且可信度很高。

然而,林园对这个指标有不同的看法。他认为,能够赚钱的净资产才是有效净资产,否则可以说就是无效净资产。比如说,上海房价大涨之后，有一些人要对上海商业股净资产进行重新估值，理由是上海地价大涨了，重估后它的净资产应该会大幅升值。但在林园看来，这种升值不能带来实际的效益，也可以说是无意义的，最多只是"纸上富贵"。

因此，每股净资产的高低不是林园判断企业"好坏"的重要财务指标，因为它总是被人为地进行修饰。与其费心思去判断修饰它的动机，不如不去关心，反而不会扰乱自己的选股思路。

3. 净资产收益率——10%以下免谈

净资产收益率和每股收益都是反映企业获利能力的财务指标，是单位净资产在某时段的经营中所取得的净收益，其计算公式为：

净资产收益率 =（净收益/净资产）× 100%

如果企业没有发生增资扩股等筹资活动，净资产收益率水平的高低主要反映上市公司盈利能力的大小。如果公司发生了增资扩股，公司的税后利润必须同步上升，才能保持原来的净资产收益率水平。所以，在上市公司不断增资扩股的情况下，净资产收益率维持在较高（>10%）的水平，才能说明上市公司的业绩成长性较好。为了让证券市场上的资金流入获利能力较强、成长性较好的上市公司，证监会要求配股的上市公司，净资产收益率必须连续3年平均在10%以上。其中，任何一年都不得低于6%。

净资产收益率越高，表明公司的经营能力越强。比如2003年，林园买入贵州茅台时，除去账上的现金资产，贵州茅台的净资产收益率应该在80%以上，实际上就是投资100元，每年能赚80元。

林园对招商银行北京分行的调研则发现其净资产收益率达 53%。

净资产收益率能直接反映企业的效益。林园选择公司时一般要求净资产收益率大于 20%。净资产收益率小于 10% 的企业他是不会选择的，因为任何公司都会增资扩股，如果连证监会 10% 的规定都无法满足，那还有什么可研究的呢。

4. 产品毛利率——要高、稳定而且趋升

此项指标通常用来比较同一产业中公司产品竞争力的强弱，显示了公司产品的定价能力、制造成本的控制能力及市场占有率，也可以用来比较不同产业间的产业趋势变化。但不同产业，会有不同的毛利率水准。

林园选择的公司，产品毛利率要高，而且具有稳定上升的趋势。若产品毛利率下降，那就要小心了——可能是行业竞争加剧，使得产品价格下降，如彩电行业，近 10 年来产品毛利率一直在逐年下降；而白酒行业的产品毛利率却一直都比较稳定，例如：山西汾酒连续 5 年毛利率保持上升，从 2001 年的 59.7% 到 2005 年的 72.1%，另外其中端产品的平均价位在 50 元以上，毛利率超过 70%，高端产品的毛利率超过 80%。但由于高端产品在公司产品销售中所占比例仅为 3% 至 4%，因此业绩并不是最好的。

林园的标准是选择产品毛利率在 20% 的企业，而且毛利率要稳定，这样他才好给企业未来的收益"算账"，增加投资的"确定性"。比如贵州茅台的产品毛利率惊人，高度与低度茅台酒的毛利率分别达到了 83.28% 和 81.67%，这主要得益于产品涨价和销售渠道的拓展。

5. 应收账款——注意回避

应收账款是指企业因销售商品、产品或提供劳务而形成的债权。应收账款是伴随赊销发生的，其确认时间为销售成立的时间。按照我国会计准则的规定，同时满足商品已经发出和收到货款且取得收取货款的凭据两个条件时，应确认收入，若未收到货款，即应确认应收账款。应收账款的确认时间因具体销售方式不同而有所区别，如寄销、分期收款销售等等。

由于从应收账款中取得现金需要一段时间，因此，严格地说，应收账款不能按其到期值（面值）计价，而应按未来现金的现值计价，但企业为了美化财务报告，多数按其到期可收回的价值计价。

应收账款是企业流动资产的一个重要项目。随着市场经济的发展、商业信用的推行，企业应收账款的数额普遍明显增多，应收账款的管理已经成为企业经营活动中日益重要的问题。

应收账款管理不善的弊端：

（1）降低了企业的资金使用效率，使企业效益下降。由于企业的物流与资金流不一致，发出商品，开出销售发票，货款却不能同步收回，而销售已告成立，这种没有货款回笼的入账销售收入，势必产生没有现金流入的销售业务损益、销售税金上缴及年内所得税预缴，如果涉及跨年度销售收入导致的应收账款，则可产生企业流动资产垫付股东年度分红。企业因追求表面效益而垫缴税款及垫付股东分红，占用了大量的流动资金，久而久之必将影响企业资金的周转，进而导致企业经营实际状况被掩盖，影响企业生产计划、销售计划的实施，使企业无法实现既定的效益目标。

（2）夸大了企业的经营成果。由于我国企业实行的记账基础是权责发生制（应收应付制），发生的当期赊销全部记入当期收入。因此，企业账上利润的增加并不表示能如期实现现金流入。会计制度要求企业按照应收账款余额的百分比来提取坏账准备，坏账准备率一般为3%至5%（特殊企业除外）。如果实际发生的坏账损失超过提取的坏账准备，会给企业带来很大的损失。因此，企业应收款的大量存在，虚增了账面上的销售收入，在一定程度上夸大了企业的经营成果，增加了企业的风险成本。

（3）加速了企业的现金流出。赊销虽然能使企业产生较多的利润，但是并未真正使企业的现金流入增加，反而使企业不得不运用有限的流动资金来垫付各种税金和费用，加速了企业的现金流出，主要表现为：

①企业流转税的支出。应收账款带来销售收入，但并未实际收到现金。流转税以销售为计算依据，企业必须按时以现金交纳。企业交纳的流转税如增值税、营业税、消费税、资源税以及城市建设税等，必然会随着销售收入的增加而增加。

②所得税的支出。应收账款产生了利润，但并未以现金实现，而所得税必须按时以现金支付。

③现金利润的分配，同样存在这样的问题，另外，应收账款的管理成本、回收成本都会加速企业的现金流出。

（4）对企业营业周期有影响。营业周期是指从取得存货到销售存货，并收回现金的这段时间，它的长短取决于存货周转天数和应收账款周转天数，为两者之和。由此可看出，不合理的应收账款的存在，使营业周期延长，影响了企业资金循环，使大量的流动资金沉淀在非生产环节上，致使企业现金短缺，影响工资的发放和原材料的购买，严重影响了企业正常的生产经营。

（5）增加了应收账款管理过程中的出错概率，给企业带来额外损失。面对庞杂的应收款账户，企业有可能难以及时发现差错，或不能及时了解应收款账户的动态情况以及欠款企业的详情，造成责任不明确，应收账款的合同、合约、承诺、审批手续等资料散落、遗失，进而有可能使企业的应收账款该按时收回的不能按时收回，该全部收回的只有部分收回，能通过法律手段收回的，却由于资料不全而不能收回，直至最终造成企业单位资产的损失。

所以，对应收账款应当尽量采取回避的态度，因为你无法判断这笔钱的未来究竟会怎样。

另外，应收账款数量多，存在两种情况。一种是可以收回的应收账款，比如：新兴铸管，其应收账款都是各地自来水公司的延期付款，自来水公司属于市政基础工程部分，就算经营发生问题，但涉及民生，政府部门会用财政进行弥补，所以不用担心他们还不上钱，新兴铸管多年来都能够顺利收回应收账款。再比如云天化的应收账款是由货到付款方式形成的，所以，基本不属于赊销，只是销售收入的确认"滞后"了，收回自然不成问题。而另外一种情况是产品销售不畅造成应收账款多，这就要小心了。这说明产品的市场销路有问题，只能采用赊销来消化库存，提高周转率，因此不管其他财务指标变得有多漂亮也掩盖不了未来前景可能变坏的信号。

6.预收款——越多越好！

预收款与应收账款恰好相反，预收账款是指企业预收的购买单位的账款，属于资产负债表流动负债科目。按照权责发生制，由于商品或劳务的所有权尚未转移，所以预收账款还不能体现为当期利润。但是，预收账款意味着企业已经获得订单并取得支付，所以只要企业照单生产，预收账款将在未来的会计期间转化为收入，并在结转成本后体现为利润。

因此，预收账款的多少实际上预示了企业未来的收入利润情况，对于估计上市公司下一个会计期间的盈利水平具有重要的参照意义。

特别是在我国经济整体处于供大于求的状况下，"先收款后发货"不仅避免了大多数企业面临的产能闲置、营销费用高企问题，而且规避了"先发货后收款"存在的坏账可能。其背后更反映了企业或所属行业竞争力或景气程度的提升。

预收款多，说明产品是供不应求，产品是"香饽饽"或者其销售政策为先款后货。预收款越多越好，如贵州茅台长期都有十几亿元的预收款，2005年末预收账款占公司主营收入的39.26%，2006年第三季度时预收账款达到23.76亿元，表明公司产品具有较强的市场谈判力，以及较高的"硬朗度"。由此看来，该公司在未来几年要做的事情就是开足马力生产，因为仅预收账款就让其赚得盆满钵满。

三、怎样对待造假账的公司

即使你仔细研究了企业的财务报表，也难保会买到"李鬼"式的企业，它们欺骗你的主要手法就是"造假账"。

在草木皆兵的中国股市，林园建议，投资者在选公司时，最好选一些和人们生活密切相关的知名企业。林园选的贵州茅台、五粮液、云南白药、招商银行、上海机场等企业，都是国营大企业，人们在生活中可以接触得到，它们主营业务突出，现金流充沛，每天都在为投资者赚钱，它们的领导人没有必要去造假，造假的机会风险与企业的破产风险比要高得多。

实际上，作为谨慎投资者的代表人物，林园会在全国选择3个居住于不同城市的专业人士，帮他分析目标公司的财务报表，通过财务指标给企业挑毛病。这3个人互相并不认识，得出的分析结论也不一样，然后林园会综合他们的意见，做出投资决策。当然这3个人分析的不仅仅是林园将要买入的目标公司，还包括竞争公司的财务报表，如：打算买五粮液，也会分析茅台；打算买招商银行，同步分析民生银行；打算买上海机场，顺便研究深圳机场……最后林园还会让他在深圳的老师在财务数据上把关。

这么多年，有一个奇怪的现象：经过分析，人们发现林园买入的一些公司很可能有造假的嫌疑，但不是做多而是做少。林园买入的公司，据说很多都"隐瞒"利润（少报）。实际上，隐瞒利润往往会使投资者有"意外"的受益。

林园喜欢选那些每年都能赚钱，而且账上有大量现金的公司，因为这些"腰间硬朗"的公司没有必要造假账，相反，它们的现金流还能够让投资者有意外惊喜，如茅台股改时流通股东每10股实获20.66元现金（含税），这是多么丰厚的一笔意外之财啊。

曾有传言，上海机场有造假账的嫌疑，问题的焦点出在货运量与利润之间没有合理的比例关系。林园认为那是这些人没有好好看报表，上海机场的运行效率高，没有错。结果是上半年上海机场实现收入14.06亿元，同比增长11%；净利润7.46亿元，同比增长13%；每股收益0.387元，与预期相符。上海机场上半年的业绩增长主要来自业务量增长。上半年飞机起降和旅客吞吐同比分别增长18%和21%，浦东增幅继续超越虹桥；二季度单架次航空收入1.27

万元，回升到 2005 年水平。收入和净利润增幅仍然低于业务量增幅，主要原因仍然是机型变小、人民币升值及非航收入增长缓慢。航油公司投资收益保持平稳，二季度投资收益 5867 万元，基本与一季度持平。7 月份航油销售价格单向提高 290 元/吨，有助于下半年航油公司收益的回升。因此，业务量的增长，证明上海机场有很好的运作效率。

前些年的确有"银广厦""蓝田"这样一批造假的骗子公司，但大部分公司的账是真实的，伴随新会计准则的出台，今后，造假的公司会减少。躲避造假者的另外一种方法是，远离一些主业不清的企业。如果一个企业连自己的主业都不清楚，那么它的增长必然伴随着巨大的风险，因为企业的主业就是在复制自己成功的经验，改革创新都可以在主业上发挥，而向其他领域延伸必然面临较大的风险。此外其他领域同样有很多成功的企业，所以，企业能产生多少收益就值得商榷了。

台湾大学刘顺仁教授出版的《财报就像一本故事书》是林园常常推荐给股民朋友的、专门解读企业财务报表的图书。书中用讲故事的手法，利用非技术性的语言、生动活泼的例子，褪去财务报表难懂的外衣。通过这本书，即使是没有任何财务背景的普通股民也能轻松读懂企业财务报表背后的含义。尤其是书中第 12 章还专门提出"避开财务报表陷阱的十大贴士"，是识别假账的十大法宝。它们能帮助投资者学会结合财报数字和非财报信息，避开财报陷阱，做出安全、有效的投资，保护自己的投资收益。简单介绍如下：

1. 注意市场"秃鹰攻击"的警讯

"秃鹰"指的是资本市场中的放空机构，它们从股价下跌中获利。

如果一家公司被"秃鹰"攻击，该公司的股价很可能会大跌，投资人应特别注意。

2. 注意股价"利多下跌"的警讯

所谓"利多下跌"，是指在有利润增加的消息的情况下，股价却没有上涨，反而出现与趋势相反的滑落。这其中很有可能是公司隐藏了某些隐蔽的问题。投资人应特别注意股价下跌背后所隐藏的负面消息，以避免地雷股爆发所造成的巨额亏损。

3. 注意公司董监事等内部人士大举出脱股票的警讯

董监事是公司重要的决策者，对于公司的经营状况最为清楚，所以他们对公司的持股比率常被视为一个重要的参考指标。当这些内部人士开始大量抛售持股时，说明他们可能认为股价已经超过公司该有的价值。

4. 注意董监事或大股东占用公司资金的警讯

大股东或董监事等内部人士常滥用决策权，利用关联交易等方式侵占公司资金作为非营业之用。内部人士用公司的名义筹资，资金成本及其他财务风险却由公司承担，这种情况对公司的财务状况影响深远，必然会损害一般投资大众的权益。

纵观中国大陆资本市场，占用公司资金的情况相当严重，为促进信息透明，达成公平交易，有的证券交易所特别将各公司的资金占用状况列入上市公司的"诚信记录"中，以便投资人查询。

5. 注意公司更换会计师事务所的警讯

会计师的工作是依据查核后的结果，对公司的财务报表出具意见。会计师如果认为财务报表恰当地表达了公司状况，会出具无保留意见；反之，会依情节轻重出具修正式无保留、保留或否定意见；若会计师因故无法对公司的财务报表进行查核，则会出具无法表示意见。通常，会计师在签发意见之前必须与公司管理层沟通，当管理层不同意会计师的看法时，就可能更换会计师。另外，公司出现舞弊嫌疑时，会计师为求自保，也可能拒绝查核，造成公司被动更换会计师。

如果一个公司在亏损年度频频更换会计师，甚至会计师事务所，可将其视为财报作假的警讯之一。有关公司更换会计师的说明，可于各大财经报纸杂志或证交所网站内公司重大讯息处察看。

6. 注意公司频繁更换高级经理人或敏感职位干部的警讯

高级经理人是公司的重要资产，学术研究显示，公司频繁更换高级经理人隐含着负面信息。除更换高级经理人外，更换相关敏感职位干部也是一个警讯。这些职位敏感的人物，比如董事会秘书等，最了解公司的实际状况，如果是被更换了，或许说明该公司隐藏了一些不为人知的问题，投资人应详加查证。

关于经理人的更换，投资者可于报纸杂志或证交所网站中查询。

7. 注意集团企业内复杂的相互担保借款、质押等行为的警讯

集团企业（或称关系企业）是指若干法律上独立的企业，因为某些特殊关系而结成的企业体，特殊关系包括彼此持股，或是多家企业的董监事为同一人等。

虽然集团间的各企业拥有独立的法人资格，但就企业经营上，经营者往往将集团视为一个整体，追求整体性的利益，因此可能会牺牲集团中部分企业的利益，以成就其他企业的利益。较常见的手法包括集团间企业相互担保以达成借款的目的，或是彼此销货以求美化报表等。

如果频繁地质押、借款，投资人应能看出公司对于资金的取得存在极大的压力，只能频繁质押所持股权以维持其对资金的获取。

8. 注意损益项目中非营业利润百分比大幅上升的警讯

损益的组成项目众多，比如营业收入、营业成本、营业费用、营业外收支等等，由于管理阶层可以通过会计政策的变更来操纵损益的认列，因此投资人在检视损益项目时，不应仅看最终结果，即"营业净利"，还需注意其损益内容。而当损益有重大变动时，投资人也应了解变动的原因，若其中多源自管理阶层可控制的项目，投资人就应该将其视为警讯。

如果投资人只考虑利润总额，而忽视了利润总额的构成，就无法获知财务报表提供的警讯。投资人可以通过分析公司净利组成项目，或是通过公司会计政策的突然改变，了解其损益暴增暴跌的原因，及时采取措施，保护自己的利益。

9. 注意应收账款、存货、固定资产异常变动的警讯

当一家公司有舞弊的倾向时，通常不会仅针对一个财务报表科目进行，而是同时操纵多个科目，所以当投资人发现一家公司财务报表上多个科目呈现较异常的走势时，就应该注意。财务报表造假大多会在3个科目上体现，包括应收账款、存货及固定资产。

10. 注意具有批判能力的新闻媒体对问题公司质疑的警讯

与一般股民相比，新闻媒体具有专业知识，比较容易察觉公司舞弊的状况，许多舞弊案爆发前已有媒体提出批判报道，美国的"安然案"也是如此。因此，当具有批判能力的媒体对一家公司质疑时，投资人应详加参考。

（本章成文于2006年底，不构成操作建议。股市有风险，投资需谨慎。）

林园炒股秘籍

第五章

双腿跑出来的持股信心*

＊本章成文于2006年底，不构成操作建议。股市有风险，投资需谨慎。

> 林园投资的企业一般具有以下3个特点：①该企业所处的行业是一个朝阳行业，未来前景广阔；②该企业在行业中居于垄断地位，产品具有排他性；③消费者对该企业产品的消费具有持续性，客户黏性高。林园对企业的调研，除了研究一些基本的财务指标，还会去亲身感受企业管理层以及普通员工对企业发展的"信心"。通过和企业的多方接触，投资者能够发现企业经营情况的真相，了解到管理层对企业经营的想法，做出对这个公司的股票是"买入"还是"卖出"，以及"买入"或"卖出"多少的选择。

一、国际大师们的惯常做法

1. 巴菲特

当巴菲特投资的时候，他会观察一家公司的全貌，而大多数投资人只观察其股价而已。他们花费了太多的时间和精力来观察、预测和盼望价格改变，却很少花时间去了解他们手中持股公司的经营状况。这种基本态度的不同，造成了一般投资人与巴菲特根本上的差异。巴菲特管理过各式各样的公司，凡事都要插手，这将他和其他专业投资人区别了开来。

巴菲特认为，投资人和企业家应该以同样的方法来观察一家公司，因为他们实际上想要的东西是相同的。企业家希望买下整个公司，而投资人希望购买公司的部分股票。如果你问一个企业家，当他观察一家公司的时候,他所想的是什么,答案经常是:"这家公司能产生多少现金?"财务理论告诉我们,公司的价值和它的现金产生能力之间有直接的关联。理论上,企业家与投资人为了获利,应该注意相同的变数。

巴菲特相信用短期价格来判断一家公司成功与否是愚蠢的。取而代之的是,他要公司向他报告因经济实力增长所获得的价值。一年一次,他固定检查几个变数:

①初始的股东权益报酬率
②营运毛利、负债水准与资本支出需求的变化
③现金产生能力

巴菲特坚持以价值投资为导向,几十年如一日。他擅长分析企业的基本面,总是反复、仔细地阅读候选股票的季报、年报和各种财务信息,甚至连竞争对手的情况也了如指掌。每次做投资决定前,他总要在心里掂量20次以上,吃准了才动作。巴菲特购买吉列公司股份的理由是这样的:"我在入睡之前,每当想到明天会有25亿男士不得不剃须的时候,我的心头就会涌出一丝喜悦。吉列刀片已有100多年历史。每年全世界要用掉200亿至210亿片刀片,其中30%是吉列生产的,而市场份额的60%属于吉列公司。吉列刀片的市场份额在有些国家达到了90%。"因此,他向吉列公司投入了巨资。

2. 索罗斯

对于索罗斯来说,所有的秘密都藏在脑子里。

"我操作的方式是，提出一个观点，然后在市场中检验。当我处于劣势并且市场还在按一定方式发展时，我会非常紧张，腰背疼痛。然后，我会去消除这种劣势。突然之间，疼痛消失，我感觉好多了。这可能就是直觉所在。"

乔治·索罗斯的理论只部分地揭示了他的投资秘密，即解释了他怎样看待金融市场的运行。然而，这套理论并没有揭示他何以成功。

首先，是他的智力。

当别人在市场中全力追逐某一股票、某一产业集团、某一商品时，索罗斯却一如既往地完全沉浸在对全球贸易复杂形势的分析中。与大多数人不同，他总是注重从世界金融领导人的公开讲话和他们所做的决定中，敏感地分析出市场的发展趋势、运动和节奏。和大多数人相比，他对世界经济的因果关系理解得更为透彻。如果甲事件发生，那么乙事件会接踵而至，尔后丙事件又变得不可避免。实际上，这种思维方式也是索罗斯成功的关键秘诀之一。

其次，是他颇具胆略。

不管你怎样以冷静的方式来解释他买进和卖出的不可想象的数量，索罗斯都会否认自己拥有多大的勇气，因为他认为：投资的关键在于懂得怎样自救，而懂得自救也就意味着：有时候进行的投资是比较保守的，此外，手头经常要有数量较大的备用资金。索罗斯喜欢说："如果公司的经营状况欠佳，那么，第一步你要减少投入，但不要收回资金。当你重新投入的时候，一开始的投入数量要小。"

再次，索罗斯有一种坚韧不拔的精神。

"当他做出几十亿美元的投资决定时，我就坐在他的办公室里，"公共事务评论员以及基地位于耶路撒冷的以色列社会与经济进步中心主任丹尼尔·多尼说："我感到震惊，当晚睡不安稳，他投入的资金如此之大，做这种决定是需要胆识的，可能他已经适应了这种情形。"

巴菲特擅长于而且只擅长于以低价购买有资产增值潜力的公司；而索罗斯更灵活一些，他会根据金融市场风向的变化出没于其中，以期适时地在市场上自由行动。巴菲特买卖股票，而索罗斯经营证券和高利贷。巴菲特专注于个体公司，而索罗斯着眼于全球金融市场大的发展趋势。

索罗斯选股很精明。1972年，索罗斯的一个熟人向他提及，根据商业部的一份私人报告，美国的发展依赖于外国的能源资源。因而，索罗斯基金理事会大量收购了石油钻井、石油设备和煤炭公司的股票。一年之后，即1973年，出现了阿拉伯原油禁运事件，引起能源业股票的飞涨。

1972年，索罗斯预见到了食品危机，因而提前购买了化肥、农场设施和粮食加工业的股票，最后获得了可观的利润。与此同时，他很狡黠地把军事防御工业作为一个大有潜力可挖的投资场所。

1973年10月，当埃及和叙利亚武装部队大规模进攻以色列时，以色列十分震惊。在那场战争中，从一开始以色列就处于防御状态，最后有数千人伤亡，损失了众多飞机和坦克。种种迹象表明：以色列的军事技术已经过时。这使索罗斯想到美国的军事技术很可能也已过时。如果美国国防部意识到了自己武器装备的过时，他们有可能会花大量经费去进行更新改造。

这一项目对于大多数的投资者来说，没有丝毫的吸引力。自从越南战争结束以后，美国兵工企业亏损严重，金融分析家们连听也不愿听这个项目。

然而，到 1974 年初，索罗斯仍然在密切关注军事工业。这种内在潜力促使他独辟蹊径。他到华盛顿和国防部的官员周旋，又找美国军工企业的承包商谈判。索罗斯越来越坚信，他的判断是正确的，其他的投资者将会失去这一发财的好机会。

1974 年中期，乔治·索罗斯开始通过军工企业的股票大发其财。他购买了诺斯罗普公司、联合飞机公司和格拉曼公司的股票。此外，虽然洛克洛德公司面临倒闭的危险，索罗斯还是对这家公司进行了赌博性投资。

索罗斯掌握了这些公司的一条十分重要的信息，即它们都有大量的订货合同，通过补给资金，在近几年中可获一定利润。

1975 年初，索罗斯基金董事会开始向供给电子装备的工厂进行投资。在赎罪日之战中，以色列空军的失利，主要归因于缺乏尖端的电子对抗手段，难以压制阿拉伯人手中的苏制武器的火力。

索罗斯注意到了这一点。

同时，他也注意到现代战争正在发生根本性的变化。现代武器装备取决于技术的状况：灵敏的电子元件、激光定向的炮弹和猛烈异常的导弹。

所有这些都需要花费大量的资金。索罗斯的正确决策，为他赢得了巨额利润。

这一次，索罗斯的秘密是什么呢？

首要的是极大的耐心。

其次，在股票市场寻"金"，要有极高的敏感性。大家都在寻

"金"，关于在什么地方寻金，各有各的理论。然而，索罗斯能把他的触角伸向不断变化的金融市场，持续不断地寻求来自还处在酝酿之中的一些事物所发出的神秘信号。

得到信号之后，他就会像火箭依赖导航系统一样自动飞向目标。他从不会向人泄露他为什么选择这一方向而不是另一方向，并在现实的市场中验证他的直觉。

索罗斯就是在探求市场的需求，市场下一步要什么，他就提前投资什么，剩下的就是等事情发生。

3. 彼得·林奇

彼得·林奇每隔几个月就查看一下公司的经营状况。这种查看包括：翻阅最新的《价值线》杂志或者公司的季度报表，咨询公司的收益情况是否如预期的那样。这种查看还包括去商店里看一下公司的产品是否仍然具有吸引力以及是否有征兆表明公司的前景不错。有没有出现新的机会？特别是对于那些快速成长型的公司而言，必须问清楚公司保持收益增加的因素是什么。

一家成长型公司有三个发展阶段。创业期：这一时期公司解决了基本业务方面遇到的困难；快速扩张期：这一时期公司的产品打入了新的市场；成熟期，也叫作饱和期，在这个时期公司要进一步扩张不太容易。每一个时期都要持续好几年的时间。第一个时期对于投资者来说风险最大，因为此时公司能否成功还是未知数。第二个时期则最安全，并且也是最容易赚钱的时期，因为此时公司只是在简单地重复它成功的经验。第三个时期的风险和收益情况最不容易确定，因为公司的发展在这一阶段受到了限制，它必须找到新的方法才能不断增加收益。

彼得·林奇与巴菲特的做法基本相似，都是从公司的基本面着手，挖掘公司不断成长的动力，看准后再去分享企业成长的乐趣。

二、动态跟踪——防止风险的利剑

有人问林园，当年买入四川长虹，若按他的理论，"持有"到现在，伴随整个彩电产业的没落，损失岂不是会很大。林园认为，这种观点犯了"教条主义"的错误。首先，人对事物的看法是逐步形成的，不是生而知之的。1996至1997年间，林园确实是全仓买入了四川长虹，四川长虹那时是高速增长期，那几年彩电业的毛利率都很高，长虹仅仅每股利润就有2元，所以他坚决积极参与，在一年时间内赚了3倍，后来他觉得该股短期升幅太大，市盈率超过他可接受的范围，就坚决卖出。这种顺势而为的能力，与他的连续跟踪研究是分不开的。

尽管那时股市是大牛市，但林园还是坚决地抛出了四川长虹（牛市中股票是轮流上涨的）。后来他对四川长虹的跟踪发现，由于彩电降价，其毛利率也在逐年减少，现在彩电比十年前的价格要低很多，到目前为止，也看不到彩电行业的毛利率有稳定或上升的趋势，四川长虹现在的基本面和1997年的基本面有着本质上的区别。

不过，一个企业基本面的变化不是在一两天内发生的，只需跟踪企业每月的财务指标，若企业的基本面发生变化就坚决卖出，就可以防止风险，因为那时有足够的时间让你跑。对企业基本面的把握，林园是靠自己的双腿跑出来的，他坚信，很多有价值的信息需要自己去探究，有些信息不会自动出现在你面前，你要去寻找。

另外，投资者在股票投资中对制造类企业要高度警觉。事实上，林园不是很喜欢制造企业，他把它们归类为高风险公司，因为它们有很多竞争对手。那么，怎样才能发现制造企业的基本面是否发生了变化呢？要看它的毛利率是否下降，应收账款是否增加，毛利率若下降明显，就要小心了。毛利率的变化也反映了市场份额集中度的变化。如牛奶企业，近两年来伊利、蒙牛的毛利率已经稳定或微升，而光明的利润却在降低，这说明伊利和蒙牛经过前几年的市场竞争，已经形成了初步的垄断态势，这种在高度市场竞争中脱颖而出的强势企业，投资者就要关注了。总之，要"持有"那些收入与利润同步增长的企业。当然，利润增长大于收入增长的企业更优。另外，要"持有"那些业绩出现拐点的企业，如林园的研究发现银行类公司从2005年开始已经步入了高增长期，应坚决介入。没有竞争对手的公司也值得长期"持有"，如机场类（上海机场），高速公路类（中原高速、山东高速等），港口类（盐田港、深赤湾），文化遗产类（黄山旅游、丽江旅游），买入这些公司，操心少。总之，若企业经营没有问题，"持有"是不会吃亏的。与长虹差不多同一时期的云南白药、五粮液，近10年的业绩都稳定增长，从长远走势来看，其股价也不可能下跌。林园一再强调对企业经营的动态跟踪是非常重要和不可缺少的，这也是他的主要工作。

（一）白酒行业调研

1. 贵州茅台

贵州茅台酒股份有限公司位于黔北赤水河畔的茅台镇，独家生产和销售贵州茅台酒系列产品。茅台属于酱香型酒，酿造工艺期长，香味浓厚，被誉为"国酒"。茅台在国内独创年代梯级式产品，以

53度高度茅台酒为主要产品，43度、38度、33度茅台酒为茅台酒家族的低度酒；茅台王子酒、茅台迎宾酒，满足中低档消费者的需求；15年、30年、50年、80年陈年茅台酒为最高端客户极品白酒。共形成了低度、高中低档、极品三大系列70多个规格品种，此外，由于茅台酒有长期供需缺口，产品有一定的提价空间。

2006年，茅台酒出现全国性、长时间的缺货，市场缺口至少在2000吨以上。而目前高度茅台酒出厂价为308元，经销商批发价为368至388元，由此可见公司具备继续提价的空间。

2. 五粮液

五粮液公司是我国著名的白酒制造商，其"五粮液"品牌在酒类市场中具有较高的声誉，为我国高端白酒的两大著名品牌之一。公司一直保持优良的业绩，是市场上名副其实的有持续投资价值的上市公司。

近些年，五粮液公司加大了产品结构调整的力度，缩减了低端产品的产量，同时对保留的低端产品进行提价，改善了低端产品的经营业绩。此外，公司积极进行中档品牌的梯队建设，并在产品政策上明显向高价位酒倾斜。经过几年来的发展，公司的品牌价值高达358亿元。

林园为什么要选择买入贵州茅台、五粮液呢？说来话长，还是在1993年，那时林园有一位爱喝白酒的朋友，每次一起吃饭都要喝五粮液（他清楚地记得当时52度的五粮液卖140多元一瓶），这么贵的酒都不断有人消费，说明五粮液的销售策略应该是侧重走高端路线，这样产品的毛利率比较高，并且不容易被其他同类产品抢夺市场份额。而且中国人对酒有特殊的文化情结,酒又属于日常消费品,日常消费品中的高端产品通常都有很大的利润空间。此外,五粮液的销售价格比较稳定,未来3年的"账好算"。因此,五粮液上市后,林园就一直跟踪,特别是2003年后,当时他去五粮液公司考察,发现它的利润占了集团公司总利润的70%。2006年5月他又去了该公司,发现它的利润下降到了总利润的50%。林园仔细考察了该公司的经营状况,发现它开展了很多新的业务,但没有一项业务是失误的,将来这些业务都会给公司带来利润。

2003年3月林园开始买入贵州茅台时,贵州茅台的股价为26元左右,每股收益近2元,市盈率在15倍以内,林园按其未来3年的复合增长率为18%计算,到2006年市盈率应降到10倍以内。事实证明,林园的判断完全正确,如下图所示,目前贵州茅台的股价已达到116元左右。他的准确判断完全源于他对所选公司细致、认真地调研。为了深入了解这家公司,2003年8月,林园亲自去茅台酒厂调研,考察了他们的管理层和运营等具体经营状况,发现经营状况确实很好。他在与茅台厂工人的聊天中了解到,茅台的市值大概

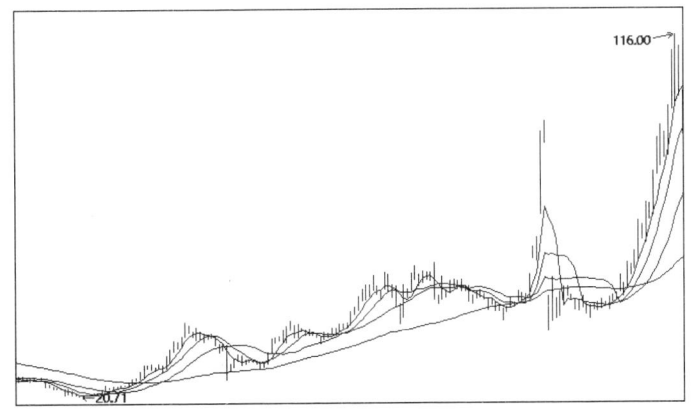

图8　贵州茅台2003年3月至2007年1月K线图

90亿元，不包括品牌，只算它的库存就有300亿元，价值肯定被大大低估了。因此，林园下决心不再买进五粮液，剩下的资金全部买入茅台。最后他的仓位是茅台占了70%，五粮液占了20%多，其他股票很少。

当时有很多人让他不要买白酒股票，说喝白酒的人会越来越少。的确，随着喝红酒、葡萄酒等逐渐成为一种时尚，无疑会影响白酒的市场份额。据此，有人担心白酒会越来越没有市场甚至有可能被红酒、葡萄酒等取代，是有一定道理的。但林园认为，中国几千年消费习惯沉淀下来的白酒文化不会在朝夕间被取代。几千年来中国人一直在喝白酒，如今，虽有了更多的选择，但至少不会很快便没人喝白酒了，同时也不能排除随着中国逐步富裕，中国人会把中国的白酒文化传播到世界各地，它们不但不会被取代，而且售价还会进一步提高。国内的顶级香烟卖得比洋烟高几倍，国内的顶级白酒比洋酒卖得贵也完全有可能。请客吃饭时，假如喝葡萄酒，要喝几瓶才够，而喝白酒可能一瓶就够了，钱用得比葡萄酒还要少，同时喝白酒又上档次，事实上高档白酒市场还是比其他酒类市场要大。

另外，茅台酒由于其生产工艺的独特性，别人是难以模仿生产的，一瓶茅台酒要花5年的时间才能出厂。就是它的这种独特性，使林园对它的调研显得非常轻松。因为茅台酒的毛利率是稳步趋升的，所以他只需要知道它的产量及销量，此外，由于茅台酒的毛利率维持在80%以上，因此各种费用及成本就变得不那么"重要"了，退一步说，就算这些"费用及成本"测算得不"准确"也不影响他对利润的测算。关于产量，茅台公司5年前就已公布，关于销量，茅台酒一直都是供不应求，要先付款才能提货，至于这些销量数据是否真实，他只需到主要销售商那里核实一下就可以了。类似的这类公司还有云南白药、丽江旅游等。

（二）金融行业调研

3. 招商银行

招商银行是我国第一家完全由企业法人持股的股份制商业银行，是国内第一家采用国际会计标准上市的公司。2006 年，招商银行总资产逾 8000 亿元，在英国《银行家》杂志"世界 1000 家大银行"的最新排名中，资产总额位居第 114 位。

经过 19 年的发展，招商银行已在境内 30 多个大中城市、香港设有分行，网点总数 400 多家，在美国设立了代表处，并与世界 80 多个国家和地区的 1100 多家银行建立了代理行关系。

在国内同业中，招商银行较早地实行了资产负债比例管理、审贷分离和贷款五级分类制度，建立了比较完善的稽核内控体系，同时成功地在全行推行了储蓄、会计业务质量认证，获得了英国 BSI 太平洋有限公司和中国船级社质量认证公司颁发的 ISO9001 质量体系认证书，成为中国国内第一家获得 ISO9001 证书的商业银行。由于注重防范风险，招商银行的资产质量不断优化，是国内资产质量最好的银行之一。

2006 年 2 月 6 日，林园来到招商银行调研。听到他问招商银行哪几家分行对利润贡献最大，他要过去一一考察的时候，招商银行的董秘和证券事务代表好奇地睁大了眼睛，估计他们很少见到这么认真的个人投资者。针对中资银行竞争力的问题，林园去了北京、上海、深圳等城市，还特意去招商银行网点办理业务（暗访调研），体会到了招商银行热情周到的服务，感受到了企业员工的敬业精神，而他们到外资银行办事，感觉还没有招商银行的服务好，而且它们每次都要收取很高的服务费。通过这些调研，林园认为中资银行服务收费也是迟早的事，而招商银行这种认真的服务态度、良好的客户关系，一定能使客户理解他们的一些措施，而且稳定的客户群体对招商银行的贡献一定十分稳定。

（三）旅游行业调研

4. 黄山旅游

黄山是中国目前唯一同时拥有世界文化遗产与自然遗产和世界地质公园3项桂冠的优质景区，聚合了2处世界遗产地、3处国家级风景名胜区、5处国家森林公园和地质公园、2处国家级自然保护区、1座国家级历史文化名城、1处国家级重点历史文化保护街区，国家级、省级重点文物共有56处。

黄山旅游是我国上市公司中唯一拥有景区门票收入、索道和酒店收入的优质旅游品牌上市公司。近年来公司提高了酒店档次，促使人均消费额提高。公司太平索道2006年盈利224万元。一直以来，太平索道由于北大门的客源不足而乘坐率较低，2006年的盈利可以折射出公司近年来积极打造北大门为黄山游客接待次中心的效果。

如今，公司下属企业由上市初的10家发展到21家，资产总额由4.2亿元扩展到11亿元。近3年旅游接待人数分别达到了160万、170.96万和181.2万。

5. 丽江旅游

丽江地区作为滇西北旅游枢纽，在滇西北旅游业中的地位日趋重要。以丽江为核心的旅游辐射圈是中国精品旅游带，而且该地区的旅游产业可以同时满足观光和休闲游两类不同层次的消费需求。

丽江玉龙旅游股份有限公司拥有较高品位的旅游资源优势和优良的经营业绩，是滇西北地区实力最强的综合性旅游集团。业务范围涉及旅游索道、房地产、酒店、交通和餐饮等行业的投资建设和相关的配套服务。索道经营分公司和丽江云杉坪旅游索道有限公司于 2002 年底通过了 ISO9000 质量管理体系认证和 ISO14000 环境管理体系认证。

目前，丽江旅游主要运营玉龙雪山旅游索道、云杉坪旅游索道和牦牛坪旅游索道及其相关配套设施。2006 年，公司及子公司接待游客数达到 168.77 万人次，比上年增长 2.96 万人，增长 1.79%，公司全年索道运输收入 1.16 亿元，毛利率达 86.54%。2006 年制定的营销方案把营业收入重点放在玉龙雪山索道，优先安排游客乘坐大索道，玉龙雪山索道接待游客数增长 28.26%。

对于这类公司，林园调研的结论是每增加 7% 的客流量，可以实现 30% 的利润增长，因为游客不光要买门票，还会乘坐索道以及住宿，这类公司实际上已经形成一个产品链。林园去黄山调研的时候就没有在山上住宿，因为"客满"了。就像巴菲特投资吉利刀片时的感觉，林园相信这种"客满"的状况今后会经常出现。

（四）消费品行业调研
6. 伊利股份

伊利股份在国内乳品巨头之中，是唯一在液态奶、冷饮和奶粉三大领域均名列三甲的企业，产业布局平衡保障了公司的综合竞争力和可持续发展能力。

内蒙古自治区是我国传统的牧业发达地区，凭借地理优势，伊利控制着大量优质廉价奶源，具备规模和原材料成本优势。伊利集团下设液态奶、冷饮、奶粉、酸奶和原奶五大事业部，所属企业130多个，生产的伊利牌雪糕、冰激凌、奶粉、奶茶粉、无菌奶、酸奶、奶酪等1000多个品种通过了国家绿色食品发展中心的绿色食品认证。伊利雪糕、冰激凌连续11年产销量居全国第一，伊利超高温灭菌奶连续8年产销量居全国第一，伊利奶粉、奶茶粉产销量2005年跃居全国第一位。

如今的伊利，拥有国内乳品行业中最完整、最丰富的产品线，企业的抗风险能力和可持续发展能力也居行业之最。伊利系列产品畅销全国600多个城市及东南亚和港澳地区，深受消费者的喜爱。近年来，伊利集团先后在内蒙古中西部地区、北京、天津、上海、黑龙江、河北、陕西、广东、新疆等地建立了自己的生产基地，企业规模迅速扩大。

2003年4月到12月，林园发现股市里有一批市盈率在20倍以内、未来前景非常好的公司，其中就有伊利。因此他特意去了呼和浩特，去调研伊利股份和它的主要竞争对手蒙牛（当时还未上市）。可以说伊利股份和蒙牛都是好企业，成长性也都非常好，而且随着人民生活水平的提高，喝奶的人会越来越多。但他发现伊利和蒙牛这两家公司的主要盈利来源是液态奶，而液态奶的销售价格不稳定，未来3年的账不容易算清楚。经过半个月的调研，最终他还是决定放弃买入伊利股份。这两年伊利股份市场表现非常好，对此他不后悔，他坚守他的纪律。

7. 瑞贝卡

该公司的前身为河南瑞贝卡发制品有限公司，是由发制品总厂与美国新亚国际有限公司共同出资组建的中外合资企业。

作为世界最大的发制品生产企业，瑞贝卡一直专注于假发生产这个领域，并且逐渐在行业中取得了绝对领先的龙头地位。公司在扩张规模的同时进行了产品结构的调整以及市场销售渠道的开拓。公司的主流产品已由过去单一的毛利率较低的工艺发向毛利率较高的化纤发、女装假发等多样化产品过渡。"瑞贝卡"牌工艺发、女装假发、化纤发、教习头、男装发块等五大系列千余种产品，畅销北美、西欧、亚洲、非洲的多个国家和地区。

上市后，公司抓住新的发展机遇，把主业做强、做大、做细，在巩固北美市场的基础上，大力开拓非、欧两大市场，在非洲建立5至8个销售公司，并建立3至5个工厂。

为了解瑞贝卡的具体情况，林园去了位于河南省许昌市的瑞贝卡公司调研。据瑞贝卡公司介绍，许昌市共有100多家生产假发的企业，许昌市在过去100多年间已经形成了全国假发的集散地，也是世界假发的生产基地。瑞贝卡公司是目前世界上最大的假发制品生产企业，其生产的假发制品供不应求，库存为零。

黑种人头发是长不长的，黑人女性，如果是长发，肯定是假发。而且一个假发的使用周期只有半个月，可以说是快速消费品。目前，瑞贝卡的主要消费者是美国的黑人女性。而且，非洲、欧洲市场也在高速发展，瑞贝卡公司的工人每天工作12个小时也不能完全满足订单的需求。

从技术上讲，瑞贝卡公司已经完全掌握了最先进的假发生产技术，他们目前没有发现较强的商业竞争对手。而且，中国工人工资低，公司竞争力非常强。该公司也觉得赚钱是比较"容易"的，对未来五年企业复合增长20%有信心。

2006年第一季度，瑞贝卡的产品销售量几乎翻番，第二季度会更好。瑞贝卡公司过去3年的产品毛利率非常稳定，该公司声称，其有较高的产品定价权，毛利率都在20%以上，净资产收益率近15%。林园预计2006年、2007年、2008年，瑞贝卡公司的盈利分别能够有0.6元/股、0.78元/股、1元/股。而且，该公司目前的销售主要是靠出口，国内销售几乎是空白，它表示会加大化纤假发的开发和生产，以提高其盈利水平，国内市场、欧洲市场、非洲市场将成为该公司的利润增长点。林园对瑞贝卡公司总的印象非常好，他表示会选择适当时机加大投资比例，并在未来跟踪该公司的经营情况。

（五）医药行业调研

8. 云南白药

云南白药集团自有产品和技术专利61项、国内外商标专利85项。云南白药是经过百年发展的老品牌，产品从伤科专用药到外科、内科、妇科、儿科、五官科、皮肤科、肿瘤、临床护理等多种疾病的300多种药品，剂型也从最初的散剂1种扩展到气雾剂、胶囊、膏剂等近10种。上市后，经过生产、营销、研发等多方面的改革，企业焕发出了崭新的生命力。

云南白药是国家保密配方，具有很强的品牌优势。公司积极通过剂型扩张使产品结构优化，由低端市场（散剂、酊剂、普通橡胶膏剂）介入中高端市场（胶囊，气雾剂，高端油性、水性膏剂）。通过细分市场和加强营销，云南白药的各细分产品近年均得到快速发展，品牌得到了较好的延伸。同时依靠强大的品牌优势，云南白药正在介入消费品领域，如云南白药牙膏和面膜的问世，成为公司新的利润增长点。

9. 江中药业

该公司是集中成药、处方药、原料药、抗生素制剂生产销售为一体的综合制药企业；公司加大了拳头产品"复方草珊瑚含片""江中牌健胃消食片"及"亮嗓胖大海清咽糖"的市场投入，为公司带来了稳定的业绩。江中的品牌价值已经被市场认可，评估值约为31亿元。

江中的核心竞争力在于非处方药物的营销能力强，对市场的把握比较准确。当前公司中成药业务稳定增长，毛利率较高且稳定在70%以上。健胃消食片已经成为公司最重要的盈利品种，约占70%市场份额。

10. 马应龙

马应龙是一家经中国贸易部认定的中华老字号企业，创始于公元1582年。经过多年持续快速的健康发展，马应龙已经成为一家涉足药品制造、药品研发、药品批发零售、连锁医院等多个领域的专业化、多功能、国际化的医药类上市公司。

马应龙的产品配方独特且具有自主知识产权，产品毛利率较高，盈利空间较大。同时，公司产品多属中药，享受国家相关的鼓励优惠政策，从而增强了产品的市场竞争能力。马应龙及旗下子公司分别通过了国家药监局GMP、GSP质量管理规范体系认证，获得国际权威机构SGS颁发的环境管理体系ISO14001和职业安全与健康管理体系OHSA18001的认证，在医药行业内率先实现了"三认证"。

公司产品的剂型达到了26种，拥有马应龙麝香痔疮膏、麝香痔疮栓、龙珠软膏等20种独家药品，可供生产的国药准字号药品近300种，生产设施和生产能力均位居国内领先水平。公司被评定为省级高新技术企业，研发中心被省市两级授予"企业技术中心"荣誉称号，与北京大学药学院、中国药科大学等多家科研机构建立了长期的战略合作关系，经国家人事部核准与北京大学共同组建了博士后工作站，药品研发的技术实力和整合能力稳步提高。此外，公司建立了较为完善的营销管理体系和覆盖全国的营销网络平台，与在国内医药流通领域位居前列的300多家企业建立了长期合作关系，产品远销东南亚及欧美大陆。

11. 片仔癀

该公司是国家大型二级企业，国家科技部认定的火炬计划重点高新技术企业，居我国中成药行业50强企业之列，连续多年入选全国500家最佳经济效益工业企业。

片仔癀及其系列产品、心舒宝片、片仔癀茵胆平肝胶囊通过国家首批"原产地标记认证"，公司产品有片仔癀、片仔癀胶囊、复方片仔癀软膏、心舒宝片、茵胆平肝胶囊、增乳膏、清热止咳颗粒、川贝清肺糖浆、藿香正气水、蜂乳胶囊、少林正骨精、金牡感冒片、羚翘解毒片、牛黄解毒片、小柴胡颗粒（无糖型）、小青龙颗粒（无糖型）等20多种。此外，公司还与境外科研机构合作，成功开发20多种中成药，远销海外。

该公司的主导产品片仔癀是名贵中药，具有400余年的悠久历史，以独特的消炎、解毒、镇痛等显著疗效及保护健康的功能而深受广大消费者的信赖。特别是在治疗肝炎、促进手术刀口愈合、镇痛、消除无名肿毒等领域，具有独特功效。该公司生产的片仔癀在行业内拥有独一无二的地位，具有很强的自主定价能力。其中片仔癀胶囊抗癌研究被列入国家 863 计划。这是国家一级中药保护品种片仔癀继获得香港政府创新与科技基金资助后的又一重大突破。

对于医药类公司，若不是各自领域内的龙头，林园就不会参与，他选择的都是在各自的行业中占据明显优势地位，产品的市场占有率非常高的公司。如江中制药、马应龙等。这类公司的共同特点是"零库存"，他调研这些公司时明显的体会是，员工对公司的前景"充满信心"。他的做法是，若企业的人说，他们为了完成订单，每天都在加班加点生产，他就会花 1000 元 / 月，聘请一个当地人，每天到工厂去转一圈，看看工人们是不是在加班。同时，让人去销售该产品的全国主要城市的商店看一下，看看产品的生产日期以及售价的变化，这样，他就能知道产品销售的真实情况。对于这类公司，他还要注意其市场占有率高的原因以及维持时间的长短，如马应龙的痔疮膏，其市场占有率在 60% 以上，连世界痔疮药的"老大"也不能打入中国市场，且其市场占有率在过去数年内一直在稳中趋升。对于马应龙的竞争对手的调研工作，林园也一直在做，他调研的结论是，竞争对手多为广告销售型企业，产品的生命周期不长。

云南白药使林园分享了企业从小变大带来的乐趣。他在 2003 年 5 月开始买入云南白药时，云南白药的总市值不到 20 亿元，是一个小股本企业，但那时老百姓都知道云南白药，企业的品牌知名度很高，树立一个具有同样影响力的品牌，仅广告费就得十几亿人民币，所以云南白药的品牌价值肯定被低估了。林园非常看好云南白药的发展前景，但考虑到目前它的累计升幅太大，虽然确定它不会出现大跌的情况，他也没有多买。

云南白药产品的效果很好，林园记得小时候，手指破了都要用这个止血。云南白药在县级以下的医院都有很好的销量。这几年，逢年过节林园都找人去云南白药的厂里查看，发现大年初二他们都在生产，说明销量确实很好。资料显示：云南白药上市不久，就融过一次资，经过不断派息，现在已经把融资还回去了。现在它的利润是几个亿，国外类似品牌医药的利润基本都在10亿美元以上，所以它还有很大的成长空间。而林园2006年底又去了一次云南白药公司，发现它在新产品研发方面也加快了步伐，现在正在推广一种手术中止血的药。中国每年有1700万需要手术的病人，这是个非常大的市场。所以，林园虽然不敢确切地说云南白药的股价走势如何，但能够确定的是，这肯定是一家好公司。好公司就得在手里"攥着"。

2007年2月，林园到福建调研片仔癀后表示，片仔癀的品牌相当值钱，而且随着生活水平的提高，对片仔癀这样昂贵的"奢侈消费品"，能够接受的人将越来越多；更重要的是，片仔癀基本没有竞争对手，和茅台酒一样，产品售价只升不降。

说到对行业的选择，林园首先考虑的是医药行业，这是由于他本人是学医出身，对医药的市场前景做判断时比其他人更有优势，进而能够挖掘出他定位的不平等竞争企业。

（六）高速公路调研

12. 中原高速

河南省作为全国重要的交通枢纽，连南贯北，承东启西，在我国交通运输网络中占有举足轻重的地位，具有突出的交通区位优势。在国家及河南省加快高速公路基础设施建设步伐，深化高速公路建设、管理和投融资体制改革的形势下，中原高速这样的公司具有良好的市场前景和广阔的发展空间。

中原高速经营管理的郑州至漯河高速公路,以及利用公开发行股票募集资金收购的漯河至驻马店高速公路,为国家南北公路大动脉北京至珠海国道主干线的重要区段,是河南省高速公路网络的核心组成部分;郑州黄河公路大桥及其南接线是横跨黄河两岸的重要快速通道。郑州至漯河高速公路、漯河至驻马店高速公路、郑州黄河公路大桥均属全省交通最为繁忙路段之一。

公司主要收入来源为车辆通行费收入,受经济周期影响很小。河南省是一个人口和资源大省以及人员、物资的集散中心,人力资源、建筑材料丰富,公路建设与养护中所需原材料基本可以就地解决,而且河南省内多为平原地带,相对较低的路桥建设与养护成本为公司实现低投入、高产出,保持良好的经济效益和主业扩张提供了有力保障。

13. 山东高速

该公司为在山东省从事投资和经营收费路桥的基建公司,主要从事对高等级公路、桥梁、隧道基础设施的投资、管理、养护、咨询服务及批准的收费、救援、清障等业务。

公司经营着极具经济和战略地位的济青公路和济南黄河二桥。其所辖路桥资产位于山东经济较发达地区,贯穿山东工业走廊,途经省内的各大政治、工业、经济中心以及重要港口城市,同时连接山东主要旅游城市,囊括了境内黄河干流上的主要公路大桥,构成了公路干线大动脉以及黄河咽喉要道,在山东交通及经济基础建设中举足轻重。

除收费业务外,公司还依托资源优势,结合自身实际,积极拓展相关的多元化业务领域，投资涉及未来较具发展潜力的油气服务、物业开发、环保和证券等行业。该公司还与中石化合作成立了山东润元高速公路油气管理有限公司，近年来润元的业务发展迅速，为母公司带来了较为稳定的盈利贡献。

14. 赣粤高速

该公司经营的路产全长约 600 公里，其中昌九高速、昌樟高速、昌傅高速和昌泰高速纵贯江西全境，是我国南北纵向国道京福高速以及阿荣旗至深圳高速公路的主要组成部分，是我国华北、华中地区与华南沟通的主要干道之一。公司主要路段正处于我国沿海发达地区的工业制成品"北上西去"的交通要道上，与我国货物流动方向基本一致。

公司经营的粤赣高速公路粤赣交界（上陵）至河源（埔前）段、京福高速福建三明段二期建成通车，构建起闽南三角洲与华中、华北的便捷大通道，大大缩短了江西和广东的距离。

昌九高速是南昌的南北走向的主干道，基本无路可以替代它，虽然 105 国道与昌九路线基本平行，但由于 105 国道路况较差，同时执行了计重收费政策，所以和昌九相比它并没有优势。另外，昌九高速的车流量还没有饱和。

15. 福建高速

福建高速所管辖的福泉高速、泉厦高速区域垄断优势突出。福泉高速公路是福建省首条高速公路——福厦漳高速公路中连接福州至泉州的路段。福厦漳高速公路是国家"两纵两横"中同江至三亚沿海大通道在福建省境内的部分，公路全长 286.4 公里，北接福州长乐至罗源高速公路通往浙江，南连漳（州）诏（安）高速公路通往广东，连接了福建省沿海经济最发达的福州、莆田、泉州、厦门及漳州五市，并与国道104线、324线、319线、316线及205线联网，形成了福建省的对外大通道和公路网的主骨架。

泉厦高速公路作为福建省的第一条高速公路，是交通部规划的12条国道主干线系统的一部分，被交通部列为"八五"期间第一批公路建设重点项目。

福泉高速公路开通后，福州至厦门的铁路随即停运，同时福州至厦门的空中航班也明显减少，原来铁路和航空承运的客货将有相当部分由福泉高速公路来完成，这使公司形成了突出的地域性垄断优势。

福建省公路运输的地位显著。山区丘陵地形占到全省面积的80%以上，特殊的地形结构决定了公路运输在福建省的特殊地位。2004年数据显示，福建公路与铁路货运周转量之比为49∶51，客运周转量之比为77∶33，远远高于全国综合水平。公路运输的特殊地位为福建高速的发展提供了良好的基础。

对于这类公司，要了解现在的车流量（高速公路每月都公布），离高速公路满负荷有多远的距离（这样就可以计算出未来的增长潜力，也就是说现在跑的车越多，增长的空间就越小），以及维修成本的高低。要了解这些，需要亲自跑一趟看看。2007年2月，林园坐大巴到福州调研，对于福建高速，他表示，如果现在造一条一样的高速公路，成本是原先的3倍，因此，对于现在的高速公路板块，还是有点低估。

（七）机场港口调研

16. 上海机场

该公司主要为国内外航空运输企业及旅客提供地面保障服务，经营出租机场内航空营业场所、商业场所和办公场所，同时经营其他与航空运输有关的物流业务，综合开发，并经营国家政策许可的其他投资项目。

从 2000 年起，公司投资了浦东国际机场、候机楼等优质资产，自此，公司开始利用浦东、虹桥两大机场的资源优势，依托"一市两场"的运营管理模式，明确"一体两翼"的业务格局。自 1998 年起，公司连续入选上海本地上市公司盈利 15 强。

该公司市场垄断地位突出，独占资源优势。同时，它位于我国经济发达的长江三角洲，远景规划定位于亚太枢纽机场。作为一个拥有独门生意且具有高度垄断资源的优质公司，其收入来源主要是国际航线的收费，约占总收入的 60% 以上，这是其他机场所不具有的。

17. 深圳机场

深圳宝安国际机场位于珠江口东岸的一片滨海平原上，距离深圳市区 32 公里，场地辽阔，净空条件优良，可供大型客货机起降，符合大型国际机场运行标准，并实行 24 小时运行服务。

深圳宝安国际机场是中国境内第一个实现海、陆、空联运的现代化国际空港，也是中国境内第一个采用过境运输方式的国际机场，陆路有广深高速公路、机荷高速公路和 107 国道连接香港、澳门、广州、东莞、惠州、中山和珠海，机场拥有千吨级泊位的客货运码头，海路有水翼船和香港、澳门、珠海连接，空中有直升机连接香港、澳门，集疏运条件十分优越。往来于香港和世界各地之间的航空器可以采用最简便的方式在这里起降和进行客货运作，机场对客货的运作管理采用国际通行做法，提供中国境内最为快速和便利的服务。深圳宝安国际机场以中国经济发展最迅速的三大中心地带之一的珠江三角洲区域为依托，有着丰富的航空客货资源以及一流的硬件和软件，是任何一家航空公司飞往中国的良好选择。

深圳宝安国际机场占地面积11平方公里，拥有跑道（3400m×45m）、滑行道各1条，可供世界上最大型的客货机起降，现有客货机坪总面积58.8万平方米、停机位57个，其中廊桥机位24个，A、B两座候机楼总面积14.6万平方米，可满足年旅客吞吐量1600万人次的要求，停车位2000个，并拥有年处理货物30万吨的航空货站及广东省出入境旅客最多的码头。

深圳宝安国际机场于1991年10月12日通航，投入使用以来，航空业务持续快速增长。1993年5月16日，该机场正式成为国际机场，从1991年到1996年，短短的五年时间，深圳宝安国际机场就跃升为中国第四大航空港。2003年，深圳宝安国际机场旅客吞吐量突破千万人次大关，步入世界百强机场之列。

深圳宝安国际机场是民航总局规划的全国四大航空货运中心之一，拥有37个国家的国际航权，现有20多家国内外航空公司使用它。目前，深圳宝安国际机场已开通国际国内航线120多条，通达国内外90多个城市。

18. 盐田港

盐田港位于深圳市东部，东与大、小梅沙田比邻，西接沙头角，南与香港九龙半岛隔海相望，北靠横岗、龙岗工业区。港区深入大鹏湾湾底，水域纵深约20公里，湾内沙滩不发育，水深条件和天然掩护条件较好，是我国少有的天然良港。

公司主营港口运输、高速公路和隧道营运、码头的开发与经营、货物装卸与运输、港口配套交通设施建设与经营、港口配套仓储及工业设施建设与经营、集装箱修理、转口贸易、货物及技术进出口等业务。

经过近9年的高速发展，现在公司已拥有12家控参股企业，其中控股企业8家，参股企业4家，形成了以港口集装箱装卸业为龙头，以疏港高速公路和隧道营运为支柱，以仓储、运输、商品混凝土等为配套的产业格局。

当时，林园发现市场中"机场""高速公路""港口"的股价被低估，因此，他去了上海机场、盐田港进行调研。调研结果是，机场是靠飞机起降来实现利润的。对上海机场的调研，他主要看其起降次，以及未来上海机场的功能定位。

而盐田港这样的公司，实际上可以说是一个投资公司，主要盈利来源是李嘉诚公司的分红。李嘉诚在全世界的港口业务中具有垄断的地位，林园初步感觉盐田港盈利是比较"轻松的"，买入长线"不吃亏"。他没有大量买入的唯一理由是盐田港未来"增长"的不确定性。他觉得不如买上海机场好，因为要买未来增长空间能看得见的。据报道，中国的航空公司未来5年内要购买700多架飞机，现有飞机的总数要增加一倍，机场效益的增长完全可以达到预期目标。因此，他对这类公司的买入顺序是机场、高速公路、港口。

（八）房地产调研

19. 万科 A

该公司是中国大陆首批公开上市的企业之一。公司以中国大陆市场为目标，以房地产为核心业务，涉足进出口贸易及零售投资、工业制造、娱乐及广告等业务。投资重点主要集中在上海、北京、天津、深圳等中国区域经济中心。

目前万科的房地产业务已经扩展到全国 20 个大中城市，并确定了以珠江三角洲、长江三角洲、环渤海湾区域三大城市经济圈及其他重点城市为中心的发展策略。

公司大力推进产品与服务创新以引领行业变革，培植自身在未来的核心竞争能力。近年来，万科的品牌价值进一步得到体现，成为中国房地产行业排名第一的驰名商标。

（九）汽车行业调研

20. 宇通客车

该公司是我国客车行业的龙头企业，同时也是亚洲生产规模最大的大中型客车生产企业之一。在国际市场中，中国客车制造企业已经具备了明显的竞争优势，稳健的经营风格一直是资本市场对其看好的重要原因。宇通客车的非系统性风险在同行业中最小，优异的经营和现金管理能力是公司具备价值投资的最大亮点；出口和产能扩张是公司未来的主要看点。

公司主要经济指标连续多年平均以超过 50% 的速度增长，连续 8 年获得中国工商银行 AAA 级信用等级，被中国企业形象认定委员会认定为 AAA 级企业。它还拥有行业内唯一一家国家级技术中心和首家博士后科研工作站。

宇通品牌在 2003 至 2004 年"中国 500 最具价值品牌"的评估中以 53.84 亿元的品牌价值被评为"中国 500 最具价值品牌"第 95 位。"宇通客车"品牌被国家质量监督检验检疫总局和中国名牌战略推进委员会授予"中国名牌产品"称号。2004 年宇通客车继通过国家强制 3C 认证后,又于 9 月顺利获得了由德国管理体系认证有限公司(DQS)颁发的 IS/TS16949:2002 版质量管理体系认证证书,是国内首家获此认证的客车企业。

三、亲身感受你投资的公司

林园对企业的调研除了看一些基本的财务指标,还会去亲身感受企业管理层以及普通员工对企业发展的"信心"。

2003 年,林园参加五粮液的年度股东大会。大会上,面对众多股东的提问,王国春董事长说,他坚信,笑到最后、笑得最开心的肯定是五粮液的股民。2004 年度五粮液股东大会上,王国春又说,五粮液前几年的(技改)投入,到现在见效了,是股民们摘果子的时候了。2005 年的股权分置改革大会上,王国春说:现在有很多国外的基金来谈控股五粮液的事宜,而且都是出"高价"购买股权,他都谢绝了,像五粮液这样有限投入后,每年都能不断地赚钱的公司,就是印钞厂,轻易是不能卖的。

林园去"宝钢"调研,接待他的人说,很多人研究投资,研究来研究去,投资回报都不如买宝钢的股票合算。他去"盐田港"调研,接待他的人说,出了他们这个"港区"去外面投资,要赚 100 万都是那么难。与港口这样的垄断行业相比,竞争行业赚钱太难了。

他去江中制药，同送他去厂区参观的司机聊天，他问司机对江中有没有信心，司机说，江中在江西省都是数一数二的好企业，他是亲眼见证江中是怎样一步一步从一个小的校办企业，成长到今天的。他还举例说，企业的制药设备都是从国外进口的，外国企业还想通过设备维修及备件赚更多的钱，但是好多年过去了，江中没有让他们赚到钱，原因是江中人已经把这些国外设备搞透了，能自己维修了。

林园去黄山旅游调研，听到员工说，"现在来看，出了山的投资回报率都不如山里的好"。只要不出山去投资，黄山旅游就没有问题。

通过和这些企业员工的接触，林园还亲身体会到一些企业经营情况的变化。2001年，他去山东的一个电力公司做调研，接待他的人，总是强调煤价在上涨，企业的成本在增加，这给他的感觉是这个企业赚钱并不轻松，员工对企业未来盈利的信心不足。再如，去新兴铸管调研时，一个分管产品物流的经理告诉林园，近来他们特别忙，与去年同期的情况完全不同，这样，他从侧面了解到了企业的经营情况。

到你投资的企业去看看，亲身感受一下，对做投资决策是非常重要的。通过和企业的接触，投资者能够发现企业经营情况的真相，了解管理层对企业经营的想法。在这些基础上，如果再综合一些企业经营的财务指标，投资者基本上就能做出"买入"还是"卖出"，以及"买入"或者"卖出"多少的选择。

林园喜欢那些产品生命周期长，连续好多年都依靠那么几个产品盈利，而且盈利丰厚的公司，这样投资者能够容易了解公司的现状。同时，林园不喜欢那些依靠新产品来盈利的公司，比如：那种几天就能够推出一个新产品的公司，因为投资者不知道新产品的生命周期到底有多长，可能他们还没有搞清楚，这个产品就已经更新换代了。

另外，林园喜欢股东结构单一的企业，不喜欢合资企业，因为他发现合资企业多是生命周期不长的企业，试图影响公司经营方向的人太多了，大家都想让企业向自己认定的方向发展，最后导致企业经营偏离了正确的方向。

（本章成文于2006年底，不构成操作建议。股市有风险，投资需谨慎。）

第六章 熊市策略与牛市策略*

*本章成文于2006年底，不构成操作建议。股市有风险，投资需谨慎。

> 不同的时期采用不同的策略。熊市做好组合后，持股不动，牛市时针对不同阶段，对大小盘股做不同的配置。林园认为牛市中最大的风险就是赚不到钱。

从2001年6月2245点的高位跌到2005年6月998点的谷底，沪综指4年的漫漫熊途，让很多人将炒股列为最危险的"行当"之一，在一些夸大其词者的口中，"远离股市"竟然与"远离毒品"并列。林园自从1989年进入股市，至2006年底，其投资的股票总市值一直在上升，年均增长率为98%。面对如此"凶险"的股市，林园凭什么笑傲江湖呢？这其中的一个重要原因是他在实战中总结出了一套熊市和牛市策略。

一、三年布阵

证监会恢复新股发行后，有人请教林园，会不会去申购新股？林园肯定地回答："不会。"他认为恢复新股上市，直接的结果就是扩容。目前股市炒作需要更多的资金，他不会受新股的影响。林园坚持自己的投资策略，那就是三年内满仓、持有、等待、贪到底。

林园认为，他选择的都是未来三年盈利确定的优质公司，大盘扩容最多也只能在短时间改变它们股价上涨的速度，不能改变它们的盈利情况。再说，发行的新股中，按他的标准，可能好公司也不会多。相对于目前市场上的很多优质公司，这些公司的发行价也不会"便宜"，选择不慎要"吃亏"。

林园在 2003 年满仓买入了贵州茅台、五粮液、云南白药这批优质的上市公司，一直持有到现在，仅贵州茅台三年送股分红加上这次股改送的现金、权证、送红股，就使其早已收回买入的"本钱"，到目前为止投资收益超过了 8 倍。五粮液分红、股改送股、权证，收益也超过了 4 倍。另外，云南白药的收益也很好。

林园坚持自己的投资理念，在熊市中买入并坚持持有这些优质的上市公司。三年前林园开始他的投资"布阵"，现在，种下的"种子"已长成了参天大树。接着，他又对未来三年进行"播种"，买入招商银行和上海机场等个股，然后再坚持持有三年。林园相信在以后三年内，这些优质的"种子"又会给他带来丰厚的回报。这就是林园经常说的"每年都有意外超常的收益"。

林园的"持有"是指：买入股票后，股票的上升趋势一旦形成，就坚决不抛。股票的分红到账后，他会用这些红利继续买入这只股票，这就使得他在这只股票里的资金越滚越多。例如贵州茅台前三年的分红，他收到后又都投入买进了贵州茅台，而其股改所送的现金，他也用来买入贵州茅台，他卖贵州茅台认沽权证的钱，也被用来立即买入贵州茅台新股。这样他持有的贵州茅台股票数量每年都在不断增加，但如果手里有"新的资金"，他就不再买入贵州茅台了，但会坚持持有它，因为他坚信贵州茅台每年都会创出新高的。对于"持有"，他的原则就是在"持股"不减少的情况下"持有"。

实际上，在林园的熊市投资策略里，有一个很关键、很重要，但又难以把握的因素——选股。以下介绍林园的"熊市选股宝典"：

1. 绩优大盘指标股（如招商银行、武钢股份、宝钢股份）。买入理由：估值合理，成为领头羊的可能性最大，会首先上涨150%，从而带领大盘走出熊市。参与这些股票的投资者众多，这时大多数投资者也在它们身上赚到了钱，那时股市自然也进入牛市的初期。

2. 低市盈率、高分红的价值被严重低估的股票（如铜都铜业、云天化）。买入理由：它们共同的特点是太便宜（被严重低估），具有极高的防守性，即使大市再跌一半，三年它们也能赚一倍，分红派息，息率也大于5%。

3. 绩优的小盘股（如云南白药、丽江旅游、马应龙）。买入理由：从熊市到牛市，小盘股赚得最多，能够带来意外收益。现在已没有人将盘子大小作为买入股票的标准了，优质的小盘股确定性好，估值也合理，适量参与，能分享它们股本扩张带来的收益。

4. 品牌公司（如五粮液、伊利股份）。买入理由：五粮液的股改认沽价为7.96元/股，现价买风险不大；伊利公司是从激烈市场竞争中拼出来的强势公司，是已二分天下的垄断公司，少量参与。

二、"乌龟"政策

1. 选中个股，主动做"乌龟"

林园买入股票时，会以他认为有投资价值的股价买入，即买入时的价格要合理或者被低估。多数情况下，林园买入的价格被低估的股票短期内不涨，他也不知道这些股票什么时候上涨，"笨人笨办法"，他发现被低估的公司后就果断买入，像"乌龟"一样守着，等着股价上涨。根据他过去的经验，这段等待的时间非常难熬，要有非常坚韧的毅力，抛弃各种市场的诱惑。当然，林园买入的个股，它们的股价也不会大跌，相对于他的买入价总是在10%以内波动。

例如，林园借钱在2005年4月份买入招商银行的可转债，当时买入的平均价为102.50元/股，到2006年初股改前，它的价格仍为102元左右，在近一年的时间内，价格就在101至120元之间波动，他也只能在里面"等待"。

2006年5月份林园又借钱买入上海机场，平均价为13元/股，买入后几个月内，股价一直在12至15元之间波动，他只能做"乌龟"。的确，林园也不希望长期做"乌龟"，但这不是他能"左右"的，但从做法上看，林园是主动做"乌龟"的。

2. 投资组合，集体做"乌龟"

"乌龟"政策还适用于由多只股票组成的投资组合。2006年初，林园判断市场最乐观的是"牛市初期"。这时他要采取"相对防守"的投资策略，因为在这个时期，并不是所有买入的公司都会上涨或下跌，所以他必须买入多只股票组成一个投资组合，思路是这个投资组合的总市值不能波动太大（相对于他的买入价应在10%以内波动）。当股市出现下跌时，组合的总市值不会出现明显的亏损，像是一个"乌龟"。

2006年初，林园账户的真实组合是贵州茅台、五粮液、云南白药、招商银行、上海机场、铜都铜业、黄山旅游等。他将投资分散在了不同行业、不同走势的多只股票上，这样就能保证：即便在股市下跌时，他的总市值也能保持在相对稳定的高位上。

2006年3月21日，他又用100万现金买入了一个组合，包括：

上海机场 8200 股、民生银行 13860 股、招商银行 41300 股、黄山旅游 4000 股、云天化 3800 股、瑞贝卡 4700、马应龙 2520 股、东阿阿胶 9500 股、铜都铜业 40600 股、新兴铸管 30308 股、丽江旅游 4200 股。这个组合买入后，其总市值也都是相对稳定的，即使大市出现下跌，它也能像个"乌龟"。林园买入这个组合时，就已经充分考虑了各种因素。如这个股票组合里有能保证高派息、低市盈率的个股（铜都铜业、新兴铸管）；有能持续上涨的高增长个股（上海机场、民生银行、招商银行、黄山旅游、瑞贝卡、丽江旅游）；有品牌个股（东阿阿胶、马应龙）。这样的组合能保证：当大盘下跌时，他也有上涨的个股，涨跌相抵，达到总市值的相对平衡。而过去的事实是，当大盘下跌时，他的组合总市值也不一定跌，这样他才能"满仓持有"。

"乌龟"政策实际上是在股市下跌时，积聚力量，等待时机。最终，这些"乌龟"都会变成"兔子"。

三、牛熊分界——招商银行 15 元

2006 年 3 月，林园在《证券市场红周刊》[1]《第一财经日报》发表文章，明确提出"牛熊分界线，招商银行 15 元"。为什么要以招商银行、武钢股份、宝钢股份、中国石化等绩优大盘权重股的上涨作为牛熊分界线呢？

林园认为，因为上述公司都是质地优良的好公司，占深沪两市

---

[1] 下文简称《红周刊》。

总市值的比例非常大，是公众都想参与的"白马股"，至少它们过去的盈利能力都很好。以招商银行为例，按现价（2006年3月）买入，市盈率（股改后）不到15倍，按未来3年复合增长20%计，2008年市盈率就不到8倍。他认为，如果3年内出现牛市，以招商银行为代表的权重股，必将首先在一年内涨幅达到150%，股价上涨至15元，这也是他判断牛熊分界的最重要指标。国内外股市都有此规律。深发展银行是1994年开始的A股牛市的领头羊。它在短时间内首先从6元涨到了15元，而那时大多数股票都未涨，最终深发展银行突破了60元。近几年港股的牛市也是以恒生银行、汇丰银行等指标股首先大幅上涨开始的，现在恒生银行的涨幅已超过了3倍。

这些权重股虽然数量不多，但投资者众多，占总市值的比例也很大，只有它们在短时间内大涨，才能使大多数股民赚到钱，并逐步忘记熊市的可怕，恢复对股市的信心，这时大量散户才敢参与到牛市中来，这样牛市也就真的来了。只有大多数人在股市中都赚到钱了，那才是牛市。

林园为什么敢于在当时熊市的情况下，满仓买入股票呢？

因为按林园的选股标准，当时至少有超过20家公司进入了他可投资的范畴，最终他选的这一批股票3年内不管是熊市还是牛市他都能赚钱。但股市什么时候见"底"是很难确定的，当时，他只能通过买入他认为被低估的股票来化解大盘下跌的风险。凭借过去18年的炒股经验，林园知道被严重低估的股票，股价都会在12个月内得到修正，无一例外。按理说，熊市中买了股票，赔钱的可能性要比赚钱的可能性大，林园也经常遇到买了股票股份马上就跌的情况，但他对所投资的公司非常有信心，至今还没遇到过被套超过一年的。

在熊市时，他买入前一般就已事先做好短期被套的准备，买入这些股票后就守着，等待牛市到来。这也体现了他应对熊市的"乌龟"政策。

林园买入招商银行的过程：

2005年2月，林园看了招商银行的财务报表后，感觉各项指标都不错，虽然他对招商银行未来3年的盈利状况不能确定，不过，按照当时的发展趋势来看，招商银行是未来银行股中的龙头。为了安全起见，他选择买入招商银行可转债，只要招商银行4年内不倒闭，他的投资就没有风险。后来，招商银行进行股改，他被迫转股。他买入招商银行可转债的均价是102.50元，后全部转股，在此基础上他又增持招商银行股票到总资产的30%。做出这种决定，是因为林园加大了对招商银行的研究力度。2007年，前所未见的大牛市出现后，招商银行一度向20元冲击，这让林园着实兴奋。要知道赚取"熊变牛"的第一桶金非常重要，这样你才能在今后的牛市中赚到大钱。招商银行因此成为林园未来3年总体布阵的主力产品，用林园的话说，就是现在播种，3年后收获。

林园一直强调，购买股票实际上是投资公司，购买好公司的股票是不会吃亏的，这已是全球股市的投资规律。2006年5月林园在《红周刊》等媒体发表文章指出，他当时看好的深、沪股市中的这批权重指标股，它们都是各个行业的"龙头"，它们的总市值和总利润占沪深总值的一半以上。按照林园的标准，他选出了以下个股：

金融类：招商银行、民生银行。按照他的调研，以当时的股价为标准，未来3年其市盈率分别为2006年18倍、2007年15倍、

2008年12倍。而且，从2005年第4季度开始，银行业的盈利在加快，坏账率在降低，他认为像招商银行这样的优质公司，市盈率应在30倍以上。

石化类：中国石化，国家垄断公司，当时市盈率为15倍。

机场类：上海机场，当时市盈率为18倍。以当时的股价为标准，林园预测未来3年其市盈率为：2006年14倍、2007年12倍、2008年10倍。未来3年将有货运资产注入、收费提高、新跑道建成等能够提升其业绩的事件，并且有13.6元的保"底"。这样的垄断公司其市盈率应在30倍左右。

钢铁类：新兴铸管、武钢、宝钢。新兴铸管的主营业务全球排第二，在中国排第一，财务指标非常好。当时它的市盈率为7倍，以当时的股价为标准，林园预测2006年其市盈率为6倍，2007年为5倍，2008年4倍。新兴铸管也是控股股东用现金参与配股的公司，合理的市盈率应为15倍左右。武钢、宝钢的财务指标好，股价被严重低估，股价上涨只是时间问题。

化肥化工：云天化。化肥+化工企业，当时的市盈率为7倍。未来3年有玻璃产品扩产，当时其产品供不应求。其合理的市盈率为15倍。未来3年利润有保障，价值被严重低估。

电力类：长江电力。

资源类：铜都铜业、黄山旅游、丽江旅游。铜都铜业，铜加工的利润占其总利润的比例超过50%，产品销售率100%。

以上是他了解到的当时状况，他会随时跟踪这些公司的经营状况，动态地判断其价值。他认为：以上这些权重股当时的价位很低，其价值会随着时间的推移体现出来。简单地说，就是这些优质的公司每天都会为股东"赚钱"，它们的市盈率水平逐年也会降低，3年内肯定会有好的收益。所以，他对未来3年的股市是很看好的，他会采用"满仓""持有""贪到底"的投资方法。当时，他的观点是：这批"权重股"仍在买入区域。他若有钱，会不断地"买入"。

四、牛性思维与熊性思维

在过去18年的股市生涯中，林园在牛市与熊市中的思维方式是完全不同的。由于思维方式的不同，在熊市转变为牛市或牛市转变为熊市时，林园就像完全变了一个人，操作方法也完全不同。

事实上，国外很多基金公司采取更为有效的方法，那就是在熊市转变为牛市时，直接更换基金经理，彻底换脑，林园也认为这是最好的方法。

林园过去的经验是：离大牛市不远时就满仓操作，如果他没有坚决地满仓操作，那就是他认为股市没有大牛，选股也是如此。他只买广大投资者都能够参与的"白马股"而不是"庄股"，二者的区判也非常明显，前者是让很多人都赚到钱，而后者是只让资金多的人赚到钱，结果完全不同。

2006年初，林园采取"牛市思维"，彻底改变了前几年的"熊市思维"方式。当时股市中大多数"指标股"的位置还很低，投资价值非常明显，虽然在这段时间有所上涨，但从长期来看，其价值仍然还处于"相对底部区域"。对这一批股票，林园若有钱仍会采取"有钱就买"的投资方法，买入后会采取"坚决持有"的策略，不会因为它们上涨30%或更高就卖掉它们。

林园也给自己定了投资纪律，即在今后两年内采取满仓操作、只买不卖的投资大方向，这样才能在今后几年"赚足""赚饱"，不至于只赚了个小头，而没赚到后面的大头。这也是很多投资者很容易犯的错误，也是他常说的一些人"赔钱的时候有你，赚大钱的时候你早跑了"。此外，林园还采取"指标股加小盘股"的组合。指标股有招商银行、中国石化等，而小盘股则有黄山旅游、丽江旅游等，这些股票都是牛市中表现最好的品种。

五、为什么要买大盘股？

2006年初，大盘股估价合理，甚至被严重低估。这批"权重股"的盘子都非常大，不利于炒作，其"股性"在未被激活之前会很不活跃，股价也许今天涨了，明天又跌了，总感觉赚不到钱。其实，这是一种"错觉"。以招商银行为例：招商银行从上市到目前，其股价表现按年考察都是优于大市的。

林园相信，未来，随着券商融资、融券的启动，这一批优质、低价的权重股会成为广大投资者喜欢的品种。后期资金会不断"买入"这批权重股，因为它们的抵押折扣很小，那时会出现像香港市场中的"汇丰银行""长江实业"这样的低流通、高股价、大市值的股票。

买入这批"权重股"实际上等于买入大盘指数，他发现大多数投资者的投资收益按年计比大盘指数要低。

六、为什么要买小盘股？

优质的小盘股始终是林园投资的首选。投资小盘股不仅能让他享受公司每年赚钱带来的收益，还可以享受公司股本扩张带来的双重收益；再加上证券市场会将它30倍的合理市盈率放大，这样实际上可以给他带来意外的惊喜；另外，小盘股在市场好时，容易吸引投机资金的炒作，最容易跑出"黑马"。

依据林园过去的实际操作经验，小盘股给他带来的收益在其全部收益中所占比重最多。

2006年初，林园决定提高小盘股的投资比例，最终目标是要使其占总资金量的20%以上。但是，小盘股相对一些绩优大盘股风险也大很多，因此，要选择什么样的小盘股是他首先面临的一个难题。林园选择小盘股时，虽然不乏有投机的因素，但却绝对不去赌。通常，他会选择一些盈利能力强、盈利确定性高的绩优小盘股，尤其是未来3年的盈利增长确定、每年复合增长高于15%、产品市场广、零库存的企业。

出于这样的思路，过去两年林园选择了云南白药、马应龙、千金药业、丽江旅游、黄山旅游股，进行了组合。以上小盘股已经给他带来了很好的收益，2006年6月他又选择了瑞贝卡并少量买入。

七、牛市初期"满仓""捂股"

当林园判断市场可能已经进入牛市初期时，便采取"满仓""捂股"的投资策略以迎接牛市到来。他个人认为：首先，要满仓。只有满仓，在牛市中才能赚足。要知道，在牛市中一开始就赚足对每个投资者都是非常重要的。过去的经验告诉林园，有很多股民，在牛市初期时，由于受到过去熊市一直赔钱的影响，人变得特别小心、胆小。他们这时习惯用少量仓位去买卖股票，而牛市的特征是涨多跌少，他们的仓位于是越来越重，最后可能到了牛市的顶点时才满仓，这样又造成了前面赚的钱还不如后面赔的多，算总账可能还要赔钱。而牛市初期就采取满仓操作，形成良性循环，越胆大赚得越多，这样才能够踩准牛市的节奏。

牛市初期最能涨的股票为大市值的绩优龙头股和能够带动人气指标的个股，它们会不断地创出新高，使很多人赚到钱。而由于这批股票的总市值比较大，初期它们的上涨会表现得比较慢，甚至不涨，但一旦上涨趋势形成，它们就会成为市场的热点，市场反复炒作这些股票也就成为必然。如上波牛市就曾反复炒作深发展、四川长虹等个股。这些个股由于业绩能够持续增长，为股价持续上升打好了基础。牛市中还有一类股票也是最能涨的，那就是绩优的小盘股，例如林园选择的丽江旅游、马应龙、千金药业、黄山旅游、云南白药。这批股票的流通量小，股本扩张力强，又容易被市场炒作，股价上涨也是必然的。而且这批股票在牛市中也是最能够产生"明星股"的，整个牛市下来，它们上涨的幅度可能是大家难以想象的（上涨数十倍也有可能），如上次牛市中的杉杉股份等。

牛市初期要赚钱，最重要的是"捂股"。满仓买好股后，要拿得住才行，这就要"捂股"。牛市初期，不是所有的股票都能够上涨的，今天你手中的股票有的上涨，有的下跌，这都很正常，只要你拿的都是业绩好的股票，就要坚持"捂股"，不用担心它们短时期不涨，迟早有一天会轮到你的。当然，这时你会感到很痛苦，这样的感觉林园也经常能体会到，这就是他常常说的"我们是在痛苦中赚钱"。

林园若有钱，牛市初期他会采取这样的投资组合：买70%的大盘绩优股，如招商银行、上海机场；30%的小盘股，如丽江旅游、马应龙、千金药业、黄山旅游等。这就是他在牛市"初期"的投资方法。当然，这不是牛市"中期"的投资方法，牛市"中期"应采取和"初期"不同的投资方法。

八、股市中调整心态很重要

作为一个合格的投资者，除了要有智慧、识大势之外，还要善于调节自己的心态，使心态适应股市的运行规律。其中关键的一条，就是："行情转折了心态就要转换。"

近年来每逢股市大跌，总有人问林园是不是把手中持有的股票都卖出了。大市下跌，你怕不怕？事实是，即使在2001年到2003年间林园几乎卖出了所有的A股股票，但仍满仓于其他股票市场，数年来他始终保持100%的仓位，也一样赚钱，按年计也不吃亏。他从来不担心自己的股市资产会在一年内减少。当然，并不是说一年内没有波动，他反倒喜欢股市的这种波动，波动才能使他用较便宜的价钱买入他想买的优质公司资产。他坚信天是塌不下来的，没有什么力量能改变他持有的优质资产的盈利能力。这些优质的公司每天都在不停地为他工作，每天都在赚钱。事实上，他周围的很多人，当初都和他一样买入了贵州茅台、五粮液、云南白药等股票，但是，能拿到今天的却没有几个，就是中途无数次的下跌，把这些人吓出去了，这些好公司也就永远和他们拜拜了。

林园发现，他身边的朋友，半年后最大的变化就是对股市不害怕了，他们会卖掉自己经营的公司，专职炒股，甚至会极端地认为他们做的是一个无风险的事。他们会留下吃饭的钱，其余的钱全部买成股票，而且逢人就谈股票，以至于周围的朋友说他们是"股疯子"。这些人心态上的变化也非常明显。他们认为做实业的风险比炒股的风险更大，不确定因素更多，他们会坚定地把炒股作为终生职业来操作，除此之外，对其他任何的投资都不再有兴趣。这些人这么多年坚持满仓操作也没有吃亏，对他们买入的公司"非常有信心"。

现在，林园仍然告诉自己，3年内会坚持满仓操作，拿住全中国最会赚钱的公司的股票，在市场波动中发现价值被低估的股票。他发现，目前市场上仍有许多价值被低估的股票，上海机场、深圳机场、盐田港、长江电力，这些优质的公司，目前的估值明显偏低。人民币升值会使中国购买更多的飞机，对机场股是利好；武钢股份、宝钢股份、新兴铸管、云天化等高分红个股，也被低估，他认为它们的上涨只是时间的问题；招商银行目前的估值还算合理；黄山旅游、丽江旅游、瑞贝卡、千金药业、马应龙，这些高速增长的小盘公司是组合的目标。林园目前的投资组合都是和老百姓生活直接相关的公司股票，因为老百姓每天都在消费，所以这些公司的盈利确定性很高，不会大起大落。他的思路是，持有全中国名优公司的股票。等大多数人睡醒时，他的股价已经上天了，而现在他要做的工作只是跟踪这些公司的经营状况。

（本章成文于2006年底，不构成操作建议。股市有风险，投资需谨慎。）

林园 炒股秘籍

第七章

什么时候做什么事*

* 本章成文于2006年底,不构成操作建议。股市有风险,投资需谨慎。

> 这一章是上一章的进一步展开。林园认为，没有一成不变的、永远有效的操作方法，只有随市场行情的变化不断调整策略，才能立于不败之地。林园的投资理念和操作方法都是针对股市的实际情况不断调整，以适应随时变化的行情。他认为2007年将是A股有史以来最好的时期。

一、什么时候做什么事

有一次，林园去无锡，当地的一个朋友请他吃饭时说："林园，过两年你将是一个很可怕的人。"（这位朋友这两年跟林园投资贵州茅台赚了几倍）随着时间的推移，林园当初的预测都一一被证实。朋友认为，将来，不管林园说什么，大家都会相信，林园已然成了这些人心目中的"神"。实际上，如果真的出现那种灵验的情况，林园就不能轻易说了。

通过上述林园股票投资理论，人们也许会得出林园偏向于价值投资，是一个长线投资者的结论，但其实这种看法是"片面的"。林园说，他目前的投资理念以及操作方法，都是针对股市的实际状况做出的选择，所谓的投资理念和操作方法也不是一成不变的，而是会随股市行情的变化不断调整，以适应随时变化的行情。比如，在熊市以及牛市初期他采用的选好个股"猫着"的方法，是这一时期的最佳操作方法，能最大限度地为他规避风险、赚取利润。但若牛市再往下发展，这一操作方法显然就不能适应新的行情了，这时他当然会选择不同的作战方法。

在林园看来，没有一成不变的、永远有效的操作方法，只有随市场行情的变化不断调整策略，才能立于不败之地。比如：过去的实践告诉他，牛市中的龙头品种是会贯穿整个牛市期间的，它会被反复炒作。过去的经验表明：类似的龙头股从启动到相对高位，至少要涨8倍左右，如1996年的深发展、四川长虹，香港市场的中国移动（从9元涨到80元以上）。至于以后也许会下跌，那是以后的事，它们在上升过程中是谁都挡不住的，这种龙头股的上升趋势一旦形成，最佳的操作方法就是坚决"持有"。

2006年3月，林园告诉投资者，在牛市中赚到的第一笔钱是非常重要的，它为你以后赚钱打好了坚实的基础。而要在牛市中赚大钱，就要敢于持有不断创新高的股票。今天的"招商银行"就是大牛市中的"龙头"，具备了"龙头"的各种条件。当然，招商银行在上涨过程中也会下跌，但据他判断，在未来3年内，它是会不断创出新高的。也许在一段时间内会产生泡沫，但这是投机的最佳时机，抓住这个有利时机进行短期的操作，将会获得相当丰厚的回报。另外，牛市中，产生泡沫是很正常的，但随着时间的推移，泡沫会逐渐变小，尤其是业绩好的公司，股价会逐渐恢复正常，这时，就要按他上述的投资策略进行操作，即买入并持有。因此，林园理解的"投资"与"投机"是不矛盾的，"投机"就是在某一个时期，通过你的思考做出正确决定。抓住时机很重要，也就是林园说的，什么时候做什么事。

2007年5月，股市已经攀升到了4000点，到底高不高？林园坦白地说，他对股市高低也看不准，但通过分析一些现象可以判断，目前股市还不到顶。首先，从估值来看，目前市场上的大盘蓝筹股并没有被高估；其次，他注意到，股票投资还不算热。在北京的一些有钱人，比如演员，他们谈论的多是哪里的房子贵，哪里的房子好，房子被看成是重要的投资工具，具有良好投资功能和变现性的股票却没有受到足够的重视。实际上，艺人最爱关注价格昂贵的东西，越贵的东西他们越爱买，他们是奢侈品的爱好者，他们之所以还没有关注股票，是因为股票的价格还不够高。看看前些年香港的"股灾"与"房灾"，在高位的阶段套住了很多艺人，一叶知秋，这应该也可以作为一个参考。

二、泡泡吹大时赚钱才最爽

最近老有人打电话问林园，股票已经涨到这么高了，卖不卖？他说"你要是觉得高了，你就卖，反正我是不卖"。林园目前投资的大方向仍是"持有"。

事实上，林园目前给自己制定的投资铁律就是有钱就买，但不会卖出。他认为，如果未来股市要面临一场"大决战"的话，那么，目前只是决战的布阵阶段。尽管股市在过去两年多时间里累计升幅已经达到了2倍多，但他认为那只是股市从熊市到牛市的恢复性上涨，真正的上涨还没有到来。他判断，真正的上涨将会在未来两年内来临，正是基于这样的判断，他打算继续"贪"下去。对他来说，赚钱的好时机仍将继续。目前，股市中谈的大都是"风险"有多大，当股市一出现下跌趋势时，多数人会恐慌性地"抛出"，这也是非常正常的现象，因为过去数年的熊市把广大股民都搞怕了，而信心的恢复是要有一个过程的。现在多数股民都认为股票涨了就应该及时卖出，不卖可能会下跌，都急于兑现，这是"熊市"中的惯性思维，但牛市的特征是股指不断创新高，当然，中途也会出现无数次下跌，但上升趋势一旦形成，将很难改变。

过去的事实是，不论国内还是国外股市都会出现这种情况：熊市，跌到你不敢相信；牛市，涨到你不敢相信。牛市来了，谁都不敢轻易言顶。记得1996年，当美国股市在4000多点时，格林斯潘就说，股指高了，已经有泡沫了，但今天美国股市已经站在了10000点以上，并且仍在健康、有序地运行着。而且，林园过去的实战经验告诉他，过分理智是不能够赚大钱的。他认为，股市中产生泡沫是再正常不过的事，他甚至觉得他就是要赚取股市中吹泡泡的利润，因为这部分利润才是最大的一块利润。因为，他是在低位满仓买入的，不怕拿，只等着主升浪的来临，等着股市疯狂炒作时期的来临；而且，他买入并持有的又都是全国最能赚钱的公司；加之他看好中国经济，看好中国人对股市的热情，他铁定要分享中国经济高速增长的成果。这使他更加坚信，最后的结果一定是赚得连他自己都不敢相信了。

股市的规律就是，牛市吹泡泡，最终吹到泡泡破灭；熊市挤泡泡，最终把泡沫挤干净。林园判断，目前，股市最多也就处在"合理"的范围，还没有进入吹泡泡的时期，吹泡泡时间少说也要一年以上，所以，他认为，现在卖出手中的优质公司，还不是最佳时机。他的以上看法对否，我们现在还无法下结论，但时间会证明一切。也许有人说，泡泡吹大了，没有人接手怎么办，林园认为经验和教训对大多数人来说是永远总结不完的，一定会有人犯同样的错误，这是人性弱点所决定的，那就是人总是"贪"的，他也不例外。

林园从来都不指望他卖出股票时的股价处于最高位或者"相对高位"。即使低于最高价30%，他也认为是赚了。

三、牛市初、中、末期的操作方法

林园把牛市划分为三个阶段：牛市初期、牛市中期和牛市末期。针对市场的变化，林园会采取不同的操作策略。

1. 牛市初期的操作方法

在熊末牛初的过渡期，股市会呈现恢复性上涨，大部分股票都会上涨，这是对熊市过分下跌的修正。牛市初期，几只大盘蓝筹股会出现上涨，而且这些龙头股的上涨会贯穿整个牛市。

此时，林园会买入并持有最能赚钱的优质公司（其中包括大市龙头个股），这期间他会采取"乌龟"政策，只买进不卖出。他的账户基本上长期不做交易，这样会把利润赚饱、赚足。但这样的策略会让投资者感觉无事可干，这时候，林园会选择一些自己平时想做但没时间做的事情，来打发"过剩的时间"，此时，思考就是他的主要工作。在过去的一年中，他对中国股市现状以及投资策略，思考了很多，写了许多文章发表在媒体上，这让他逐渐受到了媒体的关注。

2. 牛市中期的操作方法

行情如果进入牛市中期，市场中会出现一批较为优质的公司股票的上涨，而且市场会给它们轮流上涨的机会，这时换股炒作会变得很重要。

现在林园感觉到沪深股市正逐步向牛市中期演变，这需要一段时间。于是，他利用这一段时间，抓紧调研一批较优质的公司，作为牛市中期可能选择的"猎物"。当然，这批公司多数已经进入他的视野多年，他那时的首要任务是把这些公司的隐藏问题搞清楚，为牛市中期的大决战做好充分的准备。

3. 牛市末期的操作方法

而到牛市末期，市场中的大多数股票都会上涨。

根据林园过去的实战经验，牛市的中后期才是最赚钱的时期。林园作为一个"钱迷"，当然一切以赚钱为最高目标，当有别的事与之发生冲突时，他会首先选择商业利益。目前，他已经在做调研工作，因涉及的公司相对较多，他已没有时间做除了公司调研以外的事情，而且随着市场的变化，他会深深地感受到时间的紧迫性。正所谓行情不等人，投资者必须时刻做好准备，待有利时机到来时，立即介入。

四、2007 年将是 A 股最好的时期

2007 年，中国股市步入牛市中期，这将会是 A 股最好的时期，其表现甚至有可能超过 2006 年的市场。

有一批股票轮番上涨才能称之为牛市中期，因此牛市中期的持续时间也肯定较长。

林园认为，牛市至少会维持 3 年左右，会有一批公司股票上涨，

甚至会有超过100只股票。当然，他指的上涨是长期来看的持续累计上涨，而且会至少涨100%。

他还将一些借贷投入股市进行投资，所以收益有个放大效应，40%的收益来自借的钱，属于风险套利。市值变大之后，他就会将借贷控制在20%以内。

在高收益的情况下，林园不会考虑风险，包括估值高的问题。他认为高估才是赚钱的开始。

林园不太关心大盘，只关注公司。龙头股、优质的小盘股是他板块选择的重点，牛市实际上最能涨的就是这些，像招商银行就是大市的龙头。

整个行业都进入高增长之后，如果一个企业每年能保持30%的增长，就是龙头企业，如旅游类的一些小盘股。

事实上，牛市在把供求关系放大，小盘股盘子小，所以容易涨。

林园不认为银行股被高估，而且银行股还是牛市的中枢，如招商银行这样的好公司就是稀缺资源。

林园的口号是"买入全中国最能够赚钱的公司"。

林园看公司的长期成长，如果是好公司就持有。买入好公司的股票之后，他有可能再也不会卖出了。现在他的配置以贵州茅台、招商银行、五粮液为主，基本是2003年买的，一直没动。

好公司就是赚钱机器。选择公司时，要看它是不是能赚钱，是不是不再需要大的投入就能赚钱。一家好公司，一般的毛利率为20%以上，净资产收益率最起码要高于18%，这是主要的投资评判标准之一。

当然，对于陌生的行业、无法把握的行业，林园是不会碰的，比如3G、网络，不是说这些行业不行，是因为他不懂，不懂它的赚钱模式，不懂他就远离。而像房地产这样的行业，他也无法把握，因此他也基本上不买入。

（本章成文于 2006 年底，不构成操作建议。股市有风险，投资需谨慎。）

林园炒股秘籍

第八章

选股的六种技巧*

* 本章成文于2006年底,不构成操作建议。股市有风险,投资需谨慎。

> 做投资，就是投朝阳行业，投朝阳行业里的垄断公司，投那些好算账的、客户黏性度高的公司，投那些具有"巨人"般的品牌、"婴儿"般的股本的公司，投资就是投"印钞机"。在林园看来，投资是一门艺术，而不是一门赌术，需要有扎实的功底。如果真正想学习林园证券投资的秘籍，就必须系统地掌握他的理论，只有这样，投资者才能举一反三，在日后的投资中运用自如，创造财富传奇。

经常有人问林园选股有没有什么特殊的技巧？他们觉得领悟林园投资的奥秘太费时间了，很多投资者都想找到快速致富的捷径。但在林园看来，投资是一门艺术，而不是一门赌术，需要有扎实的功底。如果真正想学习林园证券投资的秘籍，就必须系统地掌握他的理论。投资者只有学会了这些理论，才能举一反三，在以后的投资中应用自如，甚至超越林园，因为股市是个制造神话的世界。为了帮助读者找到这扇神奇的大门，林园向读者提供了六种选股技巧。

一、在行业盈利出现拐点时选择企业

企业的发展也是有波动的，不论企业所在行业是否属于周期性行业。市场变化会带来波动，波动会给企业带来风险。同时，市场的波动会影响人们对未来的预期，进而影响到人们的消费行为——有些消费可能发生萎缩，使得企业的产品销售发生萎缩，最终影响企业的利润增长。同样的问题也会发生在贸易当中。所以，企业的盈利状态长期来看是波动的，当波动曲线出现拐点的时候，企业会向相反方向运行。当企业由亏损转为盈利，意味着企业的内部和外部环境可能发生了有利的变化，但这并不意味着企业能持续向好的方向发展。比如某个企业受到当地政府的财政补贴，企业的报表上一下增加了很多利润，但其他的因素都没有发生变化。下一个会计年度，没有了补贴，企业的情况一下又回到了过去。所以，拐点不意味着企业发生了根本性变化，但这是一个信号，这个时候就应该注意这些公司，研究它们出现拐点的原因是什么，是企业内部治理发生了根本性的变化，还是某位神通广大的人物对企业进行了"手术"；是企业经营状况得到了改善，还是收到了意外之财。此外还有很多因素都可能使企业盈利出现拐点。总之，这个时候很可能是选择股票的时候，是挑选投资重点的机会。

目前银行业和旅游业的业绩，都出现了30%以上的高增长，如招商银行、黄山旅游。

现在整个银行业处于高速发展阶段，景气度在提高。国内银行股长期价值的提升在于盈利模式转型和人民币升值，在经历了政策重组、资产剥离、公司治理改造和引进外资战略投资者后，国内银行在制度架构上已经初步具备了现代商业银行的硬件内核，银行业正处于跳跃性发展阶段，招商银行作为银行业中单位盈利能力最强的银行，理应受到更多的关注。招商银行平均每个网点能赚2500万元/年，北京达到4000万元/年；北京每个招行员工平均能赚100万元/年，江苏地区每个员工平均赚80万元/年以上；2005年的坏账率北京分行只有0.26%，南京分行在1%以下，无锡分行为0。未来3年招商银行的复合增长应在20%以上。从现在到2008年招商银行的市盈率应为 8 倍。

另外，我国旅游业目前已经进入到以规模增长和产业升级为特征的黄金发展期。国家旅游局预计"十一五"时期，我国旅游总收入年均增长 10%，休闲和度假旅游的迅猛发展将成为这一时期旅游业的一大趋势。黄山旅游垄断经营黄山风景区，不可复制的旅游资源是公司拥有的最大财富。长三角地区经济发达，是黄山旅游重要的客源市场。制约公司发展的交通问题也因徽杭高速公路全线通车而改善。公司在黄山地区的垄断经营地位得到巩固，在客源持续增长的背景下，业绩快速提升更使该公司股票具备投资价值。

二、从盈利高的知名品牌企业中选

品牌是企业的"脸面"，即企业形象。一个好的品牌商品往往使人对生产该产品的企业产生好感，最终将使消费者对该企业的其他产品产生认同，从而提高企业的整体竞争力。因此，品牌战略实际上已演变为企业为适应市场竞争而精心培养核心产品，再利用核心产品创立企业品牌形象，最终提高企业整体形象的一种战略，是企业用来参与市场竞争的一种手段。

事实上，许多世界知名企业往往都把品牌战略看成是企业开拓国际市场的优先战略。可口可乐、百事可乐、麦当劳等，无一不是从抓品牌战略开始的，即创立属于自己的名牌产品，并把它作为一种开拓市场的手段，最终占领市场。而且，由于名牌的综合带动作用十分巨大，外向度也相当高，所以往往是一个产品的牌子创立后，逐渐形成一个系列并带动相关配套产业的发展。可以说品牌是企业进入市场、占领市场的武器。

在企业的发展过程中，品牌与企业产品价格有着十分密切的关系，而产品价格又影响到企业的销售收入及利润。决定产品售价的除了产品的性能、技术含量、用途等，往往还有一个无形的因素，那就是企业的品牌。1997年世界最有价值品牌销售收入增幅高达40%，品牌销售规模从1995年的23.59亿美元上升到1996年的34.39亿美元，处于前20位的品牌产品的销售总额达到172亿美元。同时，这些品牌产品的利润率也远远高于一般品牌。以售价为例：同一种类型产品，名牌产品与普通产品的售价可相差数倍。又如同样质地的衬衫，世界名牌鳄鱼牌和中国名牌开开牌价格相差几倍。由此不难看出，品牌作为企业的无形资产，是企业的一笔巨大财富。在贸易场上，商家挑选某牌子的产品，只要这产品有优良的质量，只要这质量在消费者心中产生了信誉，这个品牌就有了价值，即使其价格相对其他同类产品要高很多，消费者仍买它，并把它的高价作为一种高贵身份的象征。如服装中的"皮尔卡丹""阿迪达斯"、汽车中的"劳斯来斯""奔驰"一样，品牌能给企业带来滚滚财源。

只有得到大多数人认可的股票，股价才能"持续上涨"，而选大家都知道的品牌，能够省去选择的时间，也最容易形成大家同时看好的局面，这样可以"稳住"很多散户，使股价更容易持续上涨。

三、从"巨人"般的品牌、"婴儿"般的股本中选

林园在投资深发展掘取第一桶金后，获得启发：能够使财富成倍增值的潜力股具备两个看似矛盾的条件——拥有"巨人"般的品

牌、"婴儿"般的股本。当初的深发展就是这样的股票。第一笔交易，林园以88.45元的价格买入深发展5股。后来，深发展进行拆股，1股拆成32股，随后股价又冲上100元，这种几何式的增长能让财富更快地增长。

一般来说，股本小的公司能够使投资者分享双重收益，即企业盈利本身的收益和股本扩张的收益，而大品牌企业往往能够保障股本的扩张性，如云南白药、黄山旅游、瑞贝卡、千金药业、丽江旅游、江中药业、马应龙、同仁堂，等等。

股本扩张对投资者意味着最大的利好。一些流通股本较小，且成长性看好的个股进行股本扩张后会反复送转，反复除权，反复推高，财富增长就如同林园当初操作深发展一样。

四、选择能够看得见"底"的公司

若能够看见股价的最"坏"结果，也就是看见公司的"底"，那么投资者就可以进行"无风险"套利，如102元的招商银行可转债、13.6元以下的上海机场，还有前面所讲的五粮液。遇到这些公司，就如同买了"投资保险"，只要你敢于参与，心里清楚那个底线是多少，剩下的就是等着收获了。

五、选择你认为10年后仍然能够"存在"的企业

"如果你没有10年持有一种股票的准备，那么连10分钟都不要

持有这种股票",这是投资大师沃伦·巴菲特对于股票投资的基本态度。选好公司股票后,不要随便因蝇头小利而卖掉。只要该公司仍然表现出色,管理层稳定,就应该继续持有。巴菲特说:"如果你拥有很差的企业,你应该马上出售,因为丢弃它你才能长期拥有更好的企业。但如果你拥有的是一家好公司的股票,千万不要把它出售。"

林园认为这样的企业包括那些"老字号"企业、无竞争对手的企业,如机场、高速公路和码头。选择"老字号"企业的道理很简单,因为它们已经生存很多年了,要不怎么叫"老字号"呢?它们有特有的产品和品牌,只要经营上不出现大的问题,它们就能一直生存下去。没有竞争对手的企业就是垄断型的企业。只要一家企业占据着市场的绝大部分份额,那么它不但主宰着这个市场,而且还不断调控着这个市场。调控市场最有效的手段就是价格,因为企业自身也想一直能有蛋糕吃。作为消费者,我们反对垄断,但现在我们是投资者,垄断对我们而言就是投资肯定能获得收益。

六、数字说话

投资是一种经济活动,经济活动的通用语言是数字。我们财富增长的过程都是用数字表示的,股票投资者的财富显示在证券账户上,就是一堆数字,而投资者所做的事就是与数字为伴。研究事物,通常要利用统计的数字去揭示事物的客观规律。企业的财务部门现已成为企业必不可少的一部分,财会之所以发展成一门重要的学科,就是因为它把一个企业的经营情况用数字进行了描述,依据数字信息,企业的经营者就知道该怎样做。林园讲过,买股票就是买企业,但你要做到与一家上市公司的老板一样了解公司恐怕是不可能的，而且也很少人有林园那样的专业精神去到处调研，你了解企业经营状况的唯一途径就是研究企业的财报。所以，了解财报数字背后的含义对你很重要。

具体可以从如下6个角度考虑：

1. 市盈率与成长性的关系

市盈率即市价盈利率，又叫本益比。它是上市公司最新股价与该公司股票在最新年度每股盈利的比率。

市盈率 = 公司股票最新市价 / 公司最新年度每股盈利

市盈率是分析股票市价高与低的重要指标，是衡量股票投资价值的一个参照，是一个风险指标。它反映了某种股票在某一时期的收益率，是市场上影响股价诸多因素的综合指标。市盈率综合了投资的成本与收益两个方面，可以反映股市发展的全貌，因而在分析上具有重要价值。市盈率不仅可以反映股票的投资收益，而且可以显示其投资价值。市盈率的急剧上升，可能使炒股有利可图，从而使多头活跃。

市盈率的作用还体现在可以作为确定新发行股票初始价格的参照标准。如果股票按照溢价发行的方法发行的话，要考虑按市场平均投资潜力状况来定溢价幅度，这时股市各种类似股票的平均市盈率便可作为参照标准。

关于成长性，不同人有不同的看法，简单说它就是企业持续盈利的能力，这是投资股票获得复合增长的重要前提，所以林园强调要能算清楚3年的账。

林园选择股票的标准是：假如他选择的股票市盈率是20倍，如果他能确定未来3年该股的复合增长在20%以上，一般情况下他会考虑买入，即市盈率倍数等于未来3年复合增长的最低百分比数。

2. 从未来3年复合增长率大于18%的公司中选

复合增长率过低的公司不值得投资。至于为什么定18%这个标准，林园没有特别的说明，这只是他从多年来对公司成长的观察以及投资的实战经验中得出的一个标准。18%只是最低限度，当然越高越好，这样才可能享受到每年股价翻倍的乐趣。

盈利增长是股价上涨的动力。如果没有盈利的增长，投资者就会缺少购买的动力。即使股价偏低，也只能指望其实现恢复性上涨，而不是持续上涨。这也是为什么熊市中都能有不断创新高的股票，而那些不能持续增长的股票在熊市氛围下就会吞掉你的投资收益，这就是不管指数涨跌，永远敢于满仓的一个原因。

3. 选择产品毛利率在20%以上的企业

产品毛利率的定义在前面已经解释过，这个数字不但代表了企业的盈利能力，还反映了企业的定价权和市场地位。产品毛利率越高越好，这样的企业就是那些有特许经营权的企业。垄断行业的利润大家都见识过，尽管人们痛恨这些垄断企业，但在投资市场中它们却是人人争抢的品种。2006年上半年，电力、石油石化、电信行业的利润在国内所有行业中位列前三，分别增长了46%、28.2%、7%，合计实现利润3109.9亿元。中国移动、中石油等国内垄断行业的龙头企业都在香港上市，国际投资者每年都分享着中国经济成长的果实，而国内投资者却在水深火热中挣扎。这些企业现在要回归A股市场，先前很多投资者都认为是利空，但只要它们继续保持着持续高利润增长的空间，那就是投资的好品种。话说回来，产品毛利率应当稳定趋升，不能有下降的趋势。否则，你就要注意其中是否发生了什么问题，就要关心是否继续持有还是卖出了。

4. 从盈利总数大的公司中选

航母总是能在大风大浪中平稳运行。一家企业赚的钱多，证明它的市场地位高；企业的各种发展都需要钱，技术改造、产品升级、市场拓展、规模扩大等，而这些又进一步确保了它的市场地位。这些企业几乎可以终身相伴。国内上市公司中，这样的企业并不在少数，如招商银行、贵州茅台、五粮液、上海机场、铜都铜业等。那些盈利总数只有几百万元的公司不要选，因为这点钱很难有剩下来用作二次投资的，这样第二年的业绩就很难保证。更重要的是，企业钱多了，即使股价不上涨，分红也是很可观的。比如2006年的分红状元——驰宏锌锗，以每股收益5.3152元的高价成为中国沪深两市第一绩优股，而其向全体股东每10股送红股10股派发现金红利30元的分红方案，更是创下了中国A股历史上最高的分红纪录。所以，选择这样的公司往往会有意外惊喜。

5. 现金流越多越好

现金流不是一个可以简单化的概念，它主要记录的是企业在销售商品、提供劳务、购买商品、接受劳务、对外出资和支付税收等活动中的现金流动状况，反映了业务的现金收支状况。现金流对于企业，就像血液对于人体，就像只有血液充足且流动顺畅人体才会健康一样，良性现金流可以使企业健康成长。企业若没有充足的现金就无法运转，更无法实现企业价值最大化。作为资源转化增值链的企业，从产品的市场调研到售后服务的整个过程，任何一个环节都与企业的现金流交织在一起。现金流管理的好坏决定着企业的生存和未来的发展。如果只重视预期的利润，不关注现金流，就等于失去了发展经营之本，再精妙的管理方案也会付之东流。

现金流是企业生产经营的动力源。在企业日常的经营活动中，资金的流动从货币形态到实物形态，再到货币形态，周而复始，不断运转，以实现价值的增值。企业由于对规模经济的渴望和对外扩张的需要，对现金有着巨大的需求。而且，为了在激烈的市场竞争中获得竞争优势，提高竞争能力，企业通常要进行新业务导入、企业并购等，也必须投入大量资金。

企业有了充足的现金购买原材料、辅助材料、机器设备，支付劳动力工资及其他费用后，就进入了生产过程。企业若想持续不断地经营下去，就需要不断地有足够的现金参与运转。同时，生产的产品还得满足社会的需要，得到社会的承认，从而将产品销售出去，并收回现金。对于企业的生存，现金流量比利润更重要，更客观。根据权责发生制确定的利润指标，更易受人为操纵、控制，并不能代表企业的实力。而现金流却是企业生存的必要元素，不仅可以反映企业的支付能力，而且可以证明企业的信用和实力。在实践中可以看到，有的企业虽然账面盈利颇丰，却因现金流量不充沛而倒闭；有的企业虽然年年亏损，却因有足够的现金流量而得以长期生存，最后抓住机遇发展壮大。应该说，现金流量是利润质量高低的"检测器"。企业要想持续经营，靠的不是高额利润，而是良好、充足的现金流量。

在企业利润包装、盈余操纵愈演愈烈的今天，关于现金流量的信息能帮助投资者看清企业的真正面目，更真实地反映企业的投资价值，从而减少投资风险。现金流充足说明企业的经营情况好，承受风险的能力强，投资者的信心就会增强。由于历史现金流量与未来现金流量是相关的，因此对于投资者关心的企业支付股利的能力，是可以根据历史现金流量做出预测的。国外研究表明，企业股票的市场价格与利润指标的相关性越来越小，与企业现金流的相关性却越来越大。证券市场也证明了企业价值与现金流的息息相关。在分析企业的偿债能力时，仅仅根据流动比率和负债比率等指标，很难准确判断企业真正的偿债能力。流动资产中既包括货币资金和短期投资等变现能力很强的资产，也包括应收账款、存货等变现能力不很确定的资产，还包括根本无法变现的待摊费用等，而现金流量中的现金，是实实在在的、可以立即用于偿还债务和其他支出的保证。因此，根据现金流量计算出的偿债能力指标，可以准确地反映企业的偿债能力。

林园喜欢赚钱多、现金流充沛的公司，同"有钱"的公司打交道不会错，就是要"傍大款"，因为这样的公司随时可以利用手中的"现金"搞点"意外"。

6. 选择历年分红额比集资额大的公司

上市公司是证券市场的细胞，有了健康的细胞，证券市场才能成为投资者的乐园。一个健康的证券市场绝对不是靠不断进入的资金支撑的，而应该是把企业利润有效转换成再投资的场所。如果证券市场的发展只能依靠外围资金的进入，那它就是一个赌场，因为里面的细胞只会吸收营养，不会进行细胞分裂，这样，总有一天它会把投资者的血汗吸干净的。分红额大于集资额就说明这个细胞能分裂，能使投资人的投资增长。

另外，这里说的分红包括各种形式，既包括分股份也包括分现金。即使分的是现金，这些现金也会继续变成股票，因为这种公司能继续带给你财富。这种公司是不会有假的，是够"硬朗"的。

（本章成文于2006年底，不构成操作建议。股市有风险，投资需谨慎。）

林园炒股秘籍

第九章

林园看股市*

*本章成文于2006年底,不构成操作建议。股市有风险,投资需谨慎。

> 18年来,林园在股市中创造了一个财富传奇,他的炒股秘籍成了众多股民追捧的股市"红宝书"。的确,作为"股神",林园确实对股市有着不同于其他人的见解,他的成功不是靠运气。下面是他多年经验的总结与提炼。

一、股价

林园认为,股票市场是股东与股东之间进行股权交易的平台。股价以公司的业绩为基础,通过市盈率这个杠杆进行放大或者缩小,好公司的股价之所以高,是因为它能够借助市盈率翻倍。这也就是说,股票市场对优质公司的业绩会给一个相对高的市盈率。所以,股价的高低,最终反映的是公司的经营业绩。

二、涨到天上的股票

复权后股价高高在上的股票,好不好?林园认为,每年复权后股票都创新高的公司,一般都是好公司,这些公司基本上都是市场中最能赚钱的公司。从一个较长的时间段来看(3年),这类公司的风险要远比一般公司的风险小。对于这类公司,林园的操作方法是,若他在低位已买,他会坚决持有;若低位没买,又觉得公司很好,他会进行少量配置(占总资产的3%以内)。

三、股市中的"庄"

林园还记得1996年他在深圳的一家营业部交易，他买了一些金田公司的股票。从盘面看，他总觉得深金田股票里有"庄"（而且当时股市有每只股票都有"庄"的说法），他就让深金田的操盘手帮他到交易所去打一个清单，看谁在"坐庄"。结果别人告诉他，他就是这只股票的"庄"，他买得最多。从那以后，林园就不在乎什么"庄不庄"的了，他也没有碰到过"庄股"。实际上，这个市场中确有少数几只"庄股"，但是，等待它们的结局只有失败。那几只"庄股"，没有一个拥有能持续盈利的产品。有人说贵州茅台、五粮液、云南白药、招商银行这些股票都是"庄股"。但林园认为，对于这些大市值股票，要"坐庄"是不可能的。贵州茅台，现在共有2600名股东，其中70家机构投资者共持有21%的流通股，怎么去"坐庄"？又有谁能操纵贵州茅台的股价呢？如果因为股市中有少数"庄股"，就得出"股市皆庄"的结论，患上这种疑心病是会吃亏的。事实上，好公司在大家都一致看好时，就会涨，同有没有"主力"没太大关系，如果说这里面有"庄"，那"庄"就是广大股民。

四、基金减仓

经常有人问林园，某股票连基金都减仓了，你还不卖？林园认为，真正的好公司，股价不会因为谁卖了就会跌，不然，当初就不该买入这只股票。还有一种情况是基金被迫减持，那就是随着股价上涨，市值超过了基金对这只股票的持股上限（10%），那么它们就不得不减持。

五、股市中赚谁的钱？

很多人认为在股市中赚的钱是其他股民的钱，这是个误解，实际上，在股市中，你赚的是公司的钱。类似贵州茅台、五粮液、招商银行，这些优质公司每天都在盈利，股市把它们赚的钱翻倍（市盈率），反之，你亏的钱，也多是被你投资的公司亏了。

六、林园的忠告

最近，林园对他 18 年炒股人生进行了总结，他认为，他有今天的收益，不是靠运气，而是靠以下几点：

1. 聪明程度：看问题是否能抓住事物的主要矛盾；
2. 学习能力：读书读报从中获得所需的知识；
3. 有灵敏的嗅觉；
4. 天分、勤劳、承受力；
5. 果敢，股票是要靠买入才能赚钱的；
6. 不断积累经验，这点也很重要，牛市与熊市的操作思路是不一样的。只有对市场中牛市、熊市的变化有亲身体会，才知道什么时候该做什么事，什么时候该买哪种股票。

若想成为一名成功的投资者，以上几点要全部具备，缺一不可。

林园认为目前深沪股市迎来了前所未有的大牛市。这种牛市有可能长达 5 年以上。

（本章成文于 2006 年底，不构成操作建议。股市有风险，投资需谨慎。）

林园 炒股秘籍

第十章

树立中国股市的赚钱标准*

* 本文为《红周刊》杂志2006年3月对林园的采访,记者江红霄、何虹。本文不构成操作建议。股市有风险,投资需谨慎。

> 做中国最好上市公司的股东。不熟悉的行业不介入，下重手投入的企业一定是持续跟踪3年以上的"硬朗"公司。投资组合能化解风险，牛市熊市的操作策略不一样。

入市16年（1989至2006年），从8000元炒到4亿元（2007年林园的总资产已达20亿元），熊了多年的中国股市竟然出现了一个"林亿万"。下面，我们将见识其"赚钱效应"的神奇，领略其财富增长的奥妙，探寻其频频曝光的动机。

对于神话制造者，普通人的反应一般都是持怀疑的态度，尤其在经历了4年熊市的中国股市。林园就是这样一个中国股市神话的制造者。

由于电视和纸介媒体近期的不断宣传，人们知道了林园很"神话"的股市经历，而且仅看媒体宣传的文章标题，就会让人哑舌——《林园：中国股市催生的亿万富翁》《"中国股神"超额收益举世震惊：年均复合增长98%》。

这些文章其实说的是同样一件事：1989年以8000元入市的林园，在其投入股市的16年时间里，年均复合增长率达98%，当初的8000元如今已被炒到4亿元。而按照林园自己的说法，这个4亿元还只是一个保守的数字。

如此强烈的"赚钱效应"实在与当前的股市反差太大：即使大盘从千点反弹至当前的1300点附近，市场上依旧是股民伤痕累累，处处哀鸿遍野，哪里还敢奢谈什么"赚钱效应"？所以知道中国的股市竟然能催生出这样一个亿万富翁后，《红周刊》记者怎能放过？

不过，说句实话，即使在3月7日下午，当记者与林园接通电话时，都依然怀疑这件事情的真实性，而当他告诉记者："你现在看到的还只是小传奇，真正的大传奇还在后面：到了2008年，我相信最坏的结果就是现在的市值再翻一倍。"这种"大话"更增添了记者的好奇心，希望能当面会会这位股市高人，而林园说他因为要走访上市公司招商银行的北京分行，正好也在北京，于是我们将见面地点约在国贸附近一家证券公司的营业部，那里有他的部分仓位。

3月7日收市后，推开该营业部一间贵宾室的玻璃门，很难让人感到坐在《红周刊》记者面前的林园是一位亿万富翁：穿着不算十分考究，也没有佩戴任何饰物，手上甚至连一枚戒指都没有。不过，个子不高，剃着小平头的他，眼睛虽然不大，但眼神透露出的精光和定力，还是让人感到被一些媒体形容为"猎豹"的林园，看来也并非浪得虚名。

股市是有赚钱效应的

《红周刊》：都说有钱的人从来都是"闷声发大财"，为什么你从去年年底开始，要频频在媒体曝光，讲述你在股市成为亿万富翁的经历？

林园：这是因为去年在北京遇到的一件事情让我很受刺激：和朋友一起去歌厅唱歌，结果，知道我们是股民后，对方的态度就不是很好。因为在他们的概念中，炒股的人就是赔钱的人。

不过，这只是一个诱因。最重要的还是希望能够树立一个标准，即股市赚钱的标准。就像提供一个产品模型，只要你按照这个模型去做，就能够生产出合格的产品。赚钱也是如此，也会有一个标准。

股市作为一个财富聚集的场所，居然没有人能够因为炒股而上富豪榜，这太令人奇怪了。因此，我只是想传递这样一个信息：股市是一个能赚钱的地方，而且未来的股市一定会越来越让人赚钱，更多的富翁将从股市中诞生。

《红周刊》：为什么你希望能有更多的人感受股市的赚钱效应？

林园：这是因为经过多年的下跌和去年开始的股改对价，中国股市的水分已经越来越少，越来越显示出投资价值。当然，在我眼里，从家数上说，95%的公司都没有什么投资价值，但值得投资的几十家公司所占的市值，将会达到60%，甚至70%。仅凭这几十只好股票，就能够让大家赚到钱。

早已将房子抵押满仓股票

《红周刊》：既然希望树立一个赚钱标准，能否讲讲你在股市中的赚钱经历？在做股票之前，你从事什么职业？为什么在1989年你有机缘进入股市？

林园：1989年之前我在深圳做医生，很偶然接触到了股市。由于当时的女朋友妈妈家里有人解放前在上海股票交易所里的一家上市公司当过老板，因此当深圳刚一有股市的时候，她妈妈就对我说，股票是一个好东西，你应该去了解了解。于是，1989年底，家里人一共凑了8000元，第一笔交易就以88.45元的价格买入面值100元的5股深发展。后来又陆续大量收集过深原野、深锦兴、琼民源的原始股。到了1992年，我的股票市值已经超过1000万元了。我开始做股票的时候，没有多少人知道股票这个东西，去营业部的就那么几个人，其中一个就是后来曾经一度呼风唤雨的风云人物朱焕良。

《红周刊》：你如今的财富完全是在股市中积累的吗？

林园：这十几年来，我除了做股票，还做过一些房地产项目。1993年的时候曾转战房地产，虽然盈利几百万，但感觉自己在股市应该赚得更多，于是1994年重返股市。在1996年的那波大牛市中，我大量持有深发展、四川长虹等，足足赚了9倍。市场好的时候，可以说是一天赚一个奔驰车队。2000年前后感到市场开始疯狂，于是从A股市场逐步撤离。

2003年将1亿多资金陆续转移至A股市场，从4月直到12月，大盘1600点的时候买入大量的贵州茅台、五粮液。当时就已经满仓了，而且我还把自己的几处房子都抵押给银行了，拿钱出来做股票，到现在依然满仓。

《红周刊》：听说你最近逢人就借钱，而且是狮子大开口，有多少就借多少，是打算全部用来买股票吗？借贷利息一般是多少？

林园：没有那么夸张，也就是借几千万，年息9%左右，借来的钱主要用来买转债。我盘算过，转债市场的风险并不是很大，里面的套利机会可以说是无风险利润了。

《红周刊》：你的投资水平既然这么高，为什么宁愿借钱炒股，而不去做私募基金、代客理财之类的事情？

林园：做这些事情只会让人的炒股心态变坏。炒股本来是一件非常自由又能够消磨时间的事情，而我自己拿钱炒股票，只需要对自己的行为和钱负责任就行了。

做中国最好上市公司的股东

《红周刊》：你的投资经历真让人感觉很不可思议。很少有人能在股市中待这么多年，还很少失手，你是如何做到的？

林园：这是因为多年以来的投资心得已渗透到骨子里了。

说到我现在选股的方法，其实也没有什么特别的，就是选好公司，选未来3年最赚钱的公司，做中国最好上市公司的股东。但我的赚钱标准和那些基金经理、国外投资大师还是有所不同，归根结底就是"小气"。

首先我这个人做事从来都要盘算得非常清楚，只有账算清楚了，做起事来心里才能有数，而做投资更是要较真才行。

另外一点就是我这个人天生"小气"，这种性格使我不会轻易上当，一分钱也不乱花。我一直认为，不管是消费还是投资，一定要买性价比最优的东西，也就是以最低的价格买到最好的东西。

此外，对不熟悉的行业我不会下手，不买未来盈利不确定的公司，至少会跟踪3年以上才决定是否要大量地投入。而且在选了管理层经营轻松、一年至少赚几个亿的"硬朗"公司后，我会拿给一些朋友看，让他们挑毛病。最为关键的是，我自己也会反复去上市公司调研，上上下下都要摸得一清二楚才行。

可以说，我对有的上市公司的了解程度，甚至要超过公司的管理层。这样才能确保自己能够买到中国最好的上市公司，享受这些公司从小到大的成长乐趣。

《红周刊》：经过3年的时间才做决定，不担心会错过很多机会吗？

林园：赚不到钱没关系，但是不能赔钱，这是我的投资铁律。有些公司，我经过调研之后觉得未来盈利前景不明确，也坚决放弃。

比如说2003年市场平均市盈率还在40倍时，我选择了一批市盈率在20倍之内、前景也不错的公司，这其中有伊利股份、贵州茅台、五粮液等。当时，我去伊利股份和蒙牛进行调研，发现它们虽然是好企业，但主要盈利来源是液态奶，而液态奶的销售价格不稳定，未来3年的账不容易算清楚。因此到最后，我还是决定不买入伊利股份。虽然这只股票后来的市场表现非常好，但是我不后悔当初的决定。

赚钱不靠价格而靠量

《红周刊》：那么你在操作股票时，有没有什么独门秘诀？

林园：至于操作程序，我一般是分三个步骤。首先，选好个股后，先是少量买入一些做跟踪，时间可能会长达3年。其次，就是反复调研，然后在合适时机大量买入。之后每个月都会通过电话、实地调研等方式，了解所持有的股票公司经营是否发生了变化。像我2003年开始买入贵州茅台，其实在1994年、1995年的时候，我就开始关注白酒行业了。

《红周刊》：在你买入股票后，会不会进行波段操作？或者设止损位，或者越低越买，以获取更大的利润？

林园：没有，这些技术手段我不会用，一般买入到达一定的组合比例后，我就不再轻易买卖。只有公司的基本面出了问题，或者未来发展看不清楚之后，才会考虑卖出。

也正是由于前期充分了解了公司的"故事",我才能不为股价一时的涨跌所影响。

《红周刊》:那你靠什么方式来控制市值下跌的风险呢?

林园:靠量来控制。我做的股票投资都是组合,选中的股票都有各自配置的比例。即使是只有1000元,我也要做组合。

我认为,做股票要赚到钱,价格并不重要,而是要靠组合的量。只有你配置比例大的股票涨得越多,赚的钱才会越多。

以我现在的投资组合为例,60%是贵州茅台、五粮液、云南白药,在这60%的比例中,贵州茅台占70%,五粮液占25%,云南白药占5%。如果加上总市值17%的招商银行和铜都铜业,这5只股票在我总仓位中的比例达到了94%。其余云天化、赤天化、东阿阿胶等近10只处于观察期的股票,仓位加起来不过6%。

同样的道理,控制风险也是靠量。我买入的时候已经提前规定好了比例,买到一定量后就不再买了,即使价位再低也不会补仓。

我曾经做过统计,我买入的股票60%以上都是买了就跌,都套习惯了。之前我们几个朋友在一起做股票时,一般都是我先去买,如果买了后就跌个不停,我就唱自编的小曲;"套住啦,套住啦,又被套住啦!"然后换另外一个人去买,就这样一个给一个打气。因为多年的经验告诉我们,能让我们大量买入的股票,公司的质地都很好,虽然当时会跌,但一般在12个月内就会创新高。

不是"股神",也不是巴菲特

《红周刊》:现在有一种说法,把你称作"民间股神",也有人说你是中国股市中的巴菲特。对这些加在你头上的光环,你怎么看?

林园:把我称为"股神"实在有点过了,这个世上哪有什么神。我周围的朋友都说,命运掌握在自己手里。这么多年来,我感觉也确实是这样。做股票要有自己的想法,不轻信,也不盲从,在投资方面一定要坚持自己的理念和纪律。

至于巴菲特,可能在选股的思路上我们有一些接近,但我不像他那样,持股时间那么长。熊市的时候,我会采取"乌龟"政策,即像"乌龟"一样,选好股票后就静静地趴着,一动不动。但是在牛市里,我的操作还是比较频繁的。

不过,既然有人拿我和巴菲特相比,那么巴菲特52岁的时候资产是2亿美元,而我在42岁的时候,股市中的资产是4亿元人民币,我相信到了2008年,我的股票资产至少也能翻一番。不信咱们就等3年后再看。

《红周刊》:那我们先不妨录之,以这期《红周刊》杂志为证。

林园:好,我也希望如此(笑)。

《红周刊》:最后我们还希望了解,你在大量持有酒类公司以后,下一步看好什么行业?如果现在给你10万元,你会采取怎样的策略?考虑一个怎样的投资组合?

林园:看好银行业和汽车业。不过对于汽车业我还在观察,看看在上市公司当中,哪个一定能够在未来几年胜出。

投资策略就是上面所说的"乌龟"政策,尤其在熊牛转换的时候,这种策略能很快赚到第一笔钱,这样当牛市来到的时候,就会更有信心。

而不管是给我 1 万元、10 万元还是 100 万元，当前我都会考虑这样的组合：招商银行 25%，铜都铜业 20%，武钢股份 10%，云天化 10%，新兴铸管 10%，五粮液 10%，云南白药、丽江旅游和伊利股份各 5%。

（发稿时间为 2006 年 3 月）

编者按：2006 年 3 月的时候，林园向记者保证，到 2008 年他的资产会翻一番，并以此期杂志为证。结果，仅 2006 年一年，林园的资产就实现了翻五番，总资产达到 20 亿元。

这是一个奇迹，而林园微笑地告诉我们，他认为 2007 年将是中国 A 股最好的时期。他将在这一年创造出什么财富传奇呢？我们拭目以待。

（本文不构成操作建议。股市有风险，投资需谨慎。）

林园炒股秘籍

第十一章

股市大牛，我们要勇往直前*

> * 本文是林园2007年4月在北京大学金融投资研究生班上的演讲，不构成操作建议。股市有风险，投资需谨慎。

> 投资就是投行业,投行业里的"赚钱机器""印钞机",牛市赚不到钱才是最大的风险。

谢百三: 今天请到了当今中国股市最受人们关注,无论在南方还是北方,最受大家尊敬的一位投资者。他的名字叫作林园——"中国巴菲特"。

林园: 我不是老师。我只是把自己接近20年的投资故事和投资体会讲一下,希望能带给大家一些启发。

我首先介绍一下自己。1989年我们全家人凑了8000元进入股市,1990年初我就赚到了12万。当时我是国家的公职人员。1992年我赚到1000万,我就辞职不干了,之后一直在股市中。这么多年,没有一次赔钱,都是赚钱的。

我对我做的这个事情非常热爱,这里面有很多原因。我觉得最主要的原因可能就是我一直在赚钱。别的事我也做过,但是都没有兴趣。

股市这个行业,时间一定是最重要的要素。林园计划用30年复制100个林园,从8000元投资股市起步成为亿万富翁。

投资证券市场,最重要的要素就是时间,越年轻投资越好。我现在正在做一个计划,随机在全国找100个人,不管他们的学历、知识程度怎么样,每个人只需要投资8000元,我提出的口号是:10

年后他的命运将掌握在他自己的手上，20年后变成有钱人，30年后变成富翁。我想看看这随机的100人能不能做到。

过去我办了一个公司，公司大概有七八个人。到现在为止，他们当中资产最少的也有七八百万。我的司机现在都有2000万。他们的资产如何积累的呢？都是用我发的那点工资赚来的。所以我说，股市这个行业，时间一定是最重要的要素。我们追求复合增长，时间代表了一切。慢慢来，别急。在国外，这也是一个规律。为什么巴菲特52岁时才有2亿美金，因为财富的积累需要时间。特别是在中国，没有融资的渠道，只能靠我们原始积累，慢慢裂变。我去年在媒体上说，我今年3个月赚的钱比过去那些年赚的还多。很多人说我说谎，但是我没有。因为雪球已经滚大了，所以翻一倍就是过去那么多年的总和。大家说股市有风险，但是我认为股市没有风险。特别是对于年轻人来说，风险是可以控制死的。前两天我认识的一位朋友的朋友，她到我那里，拿了3万元想投股市，她一到我的办公室就说风险很大。我说这些钱对你有什么风险呢？你只要把你的风险控制死了，你把钱的总量控制死了，就没有什么风险。特别是对你们这些本身就有能力赚钱的人，更没有风险了。

我们公司现在有几个员工，我要求他们每个月发了工资不准花，全部放进股市。我就是这样一步步做的，每个月的收入我都会放进股市。资本的积累是一点一滴形成的。所以我希望，在座的年轻人不要考虑股市的风险，你们有能力赚钱，就全部把钱投入到股市吧！

股票市场实际上是一个交易平台。投资股市的本质，就是投资赚钱的企业。

这里面有一些投资诀窍，我接下来会讲。

首先，我介绍一下我对股市的看法。

我认为，股票市场实际上是企业之间的一个交易平台，我们不必去深究它是投资还是投机，它实际上就是企业之间的交易平台。既然是一个交易平台，股市的钱是怎么赚的呢？赚的是谁的钱？我的感受和看法，和书本上的不一定能对上号。

我们赚的钱是谁的呢？我认为赚的是赚钱企业的钱，是我们投资的公司赚的钱，是股市将它的市盈率（PE）放大后的钱。赔钱的人赔的是什么呢？是企业经营不好，赔钱了，你作为它的老板，肯定要赔钱。这就是市盈率的负向放大。最终，我们投资股市的本质，就是投资赚钱的企业，根儿就是投资企业。所以，有人问我大势，我觉得我判断不了，宏观经济谁能研究得了？大盘跌涨各有50%的可能。高低是相对的，熊市中的底也只有一个。但我们能做一个大的趋势判断。我认为中国经济好了，投资中国最赚钱的公司，就不会有错。所以我认为大的趋势是向上的。这是我基于中国人的勤劳、中国目前的竞争力做出的判断。还有，中国现在的东西还足够便宜，不贵。另外一个重要的原因是中国人的工资不高。现在中国人的工资和外国人没有办法比。做同样的工作，中国人的工资只有外国人工资的几分之一。只要中国人的这种竞争力还存在，我就不担心股市会不好。所以我希望大家都来参与股市，越早越好。

以上就是我对股市的理解。它是一个交易的平台，这是我们投资股市时需要弄明白的最主要的一个问题。能把这个最主要的问题弄明白了，我觉得在股市就不会失误。

我认为投资的第一重要性就是确定性，赚钱的确定性。我觉得股市是不能总结经验教训的。

我们追求财富的增长，一定是追求时间。这个时间是一种复合增长。有个台湾人算过一笔账，每年你存一万元，把这些钱做投资，年复合增长20%，40年以后，你就是亿万富翁。财富增长就是复合的。我对自己的要求就是，在股市上做任何一个投资，都不能有失误。很多人说经验教训是可以总结的，我觉得不能总结。股市上的教训总结就是金钱上的代价。我要求自己百分之百的正确，一百次中有一次错，你的方法就有问题。没准错的这个方法就是毁灭性的，赔钱就是让你毁灭。

我们不能做自己把握不住的事情。我认为投资的第一重要性就是确定性，赚钱的确定性。

我认为在A股上市的1000多家公司，95%的公司，我都搞不清楚。搞不清楚就是风险。我研究的公司，到目前为止也不超过25家。

你能否确定赚钱？这种确定性非常重要。如果你的投资是不确定的，我认为就是一种赌博，就不能做。我的投资一定是我自己算账能算到的，算不到我就不干了。投资首先要考虑风险，首先要考虑它的底部在什么地方。我的风险是能够预测到的，这样才行。这是一个大的原则，不能有失误。

那么，我们怎么判断投资的确定性？就是你要搞清楚这个公司如何投资，越简单越好。A股上市1000多家公司，我认为95%的公司，我都搞不清楚。而且其中大部分公司，我可能永远都搞不清楚。搞不清楚就是风险。我研究的公司，到目前为止也不超过25家。我的投资思路，就是把大家引到我搞清楚的这25家上来。

关于商业型的投资，我认为最大的诀窍是你自己一定要制造不平等竞争。

关于商业型的投资，我认为最大的诀窍是你自己一定要制造不平等竞争。如果我跟别人在一个平等的竞争线上，大家都做同样的事，是平等竞争，这个事我就不想做了。

投资一个公司前，最少我要跟踪3年。然后，我会少量地买入，之后再继续跟踪，觉得没有问题，就大量地买入，然后再跟踪。

我投资一个公司，不会轻易买入，最少我要跟踪3年，把它前3年的情况弄清楚。大家都问我，你为什么选择这些企业？我自己也说不清楚。这么多年，大概在市场中的时间长了，好的企业都在我脑子里印着呢。首先跟踪3年，跟踪得差不多了，当我觉得今年这个企业好的时候，我会少量地买入，然后再继续跟踪，觉得没有问题，就大量买入，然后再跟踪。作为一个股东，要做的就是改变分红政策。公司的股票涨了，分红政策必须要和它配合。我不希望买的股票都是不动的，所以必须要改变分红政策，多送多配，根据市场的需要，让它或者送现金，或者是送红股。

股市赚钱的标准是什么？首先，选的公司是一个赚钱机器，它

能给股东赚钱，这是最重要的。

怎么选择好的公司呢？

全中国的好公司并不多。我选的公司首先是一个赚钱机器，符合赚钱机器这一概念。今天我希望大家都记住我说的话，3年以后你再看，看我今天说的这些公司是不是赚钱机器。我希望大家把我的标准作为一个赚钱的标准。能不能在股市赚到钱，首先看我林园树立的标准。我就是这个股市标准的制定者！我今天之所以给别人做讲座，我就是想树立这个标准。股市赚钱的标准是什么？这个标准是我来树立的。就像生产一个话筒，它的标准是谁来制定呢？我想做这个制定标准的人。这是我要做的工作。

我现在为什么像一个传教士一样四处宣传我的标准，因为我希望到时候你们看一只股票时，先看它符合不符合我说的标准。前几年大家说股票能不能涨也有标准，比如看有没有庄，或者看盘子大小。但我希望我树立的标准，是一个确确实实的标准。判断一家公司的好坏，我衡量的标准，不是看它对社会贡献的大小。我是一个股东，公司能否为我赚钱，这是最重要的。

有很多公司是很好的，对社会的贡献很大。像一些竞争性行业中的公司，它的东西便宜了，老百姓都受惠了。但是作为投资人，我是钱迷，从投资的角度，我希望它为我多赚钱，这是唯一的标准，别的标准都是瞎扯。企业能够赚钱，这是实实在在的标准。作为一个投资人，我说的好公司，和人们对它的尊敬度，和它对社会的贡献是不搭界的。按我的标准，很多对社会贡献大的公司，其实是败家子。

毛利率是赚钱机器最重要的财务指标。毛利率在18%以上，且稳定或者趋升，"小投入，大产出"的公司才是赚钱机器。

赚钱公司的特点：

第一，赚钱总量不能低。第二，毛利率一定要高。我认为18%以下的毛利率就不要考虑了，越高越好，最好是80%甚至90%的毛利率。第三，盈利能力。我们通常考虑的是每股盈利，每股盈利最起码三四毛钱，才是我们能够选择的。第四，就是市盈率。市盈率的水平是动态的，这个指标代表了我们的买点。我们怎么来判断这个指标呢？接下来我会详细介绍。第五，毛利率的变化。毛利率的变化是我研究企业，也是林园土办法的最重要一点。你如果能把这一个指标吃透，搞清楚了，别的指标即使不知道，你的投资也不会有大的失误。你投资的企业，毛利率的变化一定要稳定。当然，首先是稳定，毛利率不能是下降的。或者，毛利率的变化是趋升的，稳定或者趋升才是我们投资企业的根本。毛利率下降的公司，我是不会投资的。毛利率变化是最重要的财务指标，这点非常重要。

从表象上看，"小投入，大产出"的公司才是赚钱机器。公司的盈利不是靠增加投资产出的。我们做生意也是这样。比如开餐厅，我投资一百万，希望它赚一个亿，而不是赚一个亿需要投资两个亿。投资一定，产出无限大，这是我们钟爱的公司。

未来3年涨10倍到20倍的公司，都是"婴儿的股本，巨人的品牌"的行业老大。在日本，许多卖菜的老太太因为20世纪50年代投资索尼股票，成为全日本最有钱的人群。

从钟爱的公司中再缩小范围，就要找一些小股本——婴儿的股本。虽然它们的股本很小，但已经是行业中的老大，占有非常高的市场份额。这种公司是最容易涨的，我们要找未来 3 年涨 10 倍到 20 倍的公司，就是要找小股本、盈利能力又特别强的公司。这点我解释一下，为什么我们要选这样的公司。因为证券市场一定是吹泡泡的市场，这个泡泡就是市盈率，当股本扩张，这个市场会把它放大。我希望是双重的放大。一个是盈利的放大，好公司的盈利是不断地增加，每年都增加。这就是我们讲的盈利的成长性。还有一个是股本的扩张，也会给我们带来意想不到的收入。这个在国外都有案例。20 世纪 50 年代，索尼还是一家小公司，所以当时索尼的股票很多都卖给了一些卖菜的老太太。后来这个公司长大了，现在索尼的老板——这些老太太，成了全日本最有钱的人群。虽然现在的索尼是亏损的，但是它股本做到足够大了，市场跟着它吹牛，它不赚钱还怪了。所以，我们享受的是一种双重的放大。选择公司一定要有诀窍，如果你享受到了它的双重放大，你就容易发财。

现在这个市场不是你一年赚一两倍，你的资产就能上一个台阶了。我过去的体会是，你的重仓股一定要涨 10 倍、20 倍，3 年后你才能上一个台阶。所以我们选公司一定要有诀窍，有的公司是好公司，也能赚钱，但是它的股本足够大了，它赚钱，我们最多是享受它赚钱给你带来的那一点分红。我们不是追求这个东西，我们追求的是超常规的发展。所以我们必须要享受股本和盈利的双重放大，能做到这一点的公司才是我们最喜欢的。再往小里说，这种公司会从什么公司中产生呢？最好是选择婴儿的股本、巨人的品牌。这样的公司本身就是行业巨人，品牌是大品牌，但是股本非常小，从这里选择，范围就更加小了。

选择的企业，它的产品最好有几千年文化，或者它是从目前激烈的市场竞争中杀出来的优胜企业。还有就是选择一些没有竞争对手的垄断企业。

品牌能够保证你的盈利，它们在这个行业已经基本上形成垄断，或者市场份额足够大。一般来说，这种公司是从老字号里面选。大家吃菜，什么菜都没有"红烧肉""粉蒸肉"吃得多。这是几千年流传下来的一个思路，即老祖宗做的不过时，都爱吃。相反，很多新菜推出几天就没有了。

我们选股时，选那些产品最好有几千年文化，或者是几千年来大家都喜欢的东西。几千年都没有被淘汰，说明它的确定性非常高。这就是我们想要的"婴儿的股本，巨人的品牌"，小投入、大产出的公司。

还有就是要选从目前激烈的市场竞争中胜出的好企业。我是最怕竞争的，所以我选择这种企业时，一般来说是会慎之又慎的。从激烈的市场竞争中杀出来的强势企业，在这个行业中已经做到了龙头老大，这种强势企业，是我们要介入的企业。这种企业会给你带来高利润，但也会有变化。所以，一定要注意我刚才讲的毛利率的变化。我买这种企业时，只买那些毛利率不再下降、已经趋稳的企业，因为这时我们已经可以看出它是这个行业的老大了。不要选那些企业——虽然它的产品也是一个知名品牌，但老是降价，价格不是它自己决定的。像我们说的家电企业，这么多年都看不到它们涨价了。手机这个行业已经没有老大老二了，都是老大，这种行业一定是不行的，不要参与。

还有就是选择一些没有竞争对手的企业。我认为，一个企业如果连竞争对手都没有，那这个企业实际上是最有竞争力的。年前我去了一个高速公路企业，他们这个企业一年赚十几亿，一年增长18%至20%。我跑的企业多了，我知道赚钱是很辛苦的，特别是有业务竞争的企业，那就更说不清楚了。但这里是过路收钱，市盈率是十几倍，我认为这就是好公司。好的公司是没有竞争对手的，是排他的。没有竞争对手的公司是最有竞争力的，竞争力体现在它没有竞争对手上。我们做一个事情首先要有基本的判断，大方向首先要对。

牛市基本的判断就是涨。你在牛市中说股票会跌，就是一个糊涂人。所以我们做事，一定要搞清楚大方向。

说起来我又说到大盘上。如果说今天的股票要跌，那么你说跌的可能性是什么？现在是牛市，我虽然不知道大盘的走向，但是如果我们能够判断处于牛市的话，它基本就是涨。在这个涨的过程中，最终的顶只有一个。你在这个过程中说它会跌，或者是市场不好了，我认为首先你这个人就是一个糊涂人。我们做事，一定要搞清楚大方向。2200点，大家都说是顶，罗杰斯说跌，我一听就觉得可笑。其实我没有什么投资决策，我也不是长线投资者。我就觉得该做这个事的时候，我一定要去做。人一定要做到什么时候说什么话，什么时候做什么事。该炒的时候我一定要炒，经济利益是第一位的。不管是作为长线投资者，还是作为价值投资者，只要能给我带来更大的利益，我都要炒。我现在说的话都是为了我自己的利益。

我说这个股票不跌，它就不会跌，我在里面待着，它跌不了。你说我神我就神。这并不是我拍脑袋随便说的，我是有很多的数据依据的，我自己清楚。它如果不好，我会比别人先知道，而且我早就卖了，因为我了解公司的根儿。所以一个人首先要掌握投资的大方向。

衡量炒股成功不成功的唯一标准就是赚没赚到钱。该做这个事的时候你没有做，这就是最大的风险。

像我刚才说的，大学生炒股有什么不对的？赚钱是大方向，你的风险只要能控制死，就这一万元，有什么风险？最大的风险就这一万元，怕什么？风险是要讲，但是不要给这些年轻人讲，你给他说多了，实际害了他。真的是害人，赚不到钱就是风险，因为中国目前的国情就是这样的。目前这个社会衡量成功不成功的唯一标准就是赚没赚到钱。这个标准不是我说的，是在老百姓心中根深蒂固的。你给他讲风险，他就可能赚不到钱。这是人性的东西，买股票也要有激情。风险已经锁死了，就一万元。学生也没有信用，谁借给他钱？

前两天我买了1000万股的亚都。我问都没有问，其他几家基金公司考察了几个月，都没买。等我买了以后，他们让我让，我不让。我去了亚都公司10分钟，就定下来说买。跟我去的那几个人，老是问这个公司的情况，我说你们不要问，我有一个最基本的判断。

国外的风投和基金公司也等着买，结果我一买，他们没了。他们没有赚钱，这就是风险。就是该做这个事的时候你没有做，这就是最大的风险。所以年轻人，时间很重要。我不是让人赌博，我们是做有把握的事。接下来我会谈怎么控制激情。但是首先你要积极参与这个事。

说这些话就是想给你们鼓劲。时间很重要，我现在40多岁了，再有钱我也没用了。我要20多岁有钱，我该多高兴呀。

现在买58倍市盈率的茅台，按业绩年增长30%算，3年股价至少涨3倍。

接下来我们继续讲怎么选股。

刚才讲的那3种公司（有千年文化的、从竞争中胜出的、没有竞争对手的垄断企业）是最容易赚钱的。如果选择公司，我建议就在这些公司里选。下面我举一个例子，来说明我是怎么选股的。这个和大盘没有关系。

首先是确定性。我是茅台的大股东，我拿了1700万股。我从2003年4月份开始买茅台，这里面有一个小故事。当时我看的不是茅台，而是五粮液，因为我1992年去西安办房地产公司时，有一个开发区的领导，他吃饭老是要喝五粮液，所以我的办公室老是备一箱五粮液，他来了就喝，我就觉得五粮液挺好。我自己那时候就老买五粮液，那时候是140块钱一瓶。五粮液一上市我就开始买，因为开发区的那个主任，他饭都不吃，就是要喝五粮液。五粮液上市前是古井贡上市。我对这些白酒公司一直都有跟踪。五粮液上市的时候，我买了五十几万股，五十几元买的，一直到现在也没有卖。2003年以后，我有几年没有参与A股市场。后来发现五粮液跌到了8元多，我说8元多的五粮液可以买。

当时我就让3位专门给我看报表的老师给我看一下五粮液的报表。我请的这3位老师，只看报表，我不让他们参与任何的投资决策。3人也互相不认识。一个公司有没有毛病，我会首先让他们看一下，请他们发表个人的看法。其中有一个老师说，他不但看了五粮液，同时也把茅台看了一下。因为我几年没有参与A股，不知道茅台上市了。后来一看，茅台的指标非常好，我就马上去了茅台厂一趟。当时和我一块去的有融通基金的两个小伙子。从深圳到茅台公司时，大巴没有了，第二天中午11点要开股东会，他们公司就派了一辆公司大巴来接我们3个人。那两个融通基金的研究员对我说，他们已经把茅台5年的账都算了，去了以后，他们就说你买茅台吧，肯定赚钱。因为茅台酒有一个特点，你今年买的酒一定是5年前生产的，所以茅台酒从来不降价。刚才我讲了商品的价格一定要趋升，我们没有见过茅台、五粮液降价的，它们的价格稳定，一定盈利。后来茅台厂的人告诉我，他们是两年涨一次价。我这个人一般不算涨价的因素。当时我算了一下，我买茅台酒的时候，市盈率大概在25至26倍，20%的复合增长，到2006年时，我当时给它算的是市盈率只有不到9倍。所以回来以后，我没有买五粮液，而是加大了对茅台的投资。

我记得在2004年的时候，我给我儿子8万元的压岁钱。我老婆存了，我说你把这个钱取出来，单开账户买茅台，每次的分红也都放在那个账户里。前段时间我一看，已经超过200万了。所以，首先要看重企业的确定性。茅台是确定性很高的企业，又是一个大品牌。在茅台的一个技改会上，茅台厂的人告诉我，你现在买是对的。他说我们现在存的酒，已经值300亿了。我当时买是20多块，只有2亿多股，不到60亿，他说你买肯定没错。表面看茅台的净资产收益率，只有百分之二十几，但是茅台和五粮液都很特殊，茅台的实际净资产收益率达到了60%，五粮液也达到了58%。它们账上的现金多，若扣除现金，实际的净资产收益率能达到 90%。这种公司，不用想，坚决买入。当时我买茅台的时候，很多基金经理阻止我，不让我买，说现在喝白酒的人越来越少了，千万不要买。当时觉得也确实对，喝白酒的人确实少了，但是，财务指标会救人，你看它的财务指标，它的销量是不是零库存？这就是我说的"红烧肉"很重要。大的品牌，小的股本。当时我们就是在茅台小股本时进入茅台的。

今天，茅台还能不能买？100 元了，实际上复权上去 500 元了。我给茅台又算了一笔账。茅台刚刚公布业绩，我们算茅台的市盈率为 58 倍，我们再算它的复合增长，我坚信它的复合增长在 30% 以上。那么到 3 年后的 2009 年，它的市盈率又变成 20 多一点，这我们还没有算提价的因素，因为今年一季度它又提了 16%。所以市盈率的高低是动态的。我认为我自己持有茅台，是不会错的。我就拿着，我不卖，它也不会跌。所以我认为持有很重要。到 2009 年我估计茅台至少能涨 3 倍。去年，一个财经杂志的记者采访我。他老是笑我喜欢说大话。但是我永远不会栽跟头，至少 12 个月内不会栽跟头。茅台公司有一个认股价，30 多认股的，不行我可以卖给茅台公司，让它申购去。所以说，我这 12 个月不会亏损，我都是有保底的，有茅台公司保底，而且还有几大专业银行在里面做担保，股改有承诺的。

我会把目前的利润锁死，我周围跟踪我这么多年的人，他们说，让你赔钱太难，这是因为我知道怎么给企业算账。

接下来讲怎么给企业算账。前 3 年的账我要算。这个点是不是我现在要买的呢？大家想，这个点该不该买呢？买入和持有本身就是两回事。有20家公司我现在是持有，但不见得我会买。为什么？因为股市中有一种看不见的风险，这是人的心理因素决定的。在12个月内，我的这个账可能会不对称，就是这种心理因素影响的。大家都要卖的时候，它就要跌，我也控制不了它。

我为什么说持有和买入不一样呢？股票有一个累计升幅，这个累计升幅大了，12个月有风险，你高点买了怎么办？这就是一个大的风险。所以我们说累计升幅大了就是一个风险。这个点你能不能买，我们是不是现在介入？我是如何解决这个的？首先，我要算企业未来3年的账。怎么算？第一个是确定性，盈利的确定性。算不到的企业，你就不要参与。盈利一定是能够算到的。像我们给茅台算账，它的产量多大？销量多大？它的利润、费用是多少？甚至可以忽略不计它的费用。前两天我做一个电视节目，主持人说我给茅台算的账不对，因为我算的时候，可能没有算销售费用。我说你没有看茅台酒的毛利率都是80%多了，那个费用可以忽略不计。

我现在算茅台有50倍的市盈率，复合增长30%，到2007年，它的市盈率应该减掉这30%，就是减掉15倍，也就是降到35倍。到2008年，市盈率会再降差不多10倍，就是25倍，到2009年就变成了20倍以内。这其中的波动你要不在意，我们按照国际上通用的连续市盈率，茅台的成长性没有这么好的话，它的平均市盈率应该是55至60倍。我们认为未来3年，到2009年的时候，茅台酒应该能涨3倍。这和大盘没有任何关系。

无风险套利：借了1亿6千万，102元买入招商银行可转债，转股后相当于4元1股持有招商银行。未来3年银行还处于一个高增长的时期。

招商银行没有办法给它算账。为什么呢？招商银行的主要盈利来源是贷款的企业、存贷差。我从2002年一直跟踪银行股，始终也没有把银行股真正搞清楚。看银行股我最多也就看一年半，还是带着猜谜语的性质，只是看一种趋势。我们为什么现在要买银行股，因为它的趋势是进入了高增长期。今年一季报，招商银行又是80%的增长。过去3年，我们看它的复合增长都是在30%以上。它有一个惯性，会继续往上冲。但是你要我给它算账，我真的难算。因为搞不清楚，这些贷款的企业还贷不贷？这是不确定因素，所以招行的账我算不清楚。

那么我为什么买招商银行？按照国外和国内的经验，银行业已经进入了一个高增长期。我们买股票也是在做实业，我们投资者，就是在行业高增长期投资一把。等过了高增长期，我就退出来，再去投资别的高增长期。我们追求最大的利润。股市为什么是一个最好的平台？我的理解是，因为我把股票卖掉，也不用变成钱，就可以买第二只，实际上是买第二个行业或者企业的高增长期，而且我一定比别人快。实业是做不到这点的。

为什么招商银行是我的第三大重仓股，这里有一个故事。我一直在研究工商银行、招商银行，不管它们上没上市，我都在研究它们。我觉得银行股确实还不错，财务指标上，各种增长都是好的。但当时按照我的标准，我是不会买招商银行的。正好招商银行那年发行可转债，100元发行。上市以后最高也就涨到了108元，多数时间是在102元。因为我是满仓的，在熊市中我只有3只股票，茅台、五粮液和云南白药。当时我就想，我要借钱，招行100元保本，等于可以是债也可以是股。如果市场好，我赌这个公司也是值得的。我就赌2元的风险，其实这个也是没有风险的。这次我借了1亿6千万，我家里人拉着我不让我买。他们说风险太大，但我自己觉得没有风险。它是金融机构，可转债一定是先偿还你。按照我考虑风险的程度，我认为如果招行4年内倒闭，才是我的风险。即使倒闭的话，我的风险也不是很大，因为国家要首先考虑债券持有人的利益。所以我当时把1亿6千万全买了，到今天，股改以后我就转了。到了2006年，股改以前，这个债券还是102元，我借的银行利息是9%。我说这次真的是让我亏钱了，但是过了几天股改了，我的利润一下子来了。现在的成本价是4元。今天的招行就很好做了，我低价买入，现在不卖。招行到底能不能卖？它是有代表性的股票，不代表我有十分的把握。但是我看一种趋势，而且我认为这个趋势成功的可能性是90%甚至是95%。现在算招行的市盈率，应该是40倍。我们算它的年复合增长，我还是保守估计，我认为未来3年招行的年复合增长在30%是没有问题的。我昨天又调研了招商银行，它最新的财务指标我觉得都不错。它公布的也不错，一季度增长都是87%。但是我算账，只算它未来30%的增长。这是基于对整个银行业进入高增长期的判断，它是一种趋势。现在买招行，如果我的基本判断没有错误的话，我认为是没有问题的。招商银行3年以后的市盈率就会变成20倍。你现在买，就可以睡3年的觉了。招商银行这种公司，我认为40倍的市盈率都不算高。所以，我现在拿着更放心了。所以持有和买入是两回事。

对于优质、稀缺的资源，我的策略就是不断地买进。你能拥有它是最大的幸福。

我对银行股的调研结果是，我认为未来 3 年还是它的一个高增长时期，这就是给企业算账，有能够算清楚的和不能够算清楚的。一般来说，不能够算清楚的你就不要参与。最好算清楚账的就是丽江旅游，5 分钟就可以算清楚了，它就有 3 条索道，一天多少人，流量很清楚，也没有什么费用。

我的投资体会，就是越简单越好。如果你搞制造型的企业，产品一定要单一。你觉得单一会加大风险，实际上是错的。越单一越好。我去年投资了一个企业，江中制药。江中制药的产品很多企业都能生产，像健胃消食片。但据我了解，这家公司卖健胃消食片这一个药就卖了 10 亿多。别的 20 多家公司，也生产这个药，才占份额的百分之几。这就是企业的核心竞争力，它也从不降价。

我说的这个公司，就符合"婴儿的股本，巨人的品牌"。再比如马应龙，生产痔疮药的。我本身是学临床的，知道"十男九痔"。痔疮药基本上是被德国垄断的，德国人的药风靡全世界，除了中国。它打不进中国市场，就是因为有一个马应龙顶着。马应龙的股本很小，只有 1000 多万股，但是它把德国人顶在了外面，因为它卖得便宜，药又好。这个药的历史很长，比同仁堂还早，到现在已经有几百年了。这就是我们要投资的，"婴儿的股本，巨人的品牌"，而且它的盈利能力也特别强。我们就要选择这样的公司来参与。它没有送过、没有配过股的时候买入，然后跟着它长大就行了。

还有一个是黄山旅游。为什么我会买这个呢？黄山的品牌很好，但是我买的时候，黄山旅游的总市值还不过 20 亿，在北京 CBD 建栋楼还超过 20 亿呢。旅游股进入高增长期，它股本也不大，这种公司买了永远不会吃亏的。所以，对于优质、稀缺的资源，我的策略就是不断地买进。你能拥有它是最大的幸福。所以很多人说茅台酒高了，黄山高了，招商银行高了，我说全世界其他地方没有这种东西，它是稀缺的。这里面有一个故事。我的一个朋友去丽江旅游，他说丽江站不了几个人。我说怎么站不了几个人，丽江这么大，怎么站不了几个人。他的意思是说，丽江索道上站不了几个人，盈利能力就这么大。于是我说你去看看黄山，黄山的风景很大一部分是没有开发的，我都跑了，都去看了，美得很。它的潜力很大，这就符合我们"投入很小，产出很大"的要求。黄山人说，他们只需要把床铺好，地扫好，门看好就行了。你去也要去，不去也要去。不用求人的，命运掌握在自己手上。生活水平提高了，收入到了那个程度，就是增长。

今年我又去了黄山。为什么今年春节，它两个月比去年同比增长77%？黄山有一个算账的方法是，旅客增长7%至8%，它的利润就增长30%。今年为什么会增长这么多？因为今年杭州到黄山的高速公路通了，以往要走6个小时，现在只需要2个小时。所以我相信黄山旅游还是值得我们继续持有的。这和大盘也没有任何的关系。

我再举一个例子。从激烈的市场竞争中胜出来的强势企业，像伊利、蒙牛等液态奶公司，还有江中制药，很多研究员问我，说你买的这个企业到底有什么竞争力？最终的竞争力是它对市场的垄断，它的产品的垄断，它的市场占有率在逐步地增加。我买亚都，虽然它没有上市，但是我一看亚都加湿器的市场占有率达80%，这就是它最大的竞争力。这种从激烈的市场竞争中出来的强势企业，也是我们未来要选择的好公司。

零库存，是我们选择投资这些公司的另一个标准。它没有库存，你要买它的产品，必须要预付。靠赊款的那种公司，我一般不会选择。你买我的产品，先打预付款，我买的公司基本都是这种性质。比如说黄山旅游、高速公路，你不交钱他不让你过，就符合这个概念。很多人看好航空业。我认为即使看好也是阶段性的，最终我不会看好这个行业。为什么呢？因为全世界的航空公司都没有赚钱的，大部分都是亏钱的。我认为这不是油价高带来的亏损，是竞争带来的。我们看不清楚航空机票的价格，今天3折，明天2折，全部打折，没有办法给航空公司算账，这种公司的风险是很大的。今天100元，明天打折50元卖，你怎么给它算账？所以航空股我一般不会买，就是因为它的确定性极差。它一年涨多少倍，我也不会参与。我就选择确定性高的，这是我的投资办法。

买点是我们不能选择的，高低我也不知道。比如你20元买招商银行，到底高不高，我不知道。我认为，好的公司，你如果买高了，这段时间可能相对有一定的泡沫，但是随着公司业绩的增长，这个泡沫会被挤掉。每年一般在4月到8月之间，大家会重新估值。好的公司，大家给它重新估值，一定会把这个泡沫挤掉。股票市场重新估值时，能够看明年，看第二年的表现。只是我算的比较宽一点，给这个企业算了3年的账。我就是一个投资人：企业未来3年的盈利能够算到的，我会重仓持有，算不到的我不会投入。

未来3年，比如说招商银行今年是5毛，明年6毛，后年7毛，我一定要知道这5毛、6毛、7毛是确定的，能够算到的，我才去参与，如果算不到，我认为就是风险。这就是给企业的未来算账。

选好公司，然后给它算3年利润账，这样我们就把利润锁死了。

接下来谈谈我对股票市场风险的认识。我的钱没有哪天是闲着的，我要不断地赚钱。我的账户有的突破两亿了，但我账上可能只有几百元现金，不能再买股票了。我一直是满仓，从没有空仓过。因为我没有失败过，我就觉得没有风险。我觉得这个市场没有风险，但是做别的，比如开餐厅，做实业风险大得很。

股市对我来说，好像见不到什么风险。如果硬要说风险，就是你做了一件你自己不知道的事。这个市场，有1000多只股票，我认为合乎我的标准的，不会超过50家。这50家以外的，我觉得风险大得很，那种风险就是赌博。所以我反复说，股市的风险其实是企业经营的风险，我们只要对经营的风险能够把握住，我们就是在做一个自己可知的事，把不确定的东西变成确定的。我一定是确定的，所以我赚钱，我林园赚钱我自己认为是必然的，不会有意外。

那么，我怎么来控制风险？控制风险就是我对这个企业进行动态的跟踪。我投资的公司，我会每个月至少打一个电话去了解。我不了解，我就不会买。所以我跟踪的企业都是非常简单的，能够搞清楚的企业。接着我只需要跟踪它每个月的经营情况，这个月卖了多少货，我自己就可以给它做报表了，这就清楚了。股市最大的风险是经营风险。

跟踪有很多的技巧，当然这不是我们每个人都能做的。老实说，跟踪就是判断一个大的方向。首先，我们跟踪的这个企业大的方向到底好不好。第二，这个企业好不好打交道。有些企业，我觉得也挺好，但是到这个企业一去，如果领导人爱胡扯，不好打交道，我宁愿放弃，或者买一点就算了。我买了一家武汉的企业，买了几十万股，我给他们打电话，他们说你来吧。我飞过去以后，和他们联系，他们说公司领导都出差了。我说我现在就在机场，我后来找了一大圈，包括当地区长、一把手都找了，结果他们还是不愿意见，说我们底下的人做不了主。这种企业我不买了，不好打交道的企业，不要跟它打交道了。

这个跟踪的技巧也就是和企业搞关系。这就是我为什么不会失误的原因，我是把企业的根儿找到了，每个月的动态我都跟踪了。比如我要投资一个企业，怎么办？我就会跟踪这个企业，如果我知道这个企业它一季度的订单非常好，我就知道该买多少。这就是用量来控制我们将来的收益和风险。这也就是我说的怎样和企业打交道。

熊市和牛市投资的方法是不一样的，买入的股票也是不一样的。

上半场讲了一些投资公司的理念。下半场，我想介绍一下我认为最好的几只股票和我总体的布阵。

我们的投资方法应该是灵活的，就是在什么时候做什么事，市场是变化的，要根据不同的情况来做。大家都把这个市场分成熊市和牛市，实际上在这两种情况下投资的方法是不一样的，在熊市和牛市买入的股票也是不一样的。处理好了，我们就可以做到熊市里面也赚钱。

熊市中要买什么样的股票呢？就买一些确定性级别最高的股票。2003年我开始买的就是3只股票：茅台、五粮液、云南白药。我们要买能算到未来3年利润账的公司，即确定性极高的股票。现在是牛市。我把牛市分成早期、中期和末期。我们要在泡泡吹爆以前，或者是在有这种征兆以前，学会怎么规避风险。

买好公司,最主要的标准就是这只股票不管是熊市还是牛市,每年都能创新高。

一只股票如果派息率在8%以上,未来业绩增长在15%以上,那么在熊市买也不会吃亏。因为熊市中,所有的股票都是被低估的,所以你买那些价值被严重低估、能算到账的,买入12个月也会赚钱。我的研究发现,被严重低估的股票,12个月肯定会得到市场的纠正。什么叫作严重低估?比如说,我们买一只股票,它的派息率如果在熊市达8%以上,它未来的业绩增长在15%以上,我觉得你买它不会吃亏,这是我自己总结出来的经验。因为银行存款利息只有2%,它至少比银行的利息收入高。即使它这一年股价会下跌,在分红派息的时候是会创新高的。我们买好公司,最主要的标准就是这只股票不管是熊市还是牛市,每年都能创新高。不怕买错,买错了一年它又回来了。就是我们说的不能套牢超过12个月,哪怕它下一年又把你套住了,但是过了12个月又解套了。这种公司好,亏到派息的时候又让你解套,赚钱。你始终有解套的机会,你就可以持有这个公司。我们最怕持续下跌,我们尽量避免买一些不能创新高的公司。

牛市中不管初期、中期还是末期,最主要的赚钱方法是买龙头股。

牛市中有一个大的方向,不管初期、中期还是末期,它总有一个龙头。什么叫龙头?引领着大盘,总的趋势是往上走,即使中途可能会震荡调整。如果这个牛市持续若干年,这个股票也是能创新高的。去年我写过一篇文章,说什么是牛熊分界线,我说招商银行如果到 15 元就是分界线。为什么呢？因为从熊市到牛市，人们会很谨慎，会买自己认为好的公司，所以大市值公司是人们最敢买的，大家都会买招商银行这种公司。

在熊市中，这种公司也会被低估，到牛市初期会恢复正常，恢复正常的标准我认为是有 150% 的升幅。当时我们算招商银行 5 至 6 元，如果涨到 15 元正好是牛熊分界线。1994 年是以深发展为龙头，正好是从 6 元涨到 15 元就是牛熊分界。招商银行也验证了这一点。实际上牛市能带头涨的，就是能贯穿整个牛市的大的中枢。它可能不只是招商银行这只股票，但是为什么我当时提到招商银行？我考虑，首先要树立我的标准。招商银行一定是参与人最多的，参与人少的我不说，我只说最主要的，让人们都能记住我的。所以我参加招商银行的股东大会，马蔚华说你说的涨到 15 元，最后还是印证了。你说话必须要让人记住。我待会儿会告诉你，未来 3 年股市会发生什么事，然后你可以去检验，否则光说以前的没有意义。

牛市应用的方法，在熊市中是不灵的，而且你赚钱的速度也不够快。

国外怎么解决，证券书中没有写，根据我做的调研，国外是直接换人的。熊市中和牛市中的基金经理是不一样的。干脆把整个人换了，不要换脑了。这就预示着，牛市和熊市的思维方式是不应该相同的。牛市初期我们就选大市值的龙头股，作为一个重点的投资。

牛市初期我就做一个"傻瓜"，做一只"乌龟"，不管它涨跌，抓住龙头股一路持有。

牛熊分界的时候你判断不了，今天涨明天跌，我们很难判断它到底是牛市还是熊市，因为熊市中也有反弹，但涨一会儿又下跌了。所以我们就抓住估值，抓住它核心的东西，我就不动，等着它涨。牛市初期，抓住龙头这种股票，就等于是抓住了牛市的这根筋。牛市初期我就抓住持有，做一个"傻瓜"，做一只"乌龟"。不管它涨跌，我就做一个最笨的人把它放着。

到了中期，牛市会纵深发展。我认为现在已经到了牛市的中期。中期的特征是很多股票都会涨。人们已经忘记了熊市的风险，慢慢淡忘了。原来不敢买的股票也会买，大家一买它肯定要涨，这就是恢复性的上涨。

牛市小盘股一定涨过大盘股，牛市中最能赚钱的品种除了龙头股，就是优质小盘股。

牛市中，我认为最能上涨的两类股票，一个是我说的龙头股，它是带动了整个牛市的股票，早期、中期、晚期都会涨。还有一个就是优质的小盘股。刚才我说了为什么要选择股本和利润同时长大的，因为这等于是买了保险。我们要选择一些小盘的，盘子越小越容易涨。这也是国际上的经验，市场一好，人们会忘掉风险，可能就会选择一些市值小的。市值小的大家容易买，它也容易涨。但是我不会去投机，我要选一些优质的小盘股，它们是会贯穿整个牛市的。最终小盘股一定涨过大盘股。上面两类就是牛市中最能涨的股票。熊市和牛市的投资策略不一样，就决定了你的投资方法不一样。

牛市初期我的布阵：龙头股占了60%至70%，小盘股占15%，中间"低市盈率、高分红"的板块占25%至30%。到牛市中期的时候，把中间这块的比例缩小，甚至缩小到 0，然后加大对小盘股的投入。

牛市初期我主要买龙头股。龙头股的配置占 60% 至 70%；小盘股占 15%；中间这部分，是我认为在熊市中一定被低估的、派息率在 10% 以上的，占 25% 至 30%。这就是我们说的布阵。中间这块始终能保证我生活的来源，不用为钱发愁。这是我在牛市早期的做法。别的不涨也可以，中间这部分每年的派息也够我生活了。所以熊市、牛市我永远是满仓，也不会吃亏。我没有空仓过一天。

这是我牛市初期的布阵。一块是龙头股、一块是中间的高分红。一般高分红在牛市中，一定是市盈率很低。低市盈率、高分红，这是一对孪生兄弟，是连在一起的。第三块就是优质的小盘股。我很清闲，只要布阵好了，股市就可以帮我赚钱。

到中期的时候，我只需要做一件事，就是把中间这块的比例缩小，就是中间"低市盈率、高分红"这块，甚至缩小到 0，然后加大对小盘股的投入。因为小盘股最能涨，牛市中一定是小盘股涨得最多。小盘股一定会给你带来额外的收入，所以你只需要做这步就可以了。你如果不追求再高的利润，至少我这个布阵，可以让你分享到这波牛市指数的增长。去年指数涨了 130%，我的资产增长了 5 倍。用我这种最笨的办法，你买好了以后，至少能跟上指数，不会落后于指数。实际上在股市中，跟上指数是很不容易的，多数人是跟不上指数的。指数涨了多少，大多数人的财富并没有跟着增长多少。特别是我们现在的指数，它实际上是失真的，大盘股一上，它是按照发行价的，失真很多，多数人跟不上也非常正常。但是按照我们这个办法，12 个月里是可以跑赢指数的。

牛市最主要的操作方法就是持有，不能拿就不能赚大钱，赚了一倍两倍就不叫赚大钱。高抛低吸我是做不到的，你能做到就是神仙了。

牛市最主要的操作方法就是持有，持有是最关键的。你买了股票，要拿得住。我这个人实际上是一个傻瓜，别的聪明人是做高抛低吸，他们闹去，我就赚他们的钱，我就用最简单的办法，我就拿着。高抛低吸我认为是做不到的，你怎么能做到呢？做到就是神仙了。

如果在股市中总是"高抛低吸"，每天追涨杀跌，结果最后一次买不回来，从此以后黑马就与你无缘了，因为后面才是大头，赚大钱的时候你走了。刚才有人问我说，买了股票，现在应该持有还是卖掉再买。我说我的思路是这样的：如果你是低位买来的，市场好就持有。我最终卖股票，一定不是在最高点卖的，我接受最高点跌下来30%，如果它让我的市值损失在30%以内，我就觉得我是最成功的。股票赚钱的时候一定是最疯狂的时候，你才能赚大钱。赚钱的人一定有这样的体会，不能拿就不能赚大钱，赚了一倍两倍不叫赚大钱。

卖出股票的3个条件：发现性价比更好的公司，公司经营情况发生了变化，公司确实被高估了。

我什么时候选择卖出股票呢？我卖出有3个条件。第一，我在证券市场总是选择最便宜的、性价比最好的东西。我卖掉现在持有的公司，不见得是我认为它不能涨了，而是我发现了性价比更好的。第二，这个公司的经营情况发生了变化。我就投资过一家这样的公司——四川长虹。当时我买了以后，发现彩电老降价，它的毛利率下降了，经营情况发生了变化，趋势一旦形成——当然不是说一两个月的毛利率的变化，比如说这个公司为了打击竞争对手，偶尔一次变动，这个不代表趋势——我们就坚决卖掉。股市最大的风险就是这个风险——毛利率的变化。

还有一个是公司确实被高估了，100年才能回本。可能有些人不懂市盈率。市盈率就是指，这个公司在没有增长的情况下，多少年回本。市盈率是一个时间的概念，市盈率8倍，就是说你投资这个公司8年回本。这里是指静态的，在公司没有增长的情况下，回本的时间年限。当然，这个年限越短越好。

一只重仓股票3年内能够涨10倍、20倍，这样才能发财。

一只重仓的股票，在3年内能够涨10倍、20倍，甚至更多，才能发财。刚才有人说我算账3年内也只能涨1到3倍。我说我算的是最保守的，投资要想最坏的结果，这才是投资的诀窍。我们把风险锁死，把底看到了，并不代表我3年才能赚3倍。我赚3年，它一定是上大台阶的。我算账是最保守的，股市会放大。我算账一定要算36个月的账。5年的账我当然也想算，但是我没有这个水平，算不到。对企业的经营，我算3年也是不错的了，火眼金睛才能看到。算3年的账，但我过去投资的极限是18个月一定要把钱赚回来，18个月一定要见效。虽然我算3年，但一般都是提前完成的。我们算账不能自己拍脑袋。投资，一定要做好最坏的准备，意外的收获是意外的收获，我们对自己的要求是做最坏的打算。这样你投资才能胜利，才能持有，才能坚定。牛市中，你不要看别人今天赚得比你多，你就去羡慕他，我们要保持一个平和的心态。正因为股市有大起大落，我才能赚到钱。如果大家都找到好公司了，就不会有便宜货了，我就赚不到钱了。一定是被低估的公司，我才去买。股市天天涨，就会使聪明人放弃原则。所以我们说坚持原则很重要。

什么都可以学，但是赚钱是学不到的。它就是有很多的诱惑。我能看清楚，但是我周围的人却看不清楚。

我要求我身边的人不要谈股价，不要谈今天涨了、跌了，我们要克服人性的弱点，人性的弱点，就是一个"贪"字。

别的可以学，自然科学什么都可以学，但是赚钱是学不到的。为什么我说赚钱一定是学不来的？因为它有很多的诱惑。我能看清楚，但是我周围的人就看不清楚，他们会攀比。比如说投资一个大楼，我知道今天该不该买，该买多少。实际上我只需要知道两件事，一件事是我今天有钱了，我买什么股票；第二就是每只股票买的量。后者比前者更重要。所以很多人问我，该买什么股票，我觉得这是次要的，最重要的是这只股票你要买多少。

比如 3 年以后这只股票能涨 20 至 30 倍，你只买了 100 股，那比跳楼还痛苦。所以我从来不参与股票的买卖。和我有直接经济来往的人，比如说我的家人、朋友，他们一定不会下单的，包括我自己。因为我知道人性是有弱点的。你可以做一个统计，随机买入最终的结果是最好的。高抛低吸都是错的，10 次对了，但可能最后一次你没有买够量。所以我要求我的下单员一定是和我没有什么经济来往的，最好是电脑都不会看，什么都不懂，只知道操作。我的证券买卖都是让证券公司的员工给我做的，我和他平时也不说话，他给我操作，负责给我下单，买入卖出。你一定要有这样一个观点：你不是最聪明的人，这件事要让别人来做。为什么呢？他没有经济利益。你让他买一万股，他就给你买最好买的价，但是他给你把数量买够了。我不会在乎那百分之几，最终是你赚的量够不够。你买了茅台，买了多少，这是非常重要的。

所以人一定要有大的思路，方向决定了他的做法。我买股票时，往往我买的价都是当天最高的价，最高的价一定是我创的，没办法，我也控制不了，但我是最终的赢家。卖给我股票的人，我相信他们都会后悔的。

组合能够化解投资的风险。组合使我的风险控制在股票波动的买点，不超过 20%。

下面我们来谈谈具体的操作方法。

如果说今天给我钱，我怎么来组合呢？现在是高还是低，谁知道呢？股价也确实涨了这么多倍了，怎么办呢？这就是接下来我讲的，组合能够化解投资的风险。

牛市到今天这个地步，我们到底该不该买？怎么买？这个时候累计升幅大了，有些东西按照现在买入的价格是不该买的。我因为是满仓，就不用操心，我只要持有就可以了。

比如今天给我 100 万，那么我买什么？这个事就要有策划。首先我要跟踪这个市场，总是有被低估的企业。最终还是给企业算账。比如我上个月发的信托产品，高速公路在组合中占了 30%。因为当时我算了，高速公路的市盈率在15至18倍之间，我觉得这个价位不高。为什么说不高？这个我有理论的支持。境外高速公路的上市公司市盈率都在35倍以上，它们的成长性还没有中国的好。国内的高速公路，我算了一下它们的成长性都在18%以上。我非常看好汽车业，我认为中国的汽车制造业，应该会冒出一些好的，甚至过些年能有全世界知名的公司。我相信汽车业的大方向是不会错的，中国人买了房子以后就是买车，这是最大的消费。但是我们现在看不到汽车业有优秀的企业，它还没有突显出来，而且汽车制造业的竞争很厉害，好公司冒出来的迹象又看不准，所以我就买高速公路。因为车多了是要跑路的，这个大方向错不了。高速公路门槛很高，我做了调研，一条高速公路现在的市值只有再造一条高速公路的1/4。比如说按照现在的市值把高速公路买下来，要建一条同样的高速公路要花4倍的价钱。所以你如果要再造一条同样的高速公路，一定是亏的，也是不合算的。因为征地、造价费用都上去了，高出4倍，我何必自己造呢？所以我会把高速公路作为一个重点。

另外，我会选择未来3年的银行业、旅游业公司。如果它们的高速成长在30%以上，也会把市盈率降下来。这种微妙的组合，使我不怕买高，我敢买，买了以后我可以持有3年，应该是不会亏损的。就是要通过组合量的多少来控制风险。

你别看大市会跌，有些股票即使大市跌它也不一定会跌。我做的时间长了，根据我的经验，大市跌了，有些股票反倒不会跌。我做一个组合，这个组合里有能涨的，这样它会平衡，使我的风险控制在股票波动的买点，不超过20%。比如说买100万块钱的股票，我们能承受的最大风险就是20%的波动，超过就不行。所以，我们买的时候就要设计好。高位的话，我就给它做一个平衡。这是非常有效的。

持股 3 年我可以抵御大盘的任何风险，因为这个公司的账我算了 3 年。

熊市我不会这样做的，我会集中一下，因为熊市中大多数股票都非常便宜，迟早会赚钱的。但是到现在这个高价位我就得进行投资组合。这并不代表，我们现在的股市高了。我甚至有一个幻觉，没准过了几年以后，发现这个位置还是很低的，只是一个起步的位置。当然，这个我不做判断，我只是说，持股 3 年我可以抵御大盘的任何风险。这个公司的账我算了，比如说高速公路，到 2009 年市盈率又降到了 10 倍以下。就是说不增长的情况下，你投资这个公司 10 年、8 年也就回本了。现在高速公路就是这样的情况，包括银行股，像招商银行，去年我可以投资 50%，现在我只需要投资 20% 或者 30%，我把它的量缩减，这就对风险有控制了。这就是一个均衡的组合，风险就锁死了。

我赚钱的另外一个诀窍：过去每年我几乎都有无风险套利。

接下来我讲股市中我赚钱的另外一个诀窍：过去每年我几乎都有无风险套利。2006 年无风险套利占我利润总额的 40%。我是怕风险的，无风险套利就使我可以轻松地赚钱。我举几个例子。刚才讲的招商银行转债，是 102 元。因为它的发行价是 100 元，所以只要 4 年内招商银行不倒闭，我就应该是赚钱的。于是我就去借钱买招商银行转债。当时五粮液的股价是 6 元，认沽证行权价是 7.99 元。五粮液低于 7.99 元由五粮液集团回购，还有银行担保。那几天我就借钱，坚决买入五粮液。我当时还在《红周刊》上写了文章，我说你们现在买，是不会吃亏的。五粮液今年 30 多块了。还有一个故事。我 5 月份去大连，中银证券在大连做一些上市公司的推介会。我从来没有关注过上海机场，因为它不在我的股票池里。当时，上海机场的董秘坐在我旁边，我给他讲五粮液的故事，他就告诉我，我们上海机场也有认沽证。我饭都没吃好，赶紧借钱，有多少钱我就借多少钱。上海机场的股价不到 11 元，认沽证行权价 13.7 元，我在上海机场 11 块多的时候大量买入，我写文章的时候还是 11 元，但是没有人听。这是无风险套利，而且这个认沽证是 70% 的认沽，上海市政府给担保的。只要上海机场的飞机 12 个月还能飞，你这个投资就不会失误。我借的钱利息是 10%，我一定是赚钱的。我们的融资项目一定是无风险套利，这种无风险套利每年都有。现在我又发现了新的品种。

无风险套利就是把它的底已经看到了。比如说，现在我们看到的一些债券，企业债券，它跌了几十块。我就纳闷，100 块钱面值的企业债券为什么跌到 70 多块。怎么做，买了债抵押，再抵押再买债，他跌我就买，我就敢借钱买，坚决买入。我就不信赚不到钱。这种无风险套利我做了无数次。

买股票一定要有记性。有很多的财富实际上是从身边溜走的。我去了一次大连，跑了两天，又赚了 8000 万回来。这是无风险套利。证券市场的无风险套利有时候是很奇怪的，连国债都跌，100 元发行的跌到了六十几块。

目前在 A 股投资，我的一个选股方法，就是选傻瓜都能够经营好的公司。

我再谈谈，怎么看待企业领导人。

一些企业领导人，我认为现在还不是非常可信赖。这不是说他们人不好，而是因为体制问题。大部分企业都是国有企业，这个体制我们不能改变，这是现状。人都有私利，他就赚这么点工资，当然没有积极性了。所以，目前在A股投资，我的一个选股方法，就是选择傻瓜都能够经营好的公司。就是哪怕今天换成了一个叫花子去经营也能经营好，这个公司才是好公司。好的企业和坏的企业，你和它一交流就知道了。你去一个企业，企业领导人老跟你谈困难，谈逆境中怎么挣扎，怎么赚钱，老说他的管理，我至少会把这个公司作为一个二流的公司来看。我喜欢的公司就是吃吃喝喝，来了玩，从不跟你谈工作，这才是好的。我说这种公司你不用怕，他吃那么点算什么，他能把这几十亿的盈利吃穷？我才不信。这种公司肯定是能赚钱的。这就是我对企业领导人的看法，这个要小心。如果你把希望寄托在换领导人，我认为这个思路是有问题的。

我们还要注意企业的财务指标。你看它把一大部分的钱放在哪里，还有整天到证券市场融资的公司，你要留意。许多科技企业在股市好的时候，一定是涨的，股市一下来，它就下来了。它是拿老百姓的钱花，却不能挣钱。只能在证券市场融资，而不能给股民分红的公司，我们不要碰。好的公司，实际上它可能是老祖宗留下来的，或者可能是一个垄断的企业，但是我们喜欢这样的企业，它赚钱。有些企业为社会做了贡献，这是好的，但对于投资者来说，赚钱是最重要的。

这就是我的标准。我挑选的企业，它的现金流一定要充沛，就是要不停地收钱。最终体现在财务指标上，我要重点谈一下净资产的概念。

一些学财务的人会很重视净资产。我个人的看法是，没有创造实质价值的净资产实际上是无效的资产。你的机器设备、闲置土地，长期放着呢，虽然这几年房子升值了，但是一些土地资产项目是不能够带来效益的，也就是说它不能够赚钱。我认为这是无效的净资产。老实说，我是根本不看这个指标的。我只看它盈利的资产，是否是净资产，净资产的收益率越高越好。

符合"赚钱机器"概念的 20 只股票。

我再介绍一下我选的 20 只股票。我不是搞股评的，我今天也声明，我不是给任何人做推介，我只是说出来，让大家看看这些股票是否符合我刚才讲的"赚钱机器"的概念。我指的赚钱机器是不受任何因素的影响，包括宏观因素，包括大家消费的改变，包括国家政策的改变，在任何情况下，它都是不断赚钱的，都是印钞机。

一个个讲。首先是贵州茅台。这个买入理由我已经讲过了，五粮液也差不多。云南白药，就是中国的"红烧肉"，老品牌的公司。我还选了同仁堂、伊利股份、马应龙、天津药业这几家公司。我在 2003 年实际上就买了两家公司，茅台和五粮液。

云南白药怎么来的？当时我一直做同仁堂，因为我本身学医，对这个公司我一直有跟踪。到 2004 年的时候，我卖了点五粮液，换了点云南白药，因为据我观察，云南白药是一个小市值的公司，小股本，它的成长性又非常好，并且这种药是不可复制的。当时它的股本只有几千万，我算了一下，我当时把云南白药全部买完，才不到10亿，太便宜了。假如你把它买下来，到今天云南白药每年赚的利润是两亿。如果在国外，这种有着响当当品牌的医药公司，一年的收益应该有几十亿美金。所以品牌在中国一定是被低估的，品牌的价值大家现在没有计算。在熊市中我就选择了上面的这三只股票。

接着是招商银行。招商银行我刚才讲了，我实际上是糊里糊涂买的，就是买转债。我认为它的风险还是有的，至少账算不清楚，到现在我还算不清楚。但是我买了，至少它的价格很低，我就买来持有。至少香港的发行价是8.8元，那些人给我保底了，我买的才是4.1元。

黄山旅游，我主要是买它的B股。这两年通过对旅游股的观察，我觉得旅游已经进入了高增长期。基本上旅游公司的增长都在20%至30%。黄山去年增长100%，今年一季度我们调研，旅客人数又增长了70%多。这是好的趋势，原因是黄山旅游是旅行业的龙头。

我选股的大原则，就是选择行业的龙头，一般都买老大；老大老二分不清楚的，两个都买一点；但是如果是老三，我是不会考虑的。买黄山旅游就是这样，它是响当当的品牌，价格也不是很高，当时买的时候大约是0.4美元。

上海机场是去年有认沽证时我买的。它目前的市盈率已经跟上了世界平均水平，法兰克福机场和上海机场的市盈率差不多。国外那些机场的增长很小，上海机场还稍微好一点。上海机场有一个新跑道，应该快开通了，它会增加50%的运力。上海机场的经营概念就是和全世界的快递公司发展业务，一方面是物流的业务，另一方面是它作为亚洲乃至世界中转中心的业务。很多人为了省钱，飞韩国可能不直接飞，会在上海中转。机场是收飞机的起降费的，飞机的一起一落都要收钱，所以起降费肯定会越收越多。作为一个中转中心，很多飞机，比如飞巴黎的，都会在上海机场中转一下，这是上海机场未来能看得到的增长点。

深圳机场和上海机场差不多，它的财务数据更好。但在我的配置中，上海机场还是比深圳机场配得多，因为我首先要选龙头。选股票首先要选知名的企业，一个好企业，你不用给它做宣传。一只股票要大涨，一定是各路英雄豪杰、全国人民都认为它好，那时候就疯涨了。什么是好的企业？一定是一个知名的品牌，并且你生活中能接触到。只有你自己知道，没用，股票就是不涨。所以，你尽量选一些知名的品牌。但单独从财务指标来看，深圳机场更好。

马应龙是我在2005年熊市中选择的小盘股。这家公司，80%的利润来自它的产品——马应龙痔疮膏，这个药的效果特别好，销售额很大。它的股本特别小，总股本只有5000万，流通股只有2000多万，非常容易炒作。我认为这个公司不会倒，是一个赚钱机器。黄山旅游我认为也是这样的，只要去就要交钱，不受任何的影响。

江中制药是生产健胃消食片的，这个公司属于从激烈的市场竞争中出来的强势企业。为什么现在要选这种公司？就是我刚才讲的那个理论，把中间这块去掉，加大对小盘股的投入。这些都是优质的小盘股。像江中制药，很多人知道，它的盈利能力也很强，这就是我们讲的"巨人的品牌，婴儿的股本"。江中制药只生产健胃消食片，很单纯，效果又特别好，大人小孩都吃，它这一种药的销售额就超过10亿，这种公司的竞争力是非常强的。

瑞贝卡现在已经做到了全世界假发制造业的老大。假发集散地，就是在河南的许昌。这个企业的竞争力不错，现在每天在加班加点，也是股本特别小的这种公司。

我选了片仔癀，它是福建的一个制药企业。在漳州有两宝，一个是水仙，还有一个是片仔癀。福建人死了以后，当地人要把这个药放进去，试试能不能活过来。这个药在东南亚卖得非常好，主要是出口。它过去是一种宫廷药，有几百年的历史，比同仁堂还要早。这个公司也是股本小，没有配过，没有送过，我们叫它"处女股"。对于这个公司，我们接着要做的工作就是要让它送配，因为它有这个盈利能力。当地人都叫这个公司是八旗子弟，因为在没有人管的状态下它也能每年赚几个亿，这符合我赚钱机器的概念。前几年我一直在跟踪这个公司，但是它不是我选择的最好的，因为现在它已经涨得很高了，我这个时候买一点它，就是做了一点投资。

铜都铜业是我 2005 年买的。理由是，当时我判断它分红能分 0.3 元或 0.4 元。当时它的股价也就 3 元多，派息率在 8% 以上，符合我刚才说的"赚钱机器"，只是被严重低估了，所以当时我买了。每年它都现金分红。当时我去这个公司做调研的时候，对它的矿进行了评估。当时它拍卖了一个很小的矿，价值是 5 亿，铜都铜业当时的市值才二十几亿，假如它就挖一个矿，按照那个拍卖的价格，都可以卖到 40 多亿。再加上铜价这几年都是涨的，我就买了。老实说，这种公司我是不喜欢的。我就做了一个现金的配置，这个配置中一定有现金。表面上看我是满仓加透支的，实际上我是把一部分作为分红，这相当于现金。现金配置就是你随时可以把这只股票卖掉买其他的，根据市场的发展，你可以买一些能涨的公司，把现金配置减少就可以了。铜都铜业就是我的一个现金的配置。

丽江旅游是我考察过的所有公司中最简单的，它就有 3 条索道。我相信"丽江"这两个字也值钱，而且它是中小板的公司。小盘股你对它要求不要太高了，这个你跟着大家忽悠吧。我看今年公布出来的业绩，一季度又增长 50% 至 70%。因为它的股本很小，所以稍微一增长就不得了。

马应龙今年公布一季度赚的钱是去年的90%。小盘股增长很快，稍微有点钱就增长了，它的股本很小，摊到每股的盈利很厉害。但是我提醒大家，你买小盘股的时候，一定要买确定性高的小盘股。如果它已经是非常有名的公司，你买它不会错。小盘股也有很多，没有名的不要买。

我对深发展做了一年半的跟踪。我跑了它的很多分行，包括深圳、广州、北京的分行都去了。我觉得这个公司，在向好的方向发展。银行最主要的赚钱诀窍是控制风险，主要的盈利还是存贷差，中间业务的盈利占很小一部分。如果贷错一笔款，就是银行的风险，但深发展最近几年的不良贷款率几乎是零，当然这可能和宏观经济也有关系。我买深发展有两重考虑，一方面它股本只有招商银行的1/10，是一个小盘。银行股我重仓的就两只，一只是深发展，一只是招商银行。在银行股这块，我70%的资金投入是招商银行，30%的是深发展。另一方面，如果这个公司是往上发展的，整个银行业也是往上发展的，那么我买入就对了。再加上它的盘子也小，它的董事长这个人也不错。我是八九元买的深发展，一直持有。

高速公路是垄断行业，符合我选股的标准。赣粤高速全长600公里，是我国华北、华中地区与华南沟通的主要干道之一。它的发展潜力是巨大的，未来有很大的升值空间。

盐田港虽然是港口，主营业务是港口运输，但它实际上可以说是一个投资公司。其主要盈利来源是李嘉诚公司的分红。李嘉诚公司在全世界的港口业务中占垄断地位，收益是稳定的。所以，买入盐田港做长线是不会吃亏的。

随着中国公路网建设起来，汽车消费将成为继房地产消费后的又一个消费高峰。宇通客车是我国客车行业的龙头企业。因为我国的劳动力价值低，所以与国外企业相比有很强的竞争力，并且未来有很大的上升空间。这也是我比较看好的一家企业。

目前我的持股情况就是这样，你不要看我来来回回都是这些公司，但是我肯定，未来3年的主流还是在我这里。因为中国能赚钱的公司就这么多，这些企业都是行业的老大，如果它们都不能赚钱的话，那就没办法了。另外，它们的平均市盈率也比大盘的平均市盈率低，从估值角度看还是合理的。这一点现在还没有被人认识到，等大家认识到了，它的估值会被重新定。

股市最大的价值就是赚钱。它对人性是一种磨炼。很多事确实是要有耐性的，一般人熬不过我，我就是熬的能力比别人强。就是两个字，坚持。

提问：您的第一桶金从8000元到12万元，也是通过调研实现的吗？对于我们这些同学和小散户来说，好像有点难？

林园：人对一个事的认识是渐进的，你得有一个过程。从8000元到12万，那时候谁知道股票是怎么回事。在深圳有一个发展银行，那时候股票是一个稀缺资源，你买了它就涨。当时我是二十几岁，我也是糊里糊涂的。投资的方法和投资的过程，也是慢慢地积累的，一年和一年相比会有新的认识。人不可能一开始就知道的。

提问：您认为封闭式基金目前有机会吗？您认为不错的封闭式基金是什么？

林园：我的股票池只有二十几只股票，你要问我宝钢、武钢、中石化这些公司的情况，我可以告诉你，因为我了解。但是你问我没有研究的公司或者是基金，我是不熟悉的，我也没有发言权。我的投资思路就是把别人引到我这一亩三分地来，我就在这里决战。你要我说，我就说我没买的都是不好的。我买的，那肯定是好的，最好的。我没买的，我认为至少不符合我的投资理念。

提问：股指期货推出后，对价值理念有没有影响？证监会监管越来越严，对此有没有影响你的投资策略？

林园：股指期货我没有研究，这个你也研究不了，还没有推出来，你研究它不是浪费时间吗？我们的时间是很宝贵的，这种纸上谈兵的事，我们怎么去了解。还有证监会的事，我们也研究不了。我觉得还是要投资公司，投资最赚钱的公司。别的事你想多了，越想越糊涂，钻牛角尖了。

提问：您觉得股市泡沫破裂前，有哪些征兆？

林园：征兆，老实说，我是有感觉的。首先是估值非常高。高和低的标准是什么，一方面是和国际市场同类公司相比，另一方面，如果在这个市场我们都找不到能够投资的公司了，就觉得都高了。

提问：我是学会计的，并且拿到了注册会计师资格证书。您的课使我对投资股票充满了信心。一般企业在会计利润方面容易作假，您刚才讲的市盈率、每股盈利大部分是基于报表的指标？

林园：刚才我讲的是企业账上要有钱，你账上有钱，我就觉得你是好的，但你这个利润也可能是通过做账做出来的。所以我们最主要的还是调研。看它实实在在赚了多少钱，看它的销售额是否与它的利润同步增长。我们把这个公司调研清楚了，就把风险都锁死了。

提问：我是否能自荐成为您100个人中的一个？有什么条件？

林园：我做这个实验，如果找的是北大的学生，那么即使这100人都成功了，人家也会说我拿的是北大的学生，他们是天才。所以我选的这些人，最好他的文化程度、父母的职业都很一般。我做这个实验，就是想看是否能把没钱的人变成有钱人。这和你的知识、出身背景都没有关系。甚至我都愿意给他拿一万元，看看能不能改变。

提问：股市给您带来的最大的价值是什么？仅仅是财富吗？

林园：股市最大的价值就是赚钱。另外，它对人性是一种磨炼。很多事确实是要有耐性的，一般人熬不过我，我就熬的能力比别人强。就是两个字，坚持。没有人能坚持过我，我咬紧牙关也要坚持。

提问：您好，谢谢您的精彩发言。请问，您是否对数字天生敏感？

林园：可能很多人算大账算不过我，我对数字特别敏感。甚至和股市没关系的投资，别人也要让我去诊断一下。他要投资什么，就让我给看看，能不能投。

提问：五一劳动节是持币还是持股？

林园：这是猜谜语的事，我不知道。我都是持股，从来我都是满仓。我没有币可持。我今天要用钱，那就卖一点。

（本文不构成操作建议。股市有风险，投资需谨慎。）

第十二章

林园炒股秘籍

林园最近10年的投资心得

> 熊市里最稳妥的做法就是：选择朝阳行业，挑选与嘴巴有关的垄断公司，即便短期套住也是金项链，套不住人的。与嘴巴有关的公司，客户黏性高，具有成瘾性。所以投资的秘诀是"行业＋垄断＋成瘾"。

目前股市已被低估

我判断目前股市合理估值对应的上证指数应在 3800 点左右，当前上证 2700 点的位置已被低估。股市的底只有一个，我不能确定现在就是底，但我坚信现在就是底部区域，而目前市场上有相当一部分股票已经被严重低估。我认为在未来 12 个月内这种情况会得到纠正，现在就是买入股票的好时候。

2011-06-27

（本文不构成操作建议。股市有风险，投资需谨慎。）

便宜

为什么我说现在股票很便宜？一些股市的现象可以旁证现在的市场很便宜。从以往的经验来看，每当可转换债券在 100 元面值左右的时候，股市都在低位，这时候买入股票都不会吃亏。当股市中一批公司派息率高于银行一年存款利息时，股市也是处于低位。现在中行转债和中石化转债都在 100 出头，派息高于存款利息的就更多了。

2011-08-02

（本文不构成操作建议。股市有风险，投资需谨慎。）

垄断的老字号值得期待

昨天张涛收到从美国洛杉矶发来的北京同仁堂在洛杉矶的店面照片。我们发现一个现象，近两年来北京同仁堂在商场里的店面越来越多，类似的还有京城的老字号稻香村。记得在 2006 年之前开这些专柜和药店多数是赔钱的，为什么现在越来越多呢？这个和人们现在的收入迅速提高有绝对的关系。记得多年前一个日本记者告诉我，在日本一个老字号生产出来的点心比一般同类的产品贵 3 至 4 倍。所以我在想，随着人工迅速增加，老字号企业在竞争中依靠它的高毛利率的竞争优势会越来越明显。我们从过去 3 年老字号药企云南白药、马应龙、东阿阿胶的经营可以看出，它们的产品越来越强势。最近一年来我们又发现老字号同仁堂的经营持续加速，从财报中也能看出它正在为再一次腾飞蓄势。凭借着老字号数百年的文化积淀以及品牌的独有性和部分产品的垄断性，它的高议价能力会在今后的业绩中得以体现。

2011-11-07

（本文不构成操作建议。股市有风险，投资需谨慎。）

满仓

　　为什么过去 20 多年在证券市场，不论熊市还是牛市，我始终都是"满仓"操作，当然这种"满仓"的操作方式不仅仅局限于 A 股市场。能够在证券市场赚到钱的人都有自己的方法，每个人都有自己的思维方式，我只是找到我认为最适合我的方式，始终坚持满仓操作。当然这种操作方法也是我经过思考所做出的决策。因为，我们追求的是一种复利，是一种滚雪球式的复合增长，现在如果赚一倍的话就相当于过去数十年赚的钱。这里边夹杂着我的贪婪，和自己坚信我们的生活会一天比一天更好这种简单的判断，当然我也深知，满仓这种操作方法在市场下跌时或者波动时是要付出代价的，但是我总结了一下我自己的经验，如果不这样做，结果会更糟糕。我的这种方法只有在证券市场泡沫形成时才能赚到钱。除此之外，最好的结果也就是享受公司的内生性增长。证券市场没有给我们对应的市盈率放大，这就是说我喜欢证券市场吹泡泡。2007 年后，我们遇到熊市赚不到钱的困境，当然更谈不上好日子，但这种结果也并没有超出我最坏的预期。有很多人建议我选择时机，应该空仓的时候就要坚决空仓，也有人在择时上跟我进行合作，但是我都没有按照他们的做法去做。我想一个最基本的道理就是，我只想赚属于我思维方式的这一份钱。如果说是择时机对的话，那也只是运气，否则全世界的钱可能都要给我赚了，这样就不对了。自己几两重还是知道的，所以我的投资方法都是随机的，那就是有钱就买，直到满仓为止，但这并不代表我对市场的高低不知道。我自认为自己是知道的，买入和持有是知道的，买入和持有是有很大区别的。买入和持有完全是两回事。现在股市是应该买入还是卖出，我的判断是买入。只有泡沫形成时，那才是我新一轮滚雪球的起点。现在这个时候，只是在潜伏和等待，相信一定会有轿夫来抬轿。这里有最新的统计数据，过去数年即使在我们最不擅长的熊市里满仓操作，我这种操作满仓的方法也没有吃亏，尽管没有赚到钱。

2012-03-20

（本文不构成操作建议。股市有风险，投资需谨慎。）

我的投资主线

我投资的家到底在哪里？我研究了欧美发达国家的股市后发现，能够长盛不衰的公司多数与吃喝有关系，还有与身体健康有关系的医药公司，这些公司能够成为大市值公司，而有一些大市值公司是在特定的时间内出现的，甚至有些知名的公司我们也没有看见它们长时间盈利，虽然它们改变了人们的生活，如最早的一些航空业公司，还有一些技术类的公司。我记得，20世纪80年代的索尼是世界最知名的公司，还有一些钢铁巨人，但近10年这些公司都出现了亏损，观察这些现象我们可以得出结论，我们投资就是要买一些和嘴有关系的东西。这里有一个简单的道理，别的东西都可以不消费或者消费倾向会发生变化，也就是人们会赶时髦，就像20年前追逐索尼，今天追逐苹果，如果这样的话，我们就不能确定人们会一直使用一个公司的产品，这种消费习惯是随时可以改变的，但是吃喝是人们不能回避的，每天都会吃，对药品的需求也是不可缺少的。所以，我给我自己定的纪律就是，我投资的家是和嘴有关系的公司，这是我的投资主线。当然在牛市中我也会出去短暂旅游一下，但最终还得回到自己的家，这就是我给自己定的纪律。

与嘴有关的公司的优点：

一是生产出来的产品没有库存，都给吃掉了。我们容易给它们估值。往往这些公司都有很大的品牌，符合"投入一定，产出无限大"的原则。这些公司的利润不是靠增加投资产生的。

二是它们的消费最容易被看到和被亲身体会到，因为它们是每个人日常生活中都能够接触到的。而且这些公司的产品最容易传播，受益人群也最大，当股价上涨的时候，人们首先会联想到与嘴有关系的这些公司，然后人们就会去购买，促使股价上涨。

我们的研究发现，当市场处于熊市时，与嘴有关的公司也能战胜指数，这就是我们看到过去8年酒类公司每年都能取得正收益的原因。在美国市场，可口可乐10多年股价都没有变化，但是也没有下跌，和那些创新高后大幅下跌的股票相比，结果还是好的。我的投资是这些行业的公司的组合。所以我总是在想，我们投资这一块肯定没问题，除非人类不在了，只要人类在，他就要吃喝。看看可口可乐、卡夫还有其他一些食品公司的发展历程，我们很容易得出上述结论。投资方法是，凡是上市知名的与吃喝有关的公司我都会买一点，哪怕是觉得很贵，也会先买一点进入我的股票池。在过去的岁月里，这已经变成我的一种投资习惯，当这些公司符合我的买入条件时，我就会加大投资力度。

目前，和嘴有关系的公司占我市值的70%。

2012-03-30

（本文不构成操作建议。股市有风险，投资需谨慎。）

等待股市吹泡泡

　　过去几年中,在人们眼里,股民和基民都是被讥笑的对象,炒股的人不愿意承认自己在炒股,基金公司日子也非常难过,大家对基金公司多是抱怨,整个行业都处在严重亏损的状态。这种现象我认为很正常。我们统计过去百年世界股市和20多年中国证券市场的数据,会发现资本市场特别是股市的一个基本规律,那就是按时间来说,只有不到10%的时间股市在上涨,而90%的时间,股市是在下跌或者在休眠。而上涨的10%,能让所有股民都感觉到赚钱的时间只有5%。股民的体会就是,股市整天跌。个股也同样有这样的规律,所以股民老是觉得,在股市上赚不到钱。一些好心人也劝大家离开股市。我的研究是,要用10年的时间才能感觉到自己赚钱。10年内人们会觉得今天赚了明天又赔回去了,老是坐过山车。要用正确的方法在股市里坚持10年,不论它涨还是跌。因此,前几年股民和基金公司都没有赚到钱也非常正常,那就是因为没有出现上涨的10%的时间,但这并不代表未来这10%的时间不会出现,只要大家有耐心,这10%的时间一定会出现,中国股市也会再创历史新高,那时才是我们股民好日子的开始,我坚信这天已经不远了。那时基金又会被人们抢购,股市泡沫又会被重新吹大直至破裂。但现在股市并没有泡沫成分,泡沫成分出现在股市上涨的5%的时间,我有充分的耐心满仓持有,等到5%的时间到来。股市赚钱并不能以小积多,以小积多是赚不到钱的。只有在股市吹泡泡时,才是股民赚钱的时候,所以我说要赚就要赚大的,这也是我多年总结出来的经验。抓住5%的时间使自己的资产上一个大台阶,这是我的强项。赚大钱的时候少不了我。

2012-05-04

（本文不构成操作建议。股市有风险，投资需谨慎。）

典型熊市第三期

据我们的观察和研究，目前股市就是典型的熊市第三期，它具备熊市第三期的所有特点。6月27号，我在广州同广州证券和谢百三教授以及炒股的十几人吃晚饭，大约吃了接近两小时，大家谈股市的话题却占了不到整个话题的10%，业内人士都不谈论股市，说的都是和股市不相干的事。第二个现象就是管理层不断出利好措施或者不断喊话提振股市信心，但市场却一跌再跌，毫无反应，这就正好印证了熊市三期对任何利好都不会有反应。第三，目前，绝大部分投资者都是严重套牢，几乎没人愿意炒股，市场极度恐慌，一买就套。第四，从财务指标看，很多股票已跌破净资产，现在买银行股就等于开银行（包括一些垄断的行业），这就相当于，我们现在买这些股票就等于自己在开这些公司。第五，还有一个现象就是，一些公司的可转债都在面值以下。第六，普通投资者和舆论都在给投资者算账，说投资中国股市10年都不盈利。第七，近期又有很多股票加速下跌，杀伤力很大。第八，人们都在骂股市和基金。以上现象体现了熊市第三期的所有特点。

我对熊市第三期的看法是，管理层对股市的利好最终都会体现。几年后，人们会因为今天不炒股不买基金，自己打自己的耳光，同时还要说"笨"，很多人又会对我说"你都是那时候买的便宜，今天都高了"，我的股票又会成为高在天上的欣赏品。10年不赚钱这个从熊市第三期得出来的结论，是不准确的。我们看个股或者股指应该看一个长时间的平均值，而不是取某一个点来说明问题。个股或者资产的价格应该取这么多年的平均值，这样才合理。熊市第三期买股要赚钱是小概率事件，亏钱是大概率事件，从这点来看投资者亏钱也是很正常的事情，我们要有平常心。我的方法是熊市第三期满仓持有，牛市第三期资产上大台阶。

2012-07-06

（本文不构成操作建议。股市有风险，投资需谨慎。）

信心来自基本判断

6月21号中午，突然有人告诉我，恒大由于一篇报告，股票价格大跌，说恒大资不抵债了。我的第一反应是谣言。自恒大刚刚上市我就少量买入它的股票，接下来又融资买了一些恒大发行的债券（面值以下），这些债券除了融资成本，我这几年的收益每年都超过了10%。为了对恒大有一个全面的认识，我又购买了多处恒大开发的房子，对它进行全方位的跟踪。经过这些年的跟踪，我发现恒大的房子性价比很高，比如说，在一些省会城市，它们卖的精装房，也就每平方米4600元，甚至更低，每次去这些售楼处看，都是人气很旺，而且感觉每次房地产调控时，恒大首先降价促销，我的第一反应就是恒大要保证手上有足够的现金，这样的公司在现金流问题上是非常小心的。几年下来，我的感觉是，恒大在销售面积上都是位居全国前列。一个公司如果手头长期有大量现金准备也就不会有太大问题，一个拥有大量现金的公司要让它破产是很难的，就像我们的祖国，现在手上有很多现金储备，要让它发生大的危机也是不可能的。基于以上基本的判断，当时我一点也不担心恒大会有大的问题，我也坚信会计师事务所的大多数审计报告都是真实的，谁都不敢拿自己的信誉去赌博。这就是我的基本判断，在这大是大非的问题上，我的判断没错过！

2012-07-10

（本文不构成操作建议。股市有风险，投资需谨慎。）

市场需要信心

股市需要信心。2008年至今，股市基本上是持续下跌。据统计，在股市赚钱的人很少，而近年来，不管是炒房子的还是炒艺术品的，他们的资产都在升值，只有股民的资产在持续下跌。一个有趣的现象是炒房的和房地产老板都认为房子还要涨，艺术品也在宣扬它们的稀缺性，我不知道其他投机市场的涨与跌，只觉得炒股的人都失去了斗志，自己都对自己做的事没信心。而我认为当前股市最需要的就是信心，而信心的取得需要市场上有部分人确实赚钱了。现在我心里想，干什么都没有炒股好，搞别的都是不好的，炒股就是最好的。这里边可能有我个人极端的想法，但我觉得现在资本市场的人更需要团结起来，别这山望着那山高。记得2008年金融危机时，美国的领导人都出来讲话号召股民入市。当前中国经济可能遇到了暂时的低迷，如果资本市场能够好起来，相信很多问题都好解决很多。现在很多国外机构都想买中国股票，很多上市公司也都在增持自己公司的股票。对资本市场的人来说，市场好，大家好。

2012-07-12

（本文不构成操作建议。股市有风险，投资需谨慎。）

要做阿Q不要做祥林嫂

熊市末期对投资者杀伤力非常大，因为这时多数股票成交量稀少，很容易空跌。多数人因此不敢参与买卖，但我认为这时候是入市的好时候。除了满仓外，更重要的是要有信心，要有斗志，要有阿Q精神，要有死猪不怕开水烫的精神。这时候精神的力量是巨大的，不要整天唠叨往事（曾经的拥有），像个祥林嫂。几天前，有位我不认识的投资者给我打电话，说亏了很多钱，都有轻生的想法了。我告诉他，钱都是纸，是身外之物，活着很重要，股市的规律是今天能跌多少，将来也会涨多少，当前的亏钱，主要不是你自己的问题，是市场处于熊市，谁都没有办法，美国股市在1929年股灾时，那些轻生的投资者他们怎么会想到，活着的人很多后来成了大富豪，只要我们能在股市里待着，不出局，将来都有赚大钱的机会，如果你今天离开股市，几年后你会觉得你比窦娥还冤。

2012-07-25

（本文不构成操作建议。股市有风险，投资需谨慎。）

套住的都是金项链

我的投资生涯，总结下来，每次重仓买入的股票都会被深套在里面，这些经历我印象深刻。第一次套我的是深发展。大约在1994年我开始买入，当时深发展的股价已从最高时的100元跌到当时的9元多，我就开始买，买入后它继续下跌，最后好像跌到6元，我也没有卖，后来好像涨到了60以上。2003年开始买茅台的时候，茅台当时的价格是30元，我买完后，股价跌到了20元，五粮液也从10元跌到6元多。回想以前的经历，能让我赚大钱的股票几乎都是要深套我，我买了就跌，好像没有例外。另一个规律就是，我发现我认识的一些人，他们也知道我买了什么，但是他们说要等更便宜的价格才买，几年过后，我问他们买了没有，所有的人都说一股没买，但他们还要问我现在能不能买，我说现在涨了几倍了，我不知道。这就是人性，每个人都觉得他自己最聪明，都不会觉得自己笨。我就是笨人笨办法，认为价格合理就随机买入，有钱就买，结果就是股份越买越多，越买越套，但现在的结果是，过去套住的都是金项链。我发现这样的规律不光在A股市场存在，在港股和欧美股市都有此规律。我已经习惯了买入被深套的这种结果，好像买套是我愿意见到的结果，买后股票往上涨我反而会不高兴。涨了我可能就买得少了，对我来说数量比价格更重要。

2012-07-26

（本文不构成操作建议。股市有风险，投资需谨慎。）

嘴巴不会少

在中国投资，我们考虑的最重要的因素是中国是世界第一人口大国，有超过13亿的人口，有超过13亿张嘴巴，他们每天吃掉的喝掉的一定是世界第一。无论穷人还是富人，通过嘴巴消耗掉的东西，都是差不多的，中国人不比外国人吃喝的少。人活着吃喝是最重要的，我们投资与嘴巴相关的企业，是不会出错的。它们的产品是一次消耗掉的，不存在库存，我们只要把握几个投资要点就可以了：一、消费是否足够大；二、新增利润是否基本不需要通过加大投资来产生；三、买点是否便宜；四、消费是不是持续性的（最好是相对单一的产品）。

现在白酒行业的公司，是不是发展到了顶部？我认为行业龙头公司不存在顶部，这是因为它们的主要产品，都是供不应求的。喝酒的人是不会不喝酒的，这里有些现象可以说明：当酒鬼喝醉酒醒后，都说下次不喝了。但一见到酒后又喝，继续醉，如此循环。我问过他们为什么要喝醉，他们说喝醉有快感，这时你会感觉世界是最美妙的，酒会让人忘掉一切烦恼。抽烟一样有害健康，但真正能戒掉的人很少，所以喝酒也是世界公认的人类八大享乐之一。

现在白酒龙头股的市盈率都很低，估值都非常便宜，而盈利又非常稳定。以茅台为例，对茅台盈利有影响的53度酒，只要它能够819元卖掉，它的盈利就有保障，别的因素对它都不构成影响，这也是茅台在口诛笔伐的大环境下，股价每年都能创出新高的根本原因。因为别的因素不会构成对盈利的影响，所以这些快速消费品企业和投资周期性企业有着本质的区别。周期性企业会受各种影响，盈利变化很快，当然我们也无法估值了，而快消品都被嘴吃掉了，嘴巴数量又不会减少，所以它的盈利也就非常容易算出。最重要的是，快消品多是投资一定，产出无限大，是真正的赚钱机器，这也是可口可乐这样的公司，股价能够长期上涨的最核心原因。

食品安全对龙头企业不构成影响，因为它们的产品都经过了上百年的考验。而且过一段时间大家都忘了，该吃的该喝的一切照旧，说多了也没人愿意听。

2012-11-22

（本文不构成操作建议。股市有风险，投资需谨慎。）

一针见血，抓住事物的本质

昨天我参加了贵州茅台的股东大会，有人让我分析一下茅台，我说没有什么好分析的，只要茅台公司能够819元卖出53度的茅台酒，公司的盈利就有保障，至于819元以外的收入，是经销商的事，和茅台股份无任何关系。这就是说，茅台市场价卖2000元或者是1000元都与茅台股份无关，股东只能享受819元所产生的利润。茅台的经销商是每月按计划进货的，而不是说想要多少就有多少，从这个意义上来说，茅台一天就能收足一年的货款，因为茅台按出厂价是供不应求的。这样的事最近也发生在同仁堂和片仔癀的部分产品身上，你有钱现在也买不到货，供不应求是所有赚钱机器公司的共同特性。

2012-11-27

（本文不构成操作建议。股市有风险，投资需谨慎。）

投资茅台的故事

第一次去茅台

　　2003年，茅台要开一个临时的股东大会，为此我第一次从深圳飞到贵阳。茅台派了一辆车去贵阳机场接我们，车上还坐了两个融通基金的研究员。天气很冷，中途我们就在路边吃了一个贵州的土火锅，可能是太饿了，至今还记得那个火锅的美味。当天雾很大，司机走的是一条去仁怀的老路，路很窄，时不时有树枝剐蹭着车身。我真有点害怕，但是司机说他们经常走这条路。路上我问司机，我说你有没有买你们公司的股票，他说二十几块的股票太高了不敢买。车上我同两位基金人员聊茅台，他们说明年茅台的业绩有25%以上的增长，我说我没想那么多，有15%的增长就可以了。我记得我们到茅台已经是晚上10点了，可能是这个原因，第二天的股东大会参加的人员也就我们3个人。

季总喝了我喝过的酒

　　应该是2005年度的股东大会后，茅台请股东吃饭，饭桌上喝的都是53度的茅台。我本人不喝酒，他们给我倒了一杯，我没办法就喝了一口，酒杯里还剩有2/3。当时季总（季克良，茅台集团董事长）过来要跟我喝酒，我说我身体原因不能喝酒，季总说茅台是绿色有机食品，喝了不得癌症，能美容（不知是不是我心理问题，我发现茅台人的脸色都很好，显年轻）。我后来还是没喝，季总见我不喝就拿起我喝剩下的酒要喝，我赶紧说这是我喝过的酒，季总说我知道，茅台是好酒不能浪费了，说完就把我喝剩下的酒喝了下去。从他的眼神里我看出他对茅台发自骨子里的热爱，这也更加坚定了我投资茅台的信心。

眼见为实

2010年股东大会召开期间，正是贵州干旱，我接到茅台一个股东的电话，说茅台不行了，赤水河干了，没水酿酒。当时我正在茅台22层的办公大楼里，看着赤水河的水挺多的。我说你作为茅台的股东，应该来看看赤水河到底有没有水，要眼见为实，不要乱传。

投资感悟

茅台酒是具有两千多年历史的国酒，就像我们吃的红烧肉一样，对人类社会有重大贡献。这些老字号的东西，不会轻易因一两个事件而灭亡，而是会随着人们收入的增加，逐渐显现自己的品牌价值。茅台作为品牌价值最高的品牌（近千亿的品牌价值），目前还没体现出来自己的价值。据统计，去年白酒全国的总销量是1000万吨，而茅台的销量只有1万吨，市场占有率只有1‰，所以茅台的增长空间是很大的。这样的企业，不光有茅台，还有老字号的同仁堂、云南白药、片仔癀等，这些品牌将在未来的岁月里大放光彩，这是人们追求生活品质提升的必然结果。我只要拥有这些响当当的品牌，我认为我就拥有了未来。从这个大方向的布局来看，高低相对于拥有反倒变得不那么重要了，因为未来中国人对产品质量的追求一定是第一位的，而质量正是这些老字号企业核心的价值。

2012-12-12

（本文不构成操作建议。股市有风险，投资需谨慎。）

敬业的研究员

从 2001 年开始，我组合中的 20% 就是医药股，其中包括云南白药、同仁堂、马应龙、片仔癀、东阿阿胶、江中制药，每一次去这些公司调研或者开会，我能看到的基金经理或者研究员就那么几个，但是每次都能见到申银万国的罗鹟。我跟罗鹟几乎没有说过几句话，有一次在江中制药碰见她，我问她看江中怎么样，她说，你说呢，你都进来了。不知什么原因，后来有一年多没见到她，前年又在东阿阿胶的股东大会上再一次见到她，之后又在云南白药等公司见过她，每次她都要发言提问，她对相关公司的研究是非常仔细的，我感觉她是一个非常敬业和勤奋的人。

2012-12-18

（本文不构成操作建议。股市有风险，投资需谨慎。）

活得长最重要

今天有一个友邦保险的人来找我签字，说她最近几年买的股票现在都亏损，原因是开始买得少，赚了钱，后面便买得多，结果亏了，现在仍处亏损状态。她觉得，炒股比卖保险难得多。我说这几年炒股赚不到钱非常正常，全中国大多数股民都在亏钱，但是过去几年亏钱不代表将来仍会亏钱。我说你要对中国股市有信心，在不远的将来你还是可以赚大钱的（只要你在里边待着）。全国股民都亏钱，这是不正常的，恢复到正常，你就可以赚很多钱了，那时候你又会觉得炒股是最好的行业。但是你在标的物的选择上要有所侧重，我们选的都是老字号的知名品牌企业，最好是它多少年来就卖一种产品，而且这种产品又有悠久的历史文化，是被人们公认为好的东西，实际上那就是企业的核心竞争力。例如，茅台酒，茅台公司的主要收入来源就是贵州茅台酒，片仔癀的核心产品也就一种，即片仔癀，同仁堂也就那么几种，牛黄解毒片、安宫牛黄丸、六味地黄丸，云南白药也是围绕它的白药发展起来的。说到底，这就是门槛，是独门生意，一般的企业生产不了这些产品，那就形成了垄断，因此这些企业走向世界也是迟早的事。一种产品如果不好，它是不会传承下去的，早就被淘汰了。在过去的10年中，我们在全球范围内对全世界一些优质的知名企业进行了组合，我想，我们拿的都是全世界最好的公司，也就是说，在全球范围内，符合上述条件的公司，我们多少都会买一点，这样做的好处是，我们会活得更长，这实际上就是在为我的后代买保险。这也是过去几年我在思考的问题，即到底是要追求增长，还是要活得更长，如果二者让我选一，我选择后者。我的想法是让我的子孙后代什么时候都是有钱人，我觉得这点对我来说非常重要。如果说10年前我还会去借钱炒股，今天我就不再会去负债，这就是我的投资原则，因为我的年龄在一天天变大，所以我必须遵守这个投资底线。

2013-01-18

（本文不构成操作建议。股市有风险，投资需谨慎。）

段永平不可能做空茅台

近日有报道，段永平送检茅台并做空茅台。我不相信段总会做空茅台这样的事。大约在 20 天前，友人告诉我他和段总在深圳吃饭（很多人），段总说他在美国送检了茅台，并说他在 200 块左右买入茅台，大概还谈了塑化剂不是人为添加的。大约两年前，我和段总见过一面，吃过一次饭，饭桌上还说起了茅台，当时有人说茅台的管理层不行，段总反驳的原话我记不清了，大概意思是，他是做企业出身的，一个企业的产品还没生产出来车就在外面等着拉货，你怎么能说管理层不行，这已经把企业做到极致了。当时他说他之所以还没有重仓买茅台，主要是在想，茅台每年赚那么多现金，都拿着干什么去了。以我对段总的理解，他这个身家的人，是绝对不可能说假话的，不会言行不一，况且稍微有点常识的人都知道，茅台 2013 年的市盈率是 10 倍，是不可能被做空的，做空那不等于找死？！况且 3 年后，茅台将是全世界最便宜的赚钱机器。前段时间我去了纽约大学，参加全美华人金融协会组织的年会，期间华尔街一位基金经理，是犹太人，对茅台有浓厚的兴趣，我便特意给他介绍了茅台的基本情况，也谈到了关于做空的问题，他说他们也会做空，例如可以做空日本的佳能，但做空的标的绝对不会选择茅台。今天我可以告诉大家，我不相信投资者中有人比我更了解茅台，他们去过几次茅台？！见过几个喝茅台酒的人？！凭个人臆想乱说话的人多。最终时间会验证一切，数据会说话，就像 2004 年我说茅台酒最后要卖到 1000 块一瓶一样。关于茅台股价是否最高最低，我不知道，但我坚信茅台会越来越好，因为茅台酒是中国对人类社会的伟大贡献，我认为什么高科技什么发明都比不上它。就像红烧肉对中国人的影响一样，别的都可以没有，但人不可能离开吃喝。我这一生最尊敬两种人，一种是种地的农民，他供给我们吃喝；另一种是演员，他们的表演会给我们带来精神上的享受。我相信这也是大多数中国人的生存状态，吃喝后看电视，每天都这样。

2013-01-30

（本文不构成操作建议。股市有风险，投资需谨慎。）

回应爆仓

刚刚有人打电话给我，说听说我用杠杆买茅台爆仓。我说那是不可能发生的事，我不会借钱去买股票的，最多只是融资买入可转债或者企业债，而且是一个组合。不借钱买股这是铁律，即使买债规模也控制在总资产的 5% 以内。

2014-01-20

（本文不构成操作建议。股市有风险，投资需谨慎。）

了解我吧！

我个人认为我是全世界财务状况最好的。首先，我基本上没有负债，持有的资产都是自有资金购买。在资产布局上我以股票资产为重，但也配有少量的企业债和政府债，这样做能够保障我衣食无忧。我选的企业都是与吃、喝、穿相关的世界领导企业（龙头企业），这些企业的产品都是人类的必需品。其次，我基本上没有员工，没有人员负担，和别人也没有经济往来，相对独立封闭，这样就能把各种影响我财务风险的因素锁死（我不跟人打交道）。

我是个做事非常小心的人。每次我去逛我没有去过的商场，条件反射般首先会想到去看紧急逃生通道，开车过马路、十字路口时都会减速停下来看清楚再走，买东西也要货比几家，这些都已成为习惯。我对赌博从来都没有兴趣，记得多年前去澳门，去赌场逛了一圈，不到10分钟就去街上看各国女子去了，骨子里都没有赌的习惯。我妈让我打麻将，我连麻将牌都不认识，就知道"一"是"鸡"。

关于借钱，目前国内基本上没有，这是常识问题，因为现在的股市是熊市，最多也是满仓持有，不会做杠杆，因为我赚的钱都是泡沫（牛市）。

为什么我投资的公司不会轻易卖掉，比如贵州茅台、云南白药、五粮液、同仁堂等这些重仓公司，这么多年都一股没卖。首先，喝酒同吃稻谷、吃鱼、性爱一样，被世界公认为人类享乐必需品，在中国有数千年历史。就像红烧肉一样，尽管现代人都说吃它对身体不好，但我知道多数人会继续吃它，酒也一样，不会消亡，这是常识。在过去有人类记载的历史上，大多数时间中国都是世界首富，包括人均资产，我坚信中国会重回世界经济第一强国的地位，包括人均资产。今天说这个肯定很多人不相信，但我相信，因为中国人最勤劳，能吃苦，又能节俭，所以中国人均财富全世界第一一点都不奇怪。被中国人热捧的白酒，市场还大得很（投资的标的要看未来市场的潜力有多大，这很重要），跑出几个吃喝市值世界第一的企业是大概率事件，它背后有世界第一的嘴巴支持。这样的标的我不会轻易放弃，我对这些公司的股价涨跌也不清楚，但最终的结果我是知道的，即它们最终会越长越大，也就是说过程有多长我不知道，结果是知道的。投资就是比较，买东西要不吃亏，所谓货比三家，我们比较全世界属性相同的公司，会发现我们的股价只有别人的1/6。我投资的重点公司都是拿货要先交钱的，能说这些公司不够硬吗？这不是营销上的问题，本质上就是它们的产品足够硬。

想我会爆仓的人，他一定是不认识我，没跟我打过交道，了解我的人会说那都是笑话！

2014-01-21

（本文不构成操作建议。股市有风险，投资需谨慎。）

股市需要"活雷锋"，谁对你好要知道

昨天看了某知名财经教授的微博，发现他的粉丝有30多万，于是我随口对公司小宇说："我也有15万的粉丝。"

小宇说："其实你本来有28万，我前几天用粉丝清理功能给你删掉了13万粉丝。"

我听后懵了，说："你为什么擅自清掉我的粉丝，也不给我打招

呼？"

小宇说："这些都是僵尸粉。"

我说："我从来没有买过粉丝，这些粉丝都是真实的，只是我的博客和微博写得少他们才不活跃，这很正常。在我眼里粉丝都是我的朋友，是有恩于我的人。你在没搞清楚的情况下自作主张将他们删掉，我不知道你是怎么做出判断的。干我们这一行，就是要把认真准确时刻牢记在心里，不能武断。几年前，在纽约同华尔街的基金经理们交谈，他们说，美国股市也有很多年指数持续下跌的时候，那时候华尔街的基金经理们绝大多数都赚不到钱。近15年中国A股大多数时间也都是在下跌，股民们也大都赚不到钱，个人的力量是拗不过大势的。我很同情在这个市场博弈的股民们，他们的日子的确很难过。小宇，如果你再不认真，自作主张，你会在这个市场上走很多弯路，亏钱将是大概率的事件。你把那些粉丝删掉，是对他们的不尊重。我判断那些人炒股多数是亏钱的，但是我又愿意让他们继续留在市场上，不要离开这个市场。我希望他们在股市上能赚到钱，这个甚至比我自己赚钱还重要，真的，我就是这么想的。这些粉丝都是证券市场的参与者，如果没有他们拿钱来参与，我们遇到的市场环境会更差。就拿宝万事件来说，万科股票如果没有宝能的真金白银来炒，它的股价应该还在10块左右。所以我觉得只要是拿钱进入股市的人都应该受到欢迎，因为只有钱才能把这个市场买高。郁亮在股东大会上说客户永远是第一位的，我不赞同他这个说法，我认为万科应该把股东的利益排在第一位，对于万科股东来说，谁能把股价炒上去就应该支持谁，在我看来宝能是万科股东的恩人，是'活雷锋'。现阶段中国股民太需要赚钱了，不能光赔钱。现在不是讨论公司发展与否的时候，公司的发展具体怎么样，与我们中小股民关系不大,我们又不在公司领工资,也看不了那么远。现在就是要赚钱,摆脱亏损,不想再等了。我们期盼的就是更多资金来买入我们持有的股票,目前的A股需要抬轿的人,需要更多'活雷锋'来提振市场信心,让我们股民高兴高兴。"这就是我的观点。

2016-07-13

(本文不构成操作建议。股市有风险,投资需谨慎。)

林园炒股秘籍

第十三章

林园最新投资逻辑分享

> 曾经的银行股（深发展、招商银行），家电股（四川长虹），白酒股（贵州茅台、五粮液）是林园近30年来资产上大台阶的3次历史机遇，投资医药股将是他这辈子资产上台阶的最后一次机会。投资的核心就是"行业+垄断+成瘾"。投资医药股未来30年最差的结果是赚100倍。

一、投资医药股是我这辈子资产上台阶的第4次大机遇

说到中国股市，相信很多人都有"股市代有才人出，各领风骚没几年"的印象，而我们今天的这位投资者，在20世纪90年代便被冠上"股神"的光环，从8000元入市到现在上百亿的身家，他20多年的股票生涯又发生过什么呢？让我们一起来看今天的投资者说。

【一】林园：早年重仓深发展，10年前被称为"股神"

这里是成都锦江沿岸新开发的一块高端楼盘，不久前，林园在这里购置了一处价值千万的公寓，他对记者说，买这套房子的原因，仅仅是觉得很值这个价钱。

林园：我还是香饽饽，对不对？这骨子里的东西，没办法，天

2007年的那波遥远的牛市里，中国股票市场诞生了不物，林园就是其中之一。10多年前，一篇电视专访使

这个学医的投资者从中国股市的浪潮中凸显出来，从此林园出名了，甚至有人将他称为"股神"。

林园：我的想法是要多说未来，过去已经没有意义了，意义不大。

记者：但是对于别的投资者来说，可能还是（有意义的）。

林园：意义不大。

近年来，林园逐渐脱离了大众视野。和活跃在各大媒体的"股神"相比，现在的林园显得更为平和，甚至拒绝讲述他身上发生过的传奇经历。

林园：你说活到土都埋到这儿了，还想啥，啥也不想。已经享受不了了，人生很多东西已经完蛋了，没有了，和我无关了。

1989年，林园以全家拼凑的8000元投身股市，以88.45元买入深发展，此后反复买卖这只股票，在几个月的时间里盈利12万元。之后的短短几年，林园通过大量收购深华新等原始股，将自己的股票市值扩大至1000万元。1993年，林园以1000万元入市，重仓买入了四川长虹和深发展。当记者问到当时如何选择股票时，林园却只给出了一个模糊的答案。

林园：自己都说不清楚，（公司）都没去。

记者：总觉得这个事物，是比较新鲜的事物。

林园：新鲜的事物。但是那个时候也有一个基本的判断，88块钱的（深发展）派息能派到20块钱，就能赚20块钱。这也是一个基本的判断，比银行存款强。深发展都不知道，就是一个小的储蓄所。

记者：那怎么敢买呢？

林园：那没有什么敢买不敢买，所以这个就是你的胆量，我也不知道怎么敢，反正就买了。20 世纪 90 年代初，我们选电视机，四川长虹，家家都要换电视机，找对象都要有一个电视机，那肯定是行的。那时人人都要买电视机，电视机这个行业，在 1990 年左右开始爆发，就像现在的汽车一样。那时电视机厂赚钱很厉害的，你看四川长虹、康佳，那时候都是一股几块钱，每股盈利能达到几块钱。

据记者观察，林园并不是一个善于从理性角度认识公司并进行投资的人，他只是凭借着对股票市场天生的洞察力，和对新鲜事物的好奇，来选择公司与行业。但他的这带有草根性质的洞察力却十分惊人地正确，他对深发展的分红能力进行观察和投资时，巴菲特的价值投资理念甚至还没有传入中国。在 1995 年至 1998 年几年间，林园的盈利一直在 9 倍左右。1999 年，"519 行情" 爆发，上证指数持续大涨后创下历史新高，而林园在上证指数到达 2100 点时，已经全线撤离 A 股市场，顺利逃顶。2003 年，重新杀回 A 股市场的林园，将自己的资金全部换成五粮液、茅台等股票，而这一次买入后，林园账户中的股票仓位就再也没有变过。

林园：我们一旦发现这个行业有风险，我们就会撤出。为什么电视机我不拿着？你觉得这个奇怪吗？早都没了，全被卖掉，一股不剩，为什么？电视机在降价，当我发现电视机降价的时候，实际上那时候股票表现得还非常好，还涨，我就撤出了。但是回头一看，这个酒的持续时间为什么最长，我们也在总结，因为它是必需品、纯饮品、快销品，它不像电视机沉淀了。那时电视机整天在降价，酒在涨价，这两个正好是相反的方向。和 20 年前比，酒还在涨价。

【二】林园：我就在茅台里面待着，大方向我是对的

2007 年大牛市之后，林园便淡出了公众的视野，而近年来白酒

板块的兴起，又将他拉回人们的视野之中。作为一个成熟的长期持有茅台的价值投资者，飙升的茅台股价对他又造成了怎样的影响呢？我们继续来看。

林园：和我没关系了那事儿，我已经把它（茅台）撇在这儿了。

2017年10月27日，茅台的股价一路飙升至649.63元。这一天，林园和他周围所有的朋友都因重仓持有茅台而感到欣喜。

林园：他们还给我发了祝贺短信，发那些有什么意义，发得我心烦，根本和我没有什么关系。我用不到这个钱，我管它（短期的波动你根本就不在乎）波动，你问我这个账号上有多少钱我根本就不知道，谁去看那个东西嘛，但是我知道它今天一天如果涨几十块的话，我可能赚10个亿。

今年以来，白酒板块出现了壮阔的行情，贵州茅台更是吸引了所有场内场外投资者的目光。不断走高的股价也将林园这个持有茅台十几年的"茅台粉丝会会长"重新拉回公众的视线，而过去他经常因此被质疑。

记者：对于茅台的投资，对于茅台的估值和整个市场的表现，市场分歧是非常大的。当时对茅台如此看好，是否后面有考虑到一些新的因素？从股价表现情况来看，确实从260元跌到了120元，我想请问林总，自己反思过没有？

林园：我也没什么反思，反正就是，我这个人也好面子。每次去茅台吧，人家老板就说就你一个人坚持，他说你这一股独大了。当时我也没听出什么意思，后来想想，别人都走了，我这个人也就是笨，笨人笨办法，我就在里面待着，心安理得，我觉得就可以。

2012年下半年，白酒行业突发"塑化剂事件"，后来又重叠了"限制三公消费"，贵州茅台一时间成为众矢之的，2014年1月8日，贵州茅台最低跌至118元。林园的"赚钱机器"也在那时成为人们茶余饭后的谈资，曾经一时无两的"股神"林园，那时似乎被茅台股价拉下了神坛。

林园：过去我们的大方向是没有错的，普及电视机的时候我进去了，是吧？这个中国人喝酒我也进去了，因为生活水平在这儿，他这个嘴巴要求高了，就是我们说的消费升级，嘴巴升级，我们又进去了。

虽然质疑声不断，但是林园始终固执地坚守着自己所认准的企业。网络上"林园骗子"字样的文章不断出现，一个年复合收益高达98%的人确实怎么看都不是真的，而林园并没有任何回应，只是一味地坚持。

林园：哪个人不知道茅台好？是不是？知道那个挣钱，知道那个人不停在消费，都知道。你如果能让中国人都不喝白酒了，那你有本事，我给你点赞。我持有，茅台还要涨，我认为还要涨，没到头，它就没有别的风险。

记者：我们一直觉得您好像认为茅台的消费理念是不会变的，但很多茅台的酒类研究员在报告中都会提出来，茅台最大的风险就是消费习惯的改变。我觉得这种事情正在发生，我们这代人好像没有人会聚会喝茅台喝得宿醉不归，这会不会是您的一种执念？

2014年，在一档电视节目中，林园说茅台可以持有，可以买入，因为它的市盈率只有9倍。而现在，茅台600多元的时候，林园却给出了不再那么确定的回答。

林园：到目前为止，我们还没有找到更好的替代品。我自己的方法，就是我比别人超前20年，就是我这方法一定是对的，但是不代表我把全世界的钱都要赚了，我只是在我这个领域里让别人过来听我的，明白了吧？所有的钱，我看着生意好，就投。如果让我就做这个生意，我不会。我只是在我这个小的领域里，在一个领域里，我能明白搞清楚的东西，我不会错。我的投资方法不会错，一定是不会错的，你说的那些企业，是吧，你认为当下好的一些企业，它们都有风险，你投它们不如投我，我就不会错。

【三】林园：投资没有别的诀窍 就是找垄断型的公司

时间证明了林园的前瞻性，但是他看书不多也不看走势，怎么能长期跑赢大盘呢？林园的方法到底胜在哪里呢？

张健：（林园）他这个人非常细心，就每次他去的时候，他就问东问西，他都要了解清楚，他才会买入，他不了解清楚的东西，他也不会碰。所以说他赚钱一定是用心了，也是用双腿走出来的，确确实实，一步一个脚印走过来的。

在林园的投资策略中，除了"寻找好公司""能力圈"等几个价值投资的经典概念之外，"垄断性"也是他的一个重要指标。

林园：就是垄断，投资没有别的诀窍，就是垄断。从我们入股市以来，所有的方向性的问题，我认为我个人都把它做到了，抓住了，不是说我把所有革命性的东西都抓住了，但是我抓住的一定是一个前沿的东西，就方向性没有错过。这个是关键的关键。

记者：比如说眼下，您感觉前沿的这个方向是在哪里？

林园：我们接下来的投资方向，是医药和医疗服务。以前最重要的三个投资机会，第一个是银行，第二个是电视机，第三个是酒，是吧？我都把握住了，现在要抓住第四个投资机会，是命，是健康。

从初入股市时对银行的判断，到第二阶段对电视机行业的选择，再到之后对白酒行业的把握，林园他每一步的投资方向都有着明确

的预判。

林园：我们一定是知道明天的，过程不知道，但是结果我一定知道，我才会下重手，下狠手去搞，那些可能的，不会投的。我过去做到了，不是口是心非，今天我们再做一次，20年后，不要20年，再过10年就能证明我又是对的。

林园看好医疗行业，这个判断会再一次正确吗？只有时间会告诉我们答案。现在的林园，不再追求名利场中的虚无缥缈，他每3个月就会换一座城市，感受一下当地人的生活，体验一下不同的人生。

林园：再年轻，也力不从心。

记者：那您回忆过去的事情，您现在是一种什么样的感受？

林园：我觉得我这一辈子也没白活。

记者：您觉得您做的最值得骄傲的事情是什么？

林园：我觉得我还挺快乐，就是觉得时间过得太快。

2017-11-10

（本文不构成操作建议。股市有风险，投资需谨慎。）

二、糖尿病、心脏病、高血压就是"药中茅台"

"没有偏好,就是在企业小的时候把它买进,这就是我们的买入策略。"

"生物制药是好东西,但是我不买,因为有风险。"

"除非发生世界性的金融危机,我们不会有太大的回调。"

"价值投资不等于长期投资。"

林园2006年低位建仓,持有茅台至今。2016年清仓银行股、保险股,如今满仓买入医药股。近期,私募排排网路演中心邀请到林园做客《春瑜会客厅》。林园说,目前是15年一遇的最佳投资时机,应该跑步进场,并分享了未来20年具有百分之百确定性机会的行业。

在采访过程中,对于近期市场受中美贸易争端影响出现调整的现象,林园认为这对市场后期走势影响不大,因为中国股市没有大幅下跌的基础。

8000元入市,18年博得20亿身家

林园,林园投资管理有限责任公司[1]董事长,拥有近30年的资本市场投资经验,旗下产品穿越牛熊为客户带来丰厚回报,在投资界被誉为"民间股神""中国巴菲特"。而最被大众津津乐道的,当

---

[1] 下文简称林园投资。

属他 8000 元起步，18 年赚到 20 亿身家的传奇故事。

1989 年，林园持 8000 元本金投身股市，反复波段式投资深发展，在股市中赚到第一桶金。

1992 年，林园股市资产超过 1000 万。

1993 年，卖掉股票，转向投资房地产，规避了中国股市第一波大熊市。

1994 年，重新进入股市，重仓深发展和四川长虹。

2000 年，撤离 A 股市场，将资金投向周边国家资本市场。

2003 年，在 A 股熊市时杀回来，倡导价值投资，重仓绩优股。

2006 年，个人资产突破 20 亿，成立私募公司——林园投资。

2017 年，林园投资旗下产品及公司雄踞多类榜单榜首，这也是市场对林园多年坚守价值投资理念的"礼赠"。

白酒具有成瘾性，不卖茅台是因为没有找到替代品

在林园看来，好的行业具备两大属性，垄断性与成瘾性。

林园本身滴酒不沾，但作为价值投资的代表，他却是贵州茅台的铁粉，十几年前就已经深入到贵州茅台的生产地调研，随后陆续买入贵州茅台股票，在 2006 年底完成建仓，持有至今。没有卖出，是因为一直没有看到第二个好的行业爆发期。

林园看好白酒本身具有的成瘾特征，另外它的盈利能力非常强。而具有成瘾性的商品放在全世界，什么时候买都是对的，尤其是和嘴巴有关系的，比如白酒和药。

目前，林园对白酒行业的关注度并不高。但是根据他对行业的追踪，他认为白酒板块的景气度非常高，盈利的确定性也很高，至

少能看到 2020 年，理由是白酒类的消费板块与中国的大规模基建有直接关系，目前中国大规模的基建还在延续。

归隐 10 年，重出江湖只因医药股在牛市途中

林园 2006 年归隐江湖，再度出山已是 2016 年。

10 年间，林园多看少动，只有必要的调研与为数不多的交易。

2016 年 4 月，林园卖掉银行股、保险股，买入医药股票，因为林园判断医药板块目前不是牛市的初期，就是熊市的末期，熊牛交替。林园称，根据过去 3 年的观察，医药行业已经由熊转牛。并且过去 3 年，医药指数大幅度下跌，现在是在底部区域，可以购买到确定性最高的标的。林园认为，在医药板块整体向上的情况下，就算买不到涨幅靠前的个股，买其他的医药股同样可以赚钱。

从医经历使其研究医药股更透彻

学医的会知道哪种病死亡率最高、病人最多、花钱最多。

林园临床医学专业毕业，曾在深圳红十字会医院（现深圳第二人民医院）任全科医生，相较其他基金经理，具有医学背景的他研究医药股会更有优势。

高血压、心脏病、糖尿病这些病只能保守治疗，一旦罹患这些疾病，就意味着需要吃一辈子的药，也就是具有成瘾性，成瘾性用互联网的说法也就是"客户黏性"。林园在调研 100 多家三甲医院后发现，最近 3 年，医院内科门诊病人增加了一倍，而治疗高血压、心脏病、糖尿病的药占医药总销售额的 70% 以上。在近 30 年的投资生涯中，林园对上市公司调研无数。他对公司也有自己的评断标准，是否守法合规、盈利能力、是否有具有成瘾性的产品、是否形

成垄断等，都是考评企业的不同维度。对于具有流动性的行业，则适度给予估值溢价。

林园非常看重经营者的道德风险，在他的投资选择中，偏好国有背景的企业，规避对私人企业的投资。

糖尿病、心脏病、高血压就是"药中茅台"

百分百确定的机会中，哪个行业有最大概率胜出？林园认为未来20年医药板块蕴藏着巨大的投资潜力，并认为医药领域中治疗糖尿病、心脏病、高血压这3种病的药，有百分之百确定性的投资机会。

除了医药股，林园认为下跌幅度较大的成长股也值得关注，另外可交债、可转债在今年都有确定性很高的投资机会。

提问1：未来30年，中国饮白酒的人数会减少吗？

林园：不好判断，也不知道。但是喝白酒的中国人2000多年也没有减少，未来最终还是决定于中国人口是大幅减少还是增加。

提问2：还有银行股吗？

林园：卖掉了，因为看不准，并且有了更好的投资标的。

提问3：投资加杠杆吗？

林园：投资没加过杠杆，金融危机的时候会加杠杆，买一些企业债。

提问4：对投资者用杠杆炒股票有什么建议？

林园：不要加杠杆，因为一般投资者不好掌握。

提问5：西药仿制药企业可以买吗？

林园：西药仿制药我们有买，但是A股上我们介入的比较少。

提问6：高血压用药看好哪家公司？

林园：不是西药，是活血的中药。

提问7：人生追求是什么？

林园：把自己经营好，给后代留一份产业。

提问8：喜欢什么样的投资者？

林园：追求复利的。

提问9：会不会因为压力大睡不着？

林园：不会，接触股票之后都是赚钱的。

公司介绍：

深圳市林园投资管理有限责任公司成立于2006年12月，是国内最早成立的私募基金之一，是中国股市最坚定的价值投资先行者，长期坚持价值投资，追求投资的确定性，实现财富的复合增长。截至2017年底，林园投资私募基金业绩喜人，在2017年私募基金公司业绩排行榜中，位居全国第五。

人物介绍：

林园，林园投资董事长，被称为"民间股神""中国巴菲特"，从1989年全家拼凑的8000元人民币起步，开始了股市淘金之旅，投资股票获得亿万回报，创造了中国股市神话。往期投资非常成功，不仅是贵州茅台的拥趸，还在低位买入平安银行、五粮液、伊利股份、云南白药，长期持有，获利不菲。如今，林园则看好医药行业中的3种病——糖尿病、心脏病、高血压。

2018-04-16

（本文不构成操作建议。股市有风险，投资需谨慎。）

三、持有白酒，未来只投 3 种病

靠 8000 人民币起家的林园，投资股票获得亿万回报，被称为"中国巴菲特"。林园投资成立于 2006 年底，是国内最早的阳光私募之一。林园历经 3 次 A 股牛熊考验，10 余年来旗下产品长期盈利，无一亏损。

对行业深入洞察，是林园不变的投资理念。站在当下回顾林园的投资路径，从 20 世纪 90 年代初期的深发展、90 年代末期的家电，到 2000 年至 2005 年的钢铁/公用事业，以及白酒等，每个阶段最赚钱的投资机会林园都无一错过。

"我投资的第一重要性就是确定性，赚钱的确定性。我觉得股市是不能总结经验教训的。我要求我自己百分之百正确。"林园追求长期的稳健增值，投资标的都是具有绝对竞争优势的垄断型行业。2017 年随着贵州茅台创出 719.96 元的历史新高，从 2003 年起不断买入并长期持有股份的林园，在二级市场的财富积累达到了数百亿。

"我们没有偏好，就是在企业小的时候把它买进，这就是我们的买入策略。"林园的投资策略和他的性格一样，简单而直接。"我们在逐步调整，往一个方向集中，最后集中在寡头身上。"

在这份"简单"的背后，是深入细致的行业和公司研究，是自下而上发掘具有绝对竞争优势的垄断型行业中的龙头企业为投资标的，将风险降到最低。所有的手段，目的只有一个，就是赚钱。

从始至终，林园一直坚持追求长期的稳健增值，选择低估值、高增长的成长型行业逢低买进，组建稳健的投资组合，长期持有，分享企业在高速成长过程中的红利收入和市场给予企业股票的高溢价收入。截至2017年末，林园投资私募基金业绩喜人，在私募排排网的2017年私募基金公司业绩排行榜中，位居全国第五，获得89.4%的回报，跑赢同期沪深300指数21.78%。

2017年是林园投资发行产品最多的年份，共有18只产品上线，做出这样的决策是基于林园对当前市场的判断："通过2016年、2017年的运作，判断现在这个点位，大概率事件是牛熊交替的时候，接下来是牛市，就是要往牛市跑。"关于2018年的投资计划，在访谈中，林园不止一次提出："接下来我们的投资主线，就是在医药行业。"

以下为林园做客《春瑜会客厅》的问答实录精选。

李春瑜： 目前，您是如何看待白酒行业的个股表现的？还有继续买入的必要吗？

林园： 就目前的派息情况来看，每年能把我们的本钱派回来80%左右。这个板块根据我们的跟踪，它的景气度还是非常高的，至少会持续到2020年。因为作为一个消费板块，它和中国的大规模基建有直接的关系，而中国的大规模基建还在延续，所以这个板块的盈利确定性还是非常高的。但关于酒类股票，基本不建议再买入，我从2011年就不再买入了，只是持有。就现在这个位置而言，基本挣不到钱了，就是泡沫期间挣钱。

李春瑜： 能和我们透露一下您接下来的投资重点吗？

林园： 未来20年我认为"保命"的东西一定能赚钱。

我们的投资主线，就是在医药行业，特别是医药领域的3种病，糖尿病、心脏病、高血压。首先这3类病的药大概占医药销售额的70%以上，因为这些病以保守治疗为主，就相当于有一个成瘾性，所以这些药的盈利能力非常强。其次，从去年下半年到今年上半年，医药板块走得都比较不错。目前这个板块已经在走牛市，不是牛市的初期，就是熊市的末期。我这样判断的原因是龙头品种已经涨了1倍，这就是牛熊交替最简单的表现，它们最终要涨3倍到4倍。最后再结合过去3年我们对慢性病的调研，对100多家三甲医院的深入研究，发现这个板块的潜力确实非常大。目前有确定性最高的标的供我们买入，所以我们需要资金，需要对外发行。

我们的投资还是集中在一些垄断型企业，关于生物制药公司的话，它有一定风险，关键是持续盈利能力和财务指标比较不好把握，所以下半年没有这方面的布局。

除了医药，看好的行业还有，比如说，跌到一定程度的成长股，一些可转债、可交换债，这些都是机会但是我们不投。我们下半年的投资主要就集中在医药领域。

李春瑜：许多人称您为"民间股神"，能和我们具体谈谈您的成功秘诀吗？

林园：最核心的一点是坚持价值投资，抛开一切私心杂念。

首先是在行业的选择上，要选一个长期走牛的板块，比如说医药板块，如果说整个板块都是牛市的话，那在里边买任何股票，多数情况下都会赚钱。首先行业底子非常好，再通过不断配置、集中、再集中，慢慢调整成第一。比如说2001年、2002年我们就发现了白酒行业，其实茅台、五粮液、汾酒、泸州老窖，当时都买了一些，2001年至2006年这5年里，我们逐步调整，往一个方向集中，最后集中在寡头身上，就是茅台。

在企业的选择上，首先是每年通过对企业财务报表的观察，评估它的风险控制能力、盈利能力，并看它有没有垄断、独特的产品，就是我们说的具有成瘾性的产品。还有经营者的道德风险非常重要，这家公司是不是守法合规？乱来的公司肯定不能参与。

李春瑜： 您之前谈及对股市的操作方法，就是一直"满仓"，如果再碰到一个比较大的回调，怎么去控制风险？

林园： 我们的风控分为买入系统和卖出系统。

就买入系统来说，我们持有就不会卖，在买入的时候已经把各种风险考虑到了，寻找到了合适的买入点。如果买贵了，就一直持有，不再买入，我们有严格的控制。

即便是在这个过程中有回调，也是正常的。因为买入的时候我们算了至少3年的账，所以我们知道，回调在3年之内都会恢复。除非是遇到世界性金融危机，否则不会有较深的回调。

李春瑜： 近期市场受到中美贸易争端的影响，对于市场后期走势您是怎么看的？

林园： 就目前而言，我们认为中美贸易争端对后期走势影响不大。首先是中国股市没跟着美国股市大幅上涨。这个指数的走势，主要和累计升幅有关，累计升幅过去几年没有大幅增长，所以没有大幅下跌的基础。

李春瑜： 林园投资有10年的时间一直比较低调，能分享一下这10年主要是在干什么吗？

林园： 这10年我们处在熊市里，熊市里边就没有泡沫，很难把握。我们只能在安全的情况下，持有我们买入的品种，没办法进行炒作。所以主要是持有我们现有的股票，调研上市公司，当然也有一些交易。2016年的时候，我们把银行股和保险股这些都抽掉，换成了医药的股票。还有每年的派息和在国际市场上的无风险套利，算是在稳中求进，主要是等待时机，做一些布局。

2018-04-19

（本文不构成操作建议。股市有风险，投资需谨慎。）

四、市场点位低估，未来看好医药股走势

《红周刊》荣誉顾问林园先生即将和本刊特别报道小组一道赴奥马哈参加巴菲特股东大会，来一次与"股神"的亲密接触之旅。在启程之前，《红周刊》对林园先生做了个专访。林园说，自己只是在媒体上看到过巴菲特的理念，实际投资中并没有受到巴菲特的什么影响，但因为认同巴菲特的理念，便有了这次奥马哈之行。

可外界不是很在意林园的"感受"，常常寻找他的理念与巴菲特理念的重叠之处，以证明巴菲特在现代价值投资理论方面具有"完全自主知识产权"。如果林园真和巴菲特有相似之处，那就是快乐地投资，快乐地生活。在接受《红周刊》采访之后，林园马上转道去跳舞，他说，投资需要热情，生活亦如是。

自在的林园并不是所有事都成功，他在2007年开始做的一项长达几年的实验，基本以"失败"收场。他当年随机选择100人跟他学习炒股，想把自己的成功复制出去、传播出去，结果到2014年就走了绝大多数，到今天无一人留下。对投资、对生活的热情，很容易说出口，可要持久，真得好难。

至于当前市场，林园提到他看好在糖尿病、心脏病和高血压领域长期有所作为的老牌药企，目前，正是他的建仓期。"医药股龙头是谁我也看不清，我买入的是整个行业，所以做了一揽子配置，当我知道谁是龙头的时候，我就不买了。"目前，一些药企标的还在布

局机遇期。

何谓"印钞机"企业

《红周刊》：你经常用"硬朗度"这个词来审视一家企业，这个怎么理解？体现在选股指标上是什么？

林园："硬朗度"是形容一家企业"印钞机"性质的强弱。公司产品在市场独有，而且有定价权，就是高"硬朗度"企业。例如茅台就是典型的"印钞机"企业，我国酱香型白酒的标准是根据茅台设立的，其他企业只能跟随茅台，这就让它拥有了垄断地位。在大健康领域，片仔癀、东阿阿胶也是这样的企业。再如香烟企业，在美国上市的万宝路、飞利浦莫里斯等企业，拥有生产香烟的特许经营权。

《红周刊》：说到有"印钞机"特点的企业，商超企业也能获得源源不断的现金流，例如新华百货在甘肃当地受到消费者广泛认可，也具有"现金奶牛"的基础，这是你所说的"印钞机"企业吗？

林园：这样的不算。我们说的企业不仅要形成垄断，市场需求还要不断扩大。在一个地区中，商超企业虽然一家独大，但是如果向外扩展，想要牟取更多市场份额，就要面对和对手的竞争，甚至比拼价格战；从市场需求来说，区域性企业的市场需求也是有限的。这就像收费公路企业，虽然有稳定的现金流入，但企业只经营了一段公路，容量有限。

严格来说，我们所说的企业包括所有高端、品牌类白酒，例如五粮液、汾酒等都算是"印钞机"企业。它们有独特的商品，随着消费升级，买得起高端酒的人会越来越多，市场空间也将日益增长。

《红周刊》："印钞机"企业有什么共同特征，我们怎么找到它们?

林园：既然是"印钞机"，就一定要赚钱，我们最关注的指标是毛利率的变化。只要毛利率不出现大幅下降，那么在财务上就可以证明这家公司的盈利能力是相对稳健的。云南白药从2000年至今的18年间，毛利率一直保持在30%左右。即使在2012年到2014年的熊市中，云南白药股价下跌，它的毛利率也从来没有下降，所以我们也没有减仓。

回过头来说，我不是很关注毛利率的高低。贵州茅台的毛利率超过90%，汾酒为70%，但汾酒的毛利率从2004年以来从未下降，因此同样是值得投资的企业。

《红周刊》：你采取的主要估值方法是什么?

林园：评估市盈率是一个好办法。另外，还要结合市值来看。中国和美国、日本的GDP相当，未来中国医药企业体量、龙头药企体量也将和它们的相差无几。云南白药在国内是排名第二的药企，目前市值为987亿元，美国第二大药企默沙东总市值为1599亿美元，约合人民币1万亿。未来10到15年，云南白药也有机会成长为这么大的公司。

现在是买医药股的好时机

《红周刊》：你之前提到，要挣60后这一代人看病的钱，这个市场的体量你预计过吗?

林园：我是1963年出生的，今年50多岁，我们这一代人在中国大约有4亿，我就赚这4亿人的钱。伴随着老龄化进程推进、中老年人增加，糖尿病、心脏病、高血压的患者会逐步增加，而且这3种疾病对药物都有"成瘾性"，患者患病期间难以断药，相信会为医药股提供巨大的市场需求。未来 20 年，我们只投资在这 3 种疾病领域有所建树的企业。

过去 5 年，我们对 100 多家国内三甲医院进行调研，在过去 3 年，大内科治疗费的增长没有一家是低于 100% 增幅的。未来 20 年中国大市值的前 100 家公司，医药股至少要超过三四十家。全世界的大市值 500 强，中国的医药股会超过 10 家。

《红周刊》：在糖尿病治疗领域，人胰岛素是比较有效的药物之一。目前生产人胰岛素企业的国内格局是：诺和诺德占 75.2%，礼来占 16.3%，通化东宝占 1.5%。国内企业未来成长空间怎么样？

林园：中国药企具有一种在掌握了核心技术后用更低价格生产药品的能力。例如抗生素，是美国帮助中国建立的第一个实验室。之后一直到 20 世纪 90 年代，美国辉瑞等企业一直是中国抗生素市场的主要供应商。1980 年之后，广州白云山研制出了头孢硫脒，随后，国内企业逐渐壮大。目前，中国药企生产抗生素的成本只有国外的 30% 至 50%。我预计未来人胰岛素在国内的生产成本可能只有国外企业的 20% 至 30%，不仅成长空间可观，对外出口也相当可观。

《红周刊》：我们知道国外企业的研发实力很厉害，你认为国内企业在这样的环境下如何突围？

林园：目前，糖尿病的治疗药物技术基本成熟，中国企业目前不需要技术研发鼎力支撑，除了在副作用等方面有些许差别，这一领域已经没有明显的技术门槛。另外，我们投资的企业主要是中药企业，针对糖尿病并发症的药企，和美国企业的方向有所不同，所以我们不太担心研发竞争。

《红周刊》：在治疗糖尿病方面，通化东宝、贵州百灵、长春高新都在此深耕多年，你认为哪一个算是糖尿病第一股？

林园：现在还看不出来。国内做这方面药物的企业很多，销售额也都很高，不过，这正是布局的时候。当能看出谁是第一，那就不是买入的时候了，我买的是行业的成长。贵州茅台现在成为寡头，我只会持有，不会买入。

在糖尿病相关药企上的布局，目前我们做的是一个组合，包括五六只股票，仓位也不算高。未来竞争格局慢慢清晰之后，会调整仓位。你提到的这些企业我都不了解，所以都没买，我买的是国内的老字号企业。

《红周刊》：在未来，对于糖尿病和心血管领域的发展，你认为将分别诞生多大体量的企业？

林园：这可以用美国企业做对标。美国最大的生产糖尿病药物的企业诺和诺德目前市值为1145亿美元，合7252亿人民币。美国最大的生产心血管药物的企业辉瑞市值为2192亿美元，约为1.39万亿人民币。未来15到20年，中国也会诞生这么大体量的公司。

三类医药股被低估

《红周刊》：心血管药物也是你重点看好的方向之一，目前乐普医疗、天士力、信立泰、以岭药业都有自己的"独门"药品，但是净利润增长率有些区别，乐谱医疗最近半年净利润同比增长率为30%，天士力为15%，以岭药业为20%至30%，信立泰为3%至10%。你最看好哪一家企业？

林园：目前我也不能分辨哪一家算是行业第一，国内心血管药物的竞争格局还没有形成。但是以上这些都是老牌企业，我认为都是可以的。

《红周刊》：以你的经验来说，最终能走出来成为行业寡头的企业,具有哪些特点?

林园：那一定有超高的赚钱能力。简单来说,市销率在一定程度上反映了企业盈利水平是否向好。对医药企业来说,经营能力往往直接决定了企业的利润,对于这点,投资者只要亲自到药店转一转,转个10家药店,就能看出药片销量是否可观,或者到医院看看医生给患者开出的药物,就大概能知道药品的销售水平是否在提高。加上财报上的利润,基本可以判断一家企业基本面是否向好。

《红周刊》：提到医药板块,最受争议的就是估值,很多企业的估值可能偏高。例如通化东宝,净利润同比增长率为30%,但市盈率为51倍;华海药业净利润同比增长率为20%,市盈率为56倍。你认为目前医药企业的估值是否过高了?

林园：那你就不要买这些企业嘛。糖尿病、心脏病和高血压这3种病是无法被治愈的,它们对于药物是有"成瘾性"的。而全世界具有"成瘾性"的商品,过去100年平均的市盈率大概是在37倍左右。相比较之下,A股医药股的估值不算高。尤其对于有产品定价权的企业,估值给100倍也不过分。

《红周刊》：片仔癀和东阿阿胶都是名贵中药材,也都是一家独大。你认为它们谁更值得关注?

林园：我没有买东阿阿胶,它最大的竞争对手是福胶。福胶和阿胶相距20公里,分布在黄河两岸,水质确实有些区别,东阿水的电解质含量比较大,确实有利于炼胶。但是未来是否会有影响,我不好判断。不过,只要可能带来影响,我就不买。片仔癀的优势在于天然麝香是被国家批准使用的,这就不仅是垄断,更有绝无仅有的定价权。

《红周刊》：以云南白药、片仔癀为例,未来3年的账是怎么算的？

林园：我预计云南白药未来3年的年复合增长率将保持10%，片仔癀能达到20%至30%。看多后市。

《红周刊》：2007年的时候，你发起了一项活动，从全国随机挑选100人，和你当初一样，拿8000元投入股市，根据你的策略炒股。你当时相信自己树立的科学的赚钱标准，很多股民可以学会。最终结果怎么样？

林园：非常遗憾，结果是没有一人成功。后来我也思考过为什么，当时参加的投资者大多是看到我赚钱了，怀着一腔热血而来，但是从2008年开始，蓝筹股经历了将近10年的熊市，这让很多人把炒股列为最危险的"行当"之一。所有的这些投资者都经受不住熊市考验，慢慢都撤出了。

其中，我们还看到一个人，开始积累了丰厚的财富，后来对投资有一些其他想法，想融合其他策略，最后又不得不割肉出局。

我们看到很多人不是对炒股真的有兴趣，他们不愿意持续地投入精力和资金，很多人亏了钱，轻易地认赔走人。在我看来，至少要把投资当成事业，有闲置的资金就拿来炒股，反复看财务书籍，书上对财务好的企业有什么特点写得很清楚，多学多用就能看懂一家企业了。我现在每天很少调研，极少看盘，炒股有什么难的？我买入的时候，看好的是一个行业，不会单纯买一只个股，而是做一揽子配置。但是很多人只想暴富，他们又运气不好，碰到了10年蓝筹熊市。

《红周刊》：现在你马上要飞往奥马哈参加一年一度的巴菲特股东大会，巴菲特一直是中国很多价值投资人的导师，你在投资过程中，受到巴菲特影响最深的观点是什么？

林园：他对我没什么影响，我也不是完全了解巴菲特的理念。我只是从媒体中看到他的观点，以我的标准判断他的观点是对的。巴菲特也是投资垄断企业，并且努力做到在这条路上不犯错。

《红周刊》：目前上证综指的市盈率在14.2倍左右，你对未来走势如何判断？

林园：目前这个点位是低估的，过去几年指数并没有大涨，最近几个月还在不断下跌。过去100年，全球股市的平均估值约为20倍。对应A股上证指数的4500点，4月27日收盘时上证综指点位为3082点，我很看好未来的走势。

2018-04-29

（本文不构成操作建议。股市有风险，投资需谨慎。）

五、发产品不是要挣你们的钱，是做改变你们命运的好事

在粉丝眼中，林园一定会超越巴菲特，成为世界"股神"。他曾创造从 8000 元到 20 亿的传奇，也曾净值跌到 0.5 元，而后逆袭。

他说："质疑我的人，根本不懂我，也不懂市场，他们注定赚不到钱。"

进入 2018 年，在价投集体下行之际，林园却一枝独秀，一边发产品，一边净值再创新高，他说："发基金产品不是我要挣你们的钱，是在帮你们赚钱，做改变你们命运的好事。"

懂私慕小编曾有幸采访过林园，最深的感受就是那小小的个子里藏着一颗霸气侧漏的心！那么，真实的林园到底是怎样的呢？今天，懂私慕为大家分享一篇来自高溪资产豪哥的文章，一窥林园真貌！

巴菲特是谁？我来美国是玩的。——林园

此次受《红周刊》邀请，5 月 2 日我们前往美国奥马哈参加巴菲特股东大会，同行的除了《红周刊》的报道组，还有中国做价投最好的投资人——林园。8 天的朝夕相处使我对林园有了更深刻的认识。

从 8000 元到 20 亿的传奇

记得 10 年前，王洪出了一本关于林园炒股秘籍的书，当时红极一时，更有人在之后写了《从 8000 元到 20 亿的传奇》，使林园成为当时的热门话题人物。应该说投资者是通过媒体宣传知道林园的。当时是 2007 年，正是上证指数从 998 点到 6124 点的牛市阶段。他挣了很多钱，传说是 20 亿。也正是那个时候，价值投资开始有了春暖花开的萌动迹象。那时候林园的选股标准和巴菲特的选股理念有异曲同工的地方，但那时他并不知道巴菲特是谁。

他说他从来不看书，那些投资大师的理念他不知道，他只知道炒股一定要有一套投资逻辑，就是一定要投你看得懂的企业，要投行业龙头，要投垄断型企业，包括现金流充裕的企业，等等，这些选股标准和巴菲特的理念惊人得相似。

难怪他总是说：我投资就没错过，一直在挣钱。我选的股都是我看得明白的，过几十年你再看看，都是翻很多倍的牛股。

质疑我的人，根本不懂我，也不懂市场，他们注定赚不到钱

但是，2008 年到 2014 年的大熊市，使得林园的投资生涯颇为尴尬，因为他在 2007 年发行的第一只林园基金最低时候的净值跌破 0.5 元。市场质疑声不断，"股神"的称号给看热闹的人足够的诋毁谩骂的噱头，林园是骗子的骂声传遍网络。

林园也在 10 年里消失在公众视野中，似乎很多人已经忘记了中国投资界还有林园这个人，甚至还有很多人认为林园就是一个笑话。骗子的故事能信吗？！

然而 10 年后的情况却有了天翻地覆的变化，林园的基金经受住了熊市的考验，截至发稿前，林园最早发行的基金净值 4.34 元，累

计增长334%，算是非常不错的业绩，给了那些质疑者很好的回应。

林园说：质疑是别人的事，与我有什么关系，我做自己的，我知道我买的企业是中国最好的，跌下去就是机会，我经常买完就被套，但我一点不担心，我知道它会涨回去，我不会看错的，事实证明我就是对的。质疑我的人，根本不懂我，也不懂市场，他们注定赚不到钱。

发基金产品不是我要挣你们的钱，是在帮你们赚钱，做改变你们命运的好事

最近一年来，林园发疯似的卖基金产品，并不辞辛劳地到处路演，推销新基金产品。每到一个地方他就把自己基金的过往业绩展示出来，并一再强调：我不是骗子，数据不会造假，我的产品你们可以去网上查，我所有基金产品没有一只亏钱的，你们不信我，就是跟钱过不去，我发基金产品叫你们买，不是我要挣你们的钱，我是在帮你们赚钱，我在做改变你们命运的好事。

林园的话叫人感觉是很强势的，他最爱说的就是：我老林天生就是赚钱的机器，没办法，跟着我的人都发财了，发大财了。不信我的人就挣不到钱，因为你跟钱过不去嘛！我做了快30年投资了，从来就没有做错过，一次都没有。我不允许犯错，绝对不能错。

在粉丝眼中，林园一定会超越巴菲特，成为世界"股神"

林园的霸气，你不和他接触根本无法感受到，而这种底气来自他与众不同的性格特点和为人处世的哲学。他说自己的定力和判断力是常人无法比的。单从这点看就非常像巴菲特。而他的低调又叫常人无法理解，按说林园早就已经是成功人士了，应该是出门宾利，

住高档酒店,有私人飞机。但近距离观察,他给人的印象一点也不像是个有钱人,而且他身边的人都知道林园很抠门。就从穿衣打扮看,从上到下行头不过几百元,他笑称:裤子还是淘宝上花98元买的便宜货。林园吃饭也是极其节俭,不愿意多点菜,怕浪费,对他来说,有碗面,或者疙瘩汤,加几个青菜足矣。其实以他现在的身份到哪里几乎都不会自己花钱,但他却不愿意欠这个人情,尽量节俭。这也让长期跟随他左右的人跟着他改变了三观:追求简单生活,快乐投资。

他的处世哲学就是不要给别人添麻烦,尽可能地帮到别人。所以和林园相处你感觉不到有任何压力,每天都很快乐。

林园是一个率真讲究原则的人,也是念旧情的人。这次林园也是受《红周刊》的邀请来参加巴菲特股东大会的,谈及感想,林园这样说:巴菲特是谁我原来真的不知道,他是外国人,他挣再多钱跟我也没关系,他也帮不到我,我做好我自己就得了。要不是《红周刊》请我,我才不来呢,大老远的受罪!你能学到什么?其实学到了有什么用,你能做到巴菲特那样吗?你做不到的,谁都做不到。我来就是看看,来玩玩的。

其实林园还是《红周刊》的特别顾问,这次奥马哈之旅他也是履行顾问的职责。但他骨子里一点都没有把巴菲特当回事,他只相信他自己,他就是最正确的,这个世界他最会赚钱,谁都不行。

此次奥马哈之旅,林园的客户也来了不少,从和他们的交流中也能感受到林园在他们心中的地位。在他们眼中,再过20年,林园一定会超越巴菲特。

按说这些客户说的应该是屁股决定脑袋的话,毕竟他们买了林园的基金,当然替林园说好话,但我也接触了一位跟随林园10年的美女投资者，她的话就很有代表性了。这位美女原来是影视明星，10年前认识林园，开始也是怀疑，并不相信他，但时间久了，她被林园的战绩折服了。她也曾试着自己做股票，但最终跑不过林园，因为她没有林园的眼光和耐心，更没有林园不受外界干扰的强大定力。这种定力需要具有很高的内心修养和素质，而她没有。因此她最终选择了相信林园，她说：我的钱都是林总给赚的，他就是我的财神爷，这辈子跟定他了。

现在是15年难遇的历史性大机会

此次林园的美国之旅收获颇丰，他不仅游览了异国风光，还不忘给粉丝推销基金产品，至少卖了2000万。其实我开始有些费解，他的基金总规模已经超过300亿，30只产品，他自己的股票市值也超过了100亿，完全可以过逍遥自在的生活，没必要这么拼。但通过几天的交流，我感觉他内心深处有着强烈的使命感，他说："现在是15年难遇的历史性大机会，抓住了，很多人的命运就会由此改变。我为什么不去抓呢，能改变别人的命运，这也是件有意义的好事。我做了至少给子孙后代积点儿德。"

林园2003年低位建仓，持有茅台至今。2016年清仓银行股、保险股，他所说的15年难遇的机会就是他强烈看好的医药行业，他募集的钱也全部买医药股。他坚信未来中国一定会产生世界级的医药企业。目前是15年一遇的最佳投资时机，应该跑步进场。

"十几年前我就看到了中国现在的样子，我就没错过，往后再看10年或者20年，我还是对的，不信走着瞧，我一定是对的。"林园语不惊人誓不休。了解他的人，对比不会有丝毫的质疑，而普通投资者不免感觉他语气太大，太狂，不敢相信。而林园也想得开，他说:"叫所有人都相信你是不可能的,愿意相信就跟着我挣钱,不愿意相信拉倒,他们注定挣不到钱。"

此次巴菲特股东大会,我没听到林园评价巴菲特,这也不是我想要的结果。我参加这次美国之旅,就是要发现不同的风景,感受不同的对价投的理解,而不是去看表面。在美国我也遇到了李驰,我们3个人一同给《红周刊》做了期节目。李驰也是没有过多评价巴菲特,他此行也是正好在美国旅游,赶上了,过来凑凑热闹。

我的感受是,这些顶级投资人的心里其实都是把自己放在第一位的,别人的东西可以借鉴,参考,但最终还是靠自己。这也就是林园一直强调的:投资者要形成自己的一套投资体系,散户没有体系,都是瞎做,所以注定赔钱,自己不懂就交给懂的人去做,专业上的事还是由专业的人做好,关键是人得靠谱,老林就是最靠谱的人。

身家百亿,喜欢自己买菜做饭

短短8天的相处,我感受到一个真实的林园,一个叫你每天都能感受快乐和充满正能量的林园。他就是一个再普通不过的小个子,其貌不扬,放在人群里很不起眼,但他却是身家百亿的巨富。他有自己的生活,每天除了看盘交易,更多的时间是在消遣,玩耍。他的生活其实很简单,他不喜欢交际和应酬,更喜欢自己买菜做饭,过简单的生活,享受天伦之乐。

我相信他会成为中国股市最有影响力的人。和那些所谓的投资界大佬相比,我更欣赏整天傻乐的、快乐无比的林园。追求简单生活,永远快乐。林园说:如果你把投资当成一件很痛苦的事,整天纠结,这样的生活没有意义,你也不适合做投资。做投资一定要有好的心态，只有快乐你才能活得久，生活才有意义，该享受的才能尽情享受到。人活一辈子，千万别给自己留遗憾。

　　林园虽然文化程度不高，但他对人生意义的理解超越了很多有学问的人。我注意到，林园安静的时候总是锁眉沉思。有思想的人都会观察周边事物，去思考，去发现，而你看不到的东西恰恰是他能看到的，因此他才比你有对事物发展的前瞻性预判，也就更能领先你抓住机会。

　　比如林园此次专门在美国考察药店，询问伟哥的价格。他说："中国中老年人口比例会越来越大，对伟哥的需求将来会越来越多，追求'性福'就离不开这玩意儿，它具有很强的成瘾性，我买企业就愿意买具有成瘾性的、有持续性的、时间久的，越往后越值钱。"

　　现在林园的目光已经锁定了医药行业，而且他只关注3类药：高血压、糖尿病、心脏病。他说："这3类药都具有未来中国人口老龄化所带来的依赖性和成瘾性特征，相关企业中也一定会出现世界级的伟大企业。现在我就是要找这样的企业，我相信一定会找到的。"

　　20年后的林园能不能超越巴菲特，也只能等20年以后去验证了，但有一点，林园知道自己在做什么，这能给他自己带来什么，并给追随他的投资者带来什么，这就足够了。

2018-05-23

　　（本文不构成操作建议。股市有风险，投资需谨慎。）

六、远离竞争，拥抱垄断（医药股的牛市会超过30年）

关于价值投资和投资理念

提问1：林总您好，感谢您和第一财经&七禾网进行深入对话。前不久，您参加了巴菲特股东大会、茅台股东大会。参与这两次活动，您有何收获？有何感受？

林园：主要就是去感受一下气氛。巴菲特股东大会是别人邀请我去的。巴菲特等投资前辈已经在这个市场上很多年了，我们主要是去看他的人生经历，感受他身上的激情。茅台的股东大会，我们则是每年例行去一下，算是对我们所投资的公司一年的表现进行一次总结。

提问2：这次对茅台有没有什么新的想法或感受？

林园：茅台换领导了，新的一届领导班子有了一些新的气象。茅台公司掌舵人的眼光还是非常独特的。对于茅台，我还是有一个比较好的评价。

提问3：从广义上来讲，您觉得自己是不是价值投资者？就您看来，怎样的投资模式，可以称得上是价值投资？

林园：我们做投资，首先就是要在买入的时候知道标的高低，价格非常重要。我可能不是传统意义上的价值投资者。对一些行业的把握是我们的强项。在股市不同的阶段，我们采取的策略是不一样的。在熊市和牛市，我们的投资策略是不一样的，完全是顺应市场在做。

提问4：在您心目中，上市公司的核心价值是什么？从投资价值的角度来讲，一个股票为什么值得买入和持有？

林园：我们的投资核心就是投资一些有垄断性质的公司。具有垄断性，再加上合理的价格。投资没有别的，就是垄断。我们的选股方向就是"垄断"加"成瘾"。就这点来说，我们和巴菲特说的价值投资是很接近的，只是我们把它量化到了更小的范围内。目前来看，如果长期持有的话，我们只投和嘴巴有关系的企业。

提问5：就您看来，什么样的人适合做价值投资？

林园：爱钱的人。他把赚钱当成一种乐趣、一种职业，这就行了。

提问6：做价值投资，除了要深入研究企业的基本面和市场的基本面，是否需要技术分析（如K线图、指标等）的辅助或配合？

林园：当然，趋势很重要。我们要在牛市里面做投资，一定要清楚，赚钱是要在牛市里赚的。技术分析可以辅助我们去判断牛市和熊市的差别。

提问7：您曾说过"我赚钱的秘籍是确定性"！还说过，"投资一定不能犯错。哪怕投资100家公司也不能错一次，要达到百分之百的正确率"。请问，确定性从何而来？投资如何做到百分之百的正确率？

林园：就是"垄断"加"成瘾"。垄断，就是没有竞争对手或者你具有定价权。成瘾，代表了消费的连续性。

提问8：是否需要考虑股价的高低？

林园：股价高低当然是我们投资的基础，但最终来说，它并不是最关键的。换句话说，不考虑股价也是可以胜利的。我们说的本质是垄断。投资最核心的东西就两个字——垄断。

提问9：在股票投资上，您如何保证自己不犯错？

林园：就是找垄断。我们要牢牢把握住垄断企业，把握住具有成瘾性的企业。再加一个就是我们要对高低有所认识。"夏天不说空调"，在天气热的时候，空调价格往往也在高点，就不要去参与了。选股，要具备一定的前瞻性。

提问10：阶段性而言，您在投资股票方面有没有过短暂的失败案例？

林园：有过。如果已经买进去了，那就持有，但这种情况我们很少遇到。

提问11：很多人都说您和巴菲特的投资理念比较类似。请问，您和巴菲特的投资理念是不谋而合呢，还是您专门系统性地研究过巴菲特？

林园：我们没有研究过巴菲特，但是我看了过去几十年大家对他的报道，或者有关他的书，我对他的理解也是投资垄断企业，投资赚钱机器。也就是我们说的，投入有限、产出无限大的公司。

提问12：您在接受央视采访时曾说过"投资没有别的诀窍，就是找垄断型的公司"。您说的"垄断"是指哪些方面的垄断？（品牌？资源？技术？其他？）

林园：都有，都可以成为垄断的因素。品牌、资源、技术等等，这些都是门槛。

提问13：您的意思就是一家公司在这些层面垄断的越多，或者门槛越高越好？

林园：那当然了，这样就没有竞争对手了。

提问14：您认为"股价在底部的公司未必风险小，股价不断创新高的公司未必风险大"。这是否意味着，您更愿意买入具有成长性的企业，而不是被低估的企业？

林园：其实，我说这句话的意思跟"成长性"和"被低估"这些关系不大。股价在底部的公司，可能经营有问题。如果一个公司的发展最后不能体现在盈利上，风险是很大的。如果在一个大的行业里面，一家公司股价创新高，那说明它的经营能力是向上的，这样它的股价才会不断创新高。最主要还是看一家公司的持续盈利能力。

提问 15：您会不会主动区分大盘股和小盘股？会不会在某个阶段只买大盘股，或只买小盘股？

林园：会的。对大小盘股的区分还是会有。我们的概念就是不管大盘还是小盘，不只是和 A 股市场上的比，更多的是和全世界同类公司的市值去比较。如果是买入的话，我基本上还是倾向于高成长的小盘股，而小盘长大到大盘的时候，也可能持有。

提问 16：您挑选公司时，主要关注哪些财务指标？

林园：主要关注毛利率以及毛利率的变化。与同行相比，毛利率越高的企业越好，另外，毛利率的变化要稳定或趋升。

提问 17：您会亲自调研上市公司。您曾买过的股票，是否每一个都调研过？

林园：仓位比例超过 0.5% 的公司，都会去调研。

提问 18：在调研上市公司时，您最关注哪些方面？

林园：经营的情况，主要还是看这家公司的持续盈利能力。

提问 19：您印象最深的一次调研是哪一次？

林园：这倒没有。

提问 20：当您找到确定性的企业时，是马上买入它的股票，还是会再择时、择机买入？

林园：我们通过量来控制风险，要根据市场的情况来看。如果我们判断这家确定性的企业估值合理的话，会马上买入，而且会不断买入。如果确实是价位高了，我们认为估值偏高，那可能会少量买入，等待机会。如果没有好的机会，错过也就算了。

提问21：您买入一个股票，最短会持有多久？最长会持有多久？

林园：这是比较灵活的，还真没有什么时间的限制。但是，总结来看，我们重仓买入的标的持有时间会相对较长。但按我内心本质的想法来说，不是一定要持有时间长或者短，还是要看行业的成长是否可持续。当我们发现有能够替代它的标的，能够让我们赚更多钱的标的，哪怕它还是好的，我们也会做一些取舍。如果行业变化大，不符合我们公司的投资逻辑时，就坚决换掉。就像我们前面提到的，如果毛利率持续下降，那我们就坚决卖出。

提问22：在一个股票持仓的过程中，您的换手率如何？

林园：基本上是很少换手。除非在牛市第三期，在极个别情况下，会做出这样的行动。牛市第三期往往就是市场最疯狂的时候，完全就是炒股，那时候我也会换股，换手率就相对高。

提问23：您前面提到了牛市第三期，那肯定还有第一、二期，您能否给我们分别介绍一下牛市第一、二、三期的特征？

林园：第一期就是一些主要的行业和股票涨，带头的股票能够涨1至5倍。第二期就是更多的股票都会涨，大概有10%至15%的股票会涨，就是一个行业的二线股票也会涨。第三期就是基本上所有行业的股票都要涨，有80%的股票都会涨。这种情况下，我们就会提高换手率。

提问 24：您曾说过"仓位管理是小聪明，满仓才是大智慧"。是不是只要在线就是满仓，而不用考虑调节仓位？

林园：不管大盘是牛市还是熊市，我们一直都是满仓操作。这个主要就是我刚才说的，什么样的人适合投资，就是我们很爱钱，所以我们要把每一分钱都用上。我们的心理状态永远是往上看的。

提问 25：王洪先生写过一本书《中国股神林园炒股秘籍》（经济日报出版社，2007 年 7 月第 1 版），您觉得这本书是否表达了您的投资思想和投资观点的精髓？

林园：差不多吧，大概方向都是对的。与以前相比，我现在的投资理念并没有出现什么明显的变化。我们认为这是不能变的，如果变了那就不成体系了，而是会受市场的影响。实际上一家企业能不能赚钱的逻辑是不变的。其实判断一家公司能不能赚钱的指标，大学的财务课本上都已经告诉你了，只是多数人会受市场波动的影响把这些忘了，抓不住重点。

提问 26：这本书已经出版 11 年了，如今还在再版。请问，您最希望买书的读者从中学到或体会到什么？

林园：我们都说实践是检验真理的唯一标准，我们已经检验过了，不用再去检验了，参考我们的方法去做，成功率更高，不要走弯路。

提问 27：您 1989 年凑了 8000 元进入股市，当时您有没有想过投资股票可能失败？可能亏光这 8000 元？

林园：没有，一个年轻人那时候不会想这些东西。这和从小生活的环境也有一定关系。我的父母对我是放养的，从来没有给我一个框框，告诉我说这不能做，那不能碰。我父母在一个县级医院上班，他们是当时县里面仅有的两个大学生。我在相对贫穷的县级医院里长大。可能和我们当时的环境有关系。

提问 28：您的这 8000 元到了 2006 年底，变成了 20 亿。就您看来，这样的传奇性收益，有多少成分是时代赋予的，有多少成分是您个人的智慧和努力创造的？

林园：这肯定和时代有关系，时代造就人，感谢这个稳定、没有战争、没有意外、和平的年代。

提问 29：现在的中国股市，还有没有可能再实现如此之高的收益？

林园：我认为还可能实现这么高的收益，还是有机会的。

提问 30：您为什么认为还有这样的机会？有些人表示短期暴涨的机会在未来可能会减少。

林园：这和社会的发展有关系，会出现一些改变人命运的东西。2007 年以后，互联网革命造就了很多富翁，股市应该也是这样。就像 100 年前的钢铁，革命性的产品都能造就富翁，随着时代的变化，革命性的产品和服务会不断涌现。

提问 31：您认为"股市现在的情况不适合散户"，请问，股市现在的情况和以前相比有何不同？为什么说不适合散户？

林园：中国股市正在发生翻天覆地的变化，我们观察了过去 30 年的世界股市，只有少数部分，大概只占总市场 5% 左右的股票能涨。这也验证了我们所说的真正能赚钱的企业非常少，这主要是由市场的供求关系决定的。中国股市在不断发行新股，个股数量很多，但是优股太少，所以散户很难赚钱，因为他们大部分人不知道投资的方向。上市公司很多，但资金就这么点，只能在有利润的公司放大，这是世界的规律，最后出来的公司强者恒强，弱者恒弱。所以专业的事情一定要交给专业的人来做。

现在大部分的股票，我认为没有任何价值。我们去一些公司调研，发现它们是没有盈利能力的，而且行业还在不断地竞争。最后大浪淘沙，只有极少数的公司会有人关注。例如在澳洲，大家只关注必和必拓，在新加坡，大家的注意力只放在 1 至 2 只股票上，中国的香港包括美国的股市，真正能受关注的公司也非常少，就二三十家，其他大部分的股票常年没有人理。若去做冷门的公司，失败的概率接近 100%。

提问 32： 回顾您近 30 年的股市投资历程，您觉得自己最成功的 3 笔投资是哪 3 笔？

林园： 最早因为行业的变化比较大，我们做得都还比较成功。例如电视机，最早国家普及电视机时，我们买了电视机相关的股票。之后是房地产、金融业，这些都是我们投资的重点。这里要强调的是，我所说的重点，我在上面至少赚了 50 倍以上。接下来是 2003 年的白酒，到今天我们把投资锁定在医药领域，我们认为这些机会都是非常好的。

提问 33： 您说过"大牛市中赚不到钱就是风险"，为什么这么说？

林园： 股票持续涨的时间只有 3%，世界股市的规律就是熊长牛短，如果你抓不住这 3% 的时间，去抓 97% 的时间，是不对的，该赚钱的时候就一定要赚够。个股也是同样，没有赚钱能力的公司，就是风险，投这样的公司，时间和资金都浪费了。该赚的时候没有赚够，要么亏钱，要么亏时间。所以，牛市我们的策略是持有，坚决持有，赚到底。

提问 34： 您曾数次逃过熊市。请问，您如何识别熊市？为何能果断离场？

林园： 也没有主动逃过整个股市的熊市，我判断的是行业的熊市，一个行业如果是个夕阳行业，正在走下坡路，我们是能逃掉的。整个股市的熊市或牛市，我们也没有很强的能力去判断，最多是把一些杠杆去掉，因为我们早期有杠杆。

提问 35： 也就是说行业的利润变化，行业的景气度变化是比较好把握的，但是整个股市的牛熊比较难把握。

林园： 牛熊或许可以从市场的盈亏结果来看，熊市大家都在亏钱，若市场 90% 甚至 100% 的人都在挣钱，肯定是牛市。因为牛市的末期是最能涨的，如果要卖股票，比如最高点是 6000 点，或许是跌倒 3000 点的时候兑现。举一个例子，比如 2007 年的牛市，3000 点涨到 6000 点，大概是从当年的 5 月涨到 10 月，之后即使跌了 3000 点，也就是跌到当年 5 月的价格，卖掉实际上也没有损失多少，这不需要做太准确的判断。主要还是判断行业的牛熊，这个更重要。

提问 36： 判断行业的牛熊，就像现在做电视机的企业，可以赚钱，但不可能赚大钱，是这个意思吗？

林园： 中国的家电企业，像美的和格力一直都在盈利，最后会形成垄断，但是这类机会我们不好把握。所以我们的策略就是行业高速发展的时候，我们就参与，一旦行业分不出谁是英雄，我们就不参与了，远离竞争，拥抱垄断。

提问 37： 除了要规避大盘的熊市风险外，一个好公司遇到哪些情况时，也应该先平仓？

林园： 主要还是判断行业牛熊，对大盘我们没有主动设置规避机制。我们做了这么多年的股票，也没有平仓线。直到今天为止，我们的这种策略也没有吃亏，最后看都是对的。也就是说如果行业没有变差，一家好公司变差的概率比较低，行业的景气度是我们投资时首先要考虑的。

提问 38：就您看来，有没有特别优秀的公司，可以一直持有，在熊市都不用平仓？

林园：医药消费行业中一些真正优质的公司可以永久持有，因为人需要这个行业，这是永恒的行业。

关于股市和投资机会

提问 39：您认为每个阶段都要"投资中国最赚钱公司的股票"，随着时代的发展和变迁，就您看来，哪些板块的公司已经不可能成为最赚钱的公司了？哪些板块的公司有可能成为最赚钱的公司？

林园：我们主要研究最赚钱的公司，别的公司不过多考虑。有风险的公司就不去研究了，把精力放在一定能赚钱的公司上才有意义。现在我的观点是最能赚最能涨的公司就是医药消费公司。

提问 40：您在今年 3 月 15 日的一次演讲中判断 2018 年初是牛熊交替的时点，即股市要从熊市转为牛市。您做出这一判断的主要依据是什么？

林园：我指的是医药行业的牛熊交替，大势我们不能判断。医药行业，现在已经在牛市初期里运转了。

提问 41：您觉得现在是医药行业的牛市初期，您觉得这个医药行业的牛市大概会持续多少年时间？

林园：我们判断是 30 年以上。

提问 42：您所认为的新开始的这一轮医药股的牛市，上涨的核心推动力量是什么？

林园：核心推动力就是人们对这个行业的刚性需求，这是必然的，例如人口老龄化。

提问 43：是不是因为您判断新一轮医药股的牛市开始了，所以贵公司重新开始运作私募产品？就您看来，怎样的私募机构称得上是优秀的私募？怎样的基金经理称得上是称职的基金经理？

林园：是的，因为我们认为我们的判断是百分之百正确的，所以这时候才发行一些私募产品。基金经理就要给客户赚钱，不能犯错，每只产品都要赚钱，不能有意外。

提问 44：您说每只产品都要赚钱的时间周期是多长？比如是每年里都要赚钱，或是 3 年至 5 年之内？

林园：我们指的是 12 个月，如果现在我们大张旗鼓地买入股票，就要求 12 个月内要赚钱。如果持有股票，最坏的结果是 3 年，3 年一定要赚钱。

提问 45：有人认为，现在的股市进入了 10 年慢牛的阶段。对此，您是否认同？为什么？

林园：这个我们不做判断，我们认为大市现在估值不高，但能不能涨与中国的经济有关。我对整个大的经济前景是谨慎的，对医药板块是乐观的。

提问 46：也有人说，未来的牛市，股票是两极分化的，可能只有 20% 甚至 10% 的股票是好股票。对此，您是否认同？为什么？

林园：这个我是认同的，按公司个数来说不会超过 20%。

提问 47：您提出"未来的投资标的只有医药股"。您为何如此看好医药板块？

林园：不仅人口老龄化加快，现在患有慢性病的人口超过 4 亿人，再往后，45 岁以上的中老年人会更多。我们有做过一些调研，大内科病的就医量翻了一番，这是一个依据。

提问 48：您还指出只投高血压、心脏病、糖尿病相关的医药股，为什么只投和这 3 种疾病相关的医药股？

林园：这些板块占长期医药消费的 75% 以上。

提问 49：您看好医药股，和您原本是学临床医学的，有关系吗？

林园：有关系，我们知道重点在哪里。我们知道医药消费什么东西最花钱，这很关键。10 多年前，我也在医药股上挣了很多钱，现在还一直在挣钱，也是百倍以上的收益。

提问 50：产品或服务雷同的医药股有不少，如何从中找出值得投资的个股？

林园：现在医药股处在高度竞争中，我们也不清楚哪一家公司是龙头，所以我们要把特定医药行业的股票买一遍。

关于挑选优质的个股，现在只能看它的报表，看它的盈利能力和股价等各方面，然后做一个综合判断。但现在还没有到集中的时候，如果集中了，就会形成寡头垄断，这时候就是到行业末期了。

提问 51：您认为，优秀的医药股未来能上涨 100 倍，为何如此乐观？这 100 倍是怎么算出来的？

林园：我们看医药股的市值和国外相比较差 100 倍，再加上我们有能力消费医药的人口占全世界的 1/4。其实我认为还要乘以 5 才对，最少涨 100 倍，最多涨 500 倍。

提问 52：除了医药股，您现在还相对比较看好哪些板块？

林园：从 1993 年到现在，我们研究医药股已经超过 25 年。我们现在看好的行业，比如新能源汽车、传媒、食品、精神上消费的行业等，都是不错的行业。但是，我们现在首先是看好医药，成熟的行业就是医药，别的行业都还在研究阶段。我今天还在跟别人说，不管用不用，我先把国产领导品牌的汽车都买一遍，体会体会。可能5年后、10年后、20年后我才会去真正介入这些企业，但是我认为这是大方向，那我就会去研究。我们研究的步伐永远要在市场之前。医药行业门槛高，几乎是垄断的。像汽车行业，技术门槛其实是比较低的，而且未来不确定因素也多。所以现在我们只投医药股，但是未来有希望的行业板块我们也会有所研究，这样才能使得投资具有前瞻性。

提问53：中国股市通过沪港通、深港通、纳入MSCI指数等方式加快对外开放，这对A股市场的估值、涨跌风格、投资者结构等会产生哪些方面的影响？

林园：影响不大，中国股市和全世界的股市是相通的，能涨的股票大家都知道是好的。中国股市有一个特点是以散户为主，所以在一定时期内，供求关系会受到影响。要上市、融资的那些股票，壳价值在下降。我觉得到最后有些上市公司的老板都不愿意看他们的股价，都赚不到钱，成为过路神仙。可能那些公司的资产现在还值10亿、20亿，但最后估值只剩下2亿、3亿，这是全世界的规律。上市不一定是好事，国际上都是这么回事，我们肯定会和国际接轨的。

提问54：请您谈谈"一带一路"对中国股市的主要影响。

林园：靠我们中国人的聪明才智，"一带一路"一定能把中国的好东西带到全世界。

提问55：请您谈谈"人民币国际化"对中国股市的主要影响。

林园：这个影响不是很大。现在就是比较难出去，其实过去10年外国股票容易赚钱，而中国一直都是熊市。如果人民币国际化程度慢慢推进，那会有更多国外的机构和投资者来参与中国股市。

提问56：您刚才说上市公司供应量越来越大，这会不会导致中国股市的整体市盈率下降？

林园：那肯定是的，现在已经在下降了。市盈率体现的是需要股票的人和卖出股票的人的供求关系。

提问 57：您现在个人资产的配置情况，A 股大约占多少比例？

林园：55%，其余的 45% 配置在全球各地，包括国外的股票、债券。我的资产几乎都配置在了金融资产。

提问 58：请您谈谈对未来房地产的看法。就您看来，深圳的房价在 5 年内会如何表现？

林园：这个我不做判断，中国的房子太多了，在人口老龄化程度加重后，房子一定是过剩的。

关于伟大的时代

提问 59：如果说我们现在正在经历的时代是一个伟大的时代，那么，这个伟大的时代在经济上有何特征？

林园：这个伟大的时代在经济上最主要的特征是会出现世界级的企业，这应该和中国的人口相匹配。比如，未来世界 500 强企业里，中国要占 1/3。

提问 60：哪些类型的企业，在当今这个时代会成为最受益的企业？

林园：医药企业在当今这个时代会成为最受益的企业。

提问 61：符合哪些条件的企业，称得上是伟大的企业？在您的心目中，全球最伟大的 3 个企业是哪 3 个？中国最伟大的 3 个企业是哪 3 个？

林园：伟大的企业是具有持续盈利能力的企业。全球最伟大的企业我认为是茅台，因为现在我觉得已经没有什么紧缺的东西了，唯一紧缺的就是茅台。很多东西火了一阵就不行了，但茅台已经火了至少10年了。我们做投资的话，谁是赚钱机器，谁就是厉害的企业。

提问62：中国有哪些企业，未来可能成长为伟大的企业？

林园：未来伟大的企业肯定在医药领域产生。当然，我们所说的伟大和企业对社会的贡献、担当的社会责任是两回事。对我们投资者来说，能赚钱才是最重要的，所以我们是从投资回报的角度来评判这个伟大与否。

提问63：5年、10年、20年后，中国会不会出现类似或接近巴菲特这样的伟大的投资家？

林园：肯定有，而且在中国还不止一个"巴菲特"。

提问64：普通人应如何顺应这个伟大的时代，以实现财富的持续增值？

林园：这要看一个人的年龄。如果是一个年轻人，就要义无反顾地去投资，努力赚钱，以后享受生活；如果是一个老年人，就不要去冒险了，用储蓄享受生活。

关于人生和财富

提问65：您是陕西汉中人，小时候的成长环境和家乡的风土人情，对您后来的价值观、投资观有何影响？

林园：这个是有影响的，我小时候在医院长大，会去摆摊卖茶水赚钱，做点小生意，所以从小就知道要做销售，知道需求，知道利润怎么产生。

提问66：您曾在深圳红十字会医院及深圳博物馆工作，当年进入股市是不安于清贫，还是其他的原因？

林园：那倒也不是不甘清贫，那时候对金钱的概念没有这么强烈。我当时也不缺钱，主要是花不了几个钱，工作赚的钱都能攒下来。当时一开始就赚钱，从来没有失败过，就一直把投资当作乐趣。

提问 67：媒体和股民们称您为"民间股神"，您本人有何感受？

林园：我也没多大感受，因为我从前的人生一直是往前进的，从来没有往后退过，希望以后也是如此。

提问 68：不管市场同行、股民和媒体如何看您，如果让您用几个关键词描述自己，您觉得哪几个词能够体现真实的您？

林园：林肯说过："我走得很慢，但是我从来不会后退。"我觉得这也很适合自己，我虽然不是一个长跑健将，但是我是要永远往前走的。

提问 69：从公开的一些照片上看，您似乎比较喜欢笑，看上去很开朗。您觉得自己是个乐观的人吗？在生活中，有没有让您烦恼的事？

林园：我是个比较乐观的人，我都是往前看，没什么烦恼的事情。

提问 70：就您看来，是股市更复杂还是人心更复杂？为什么？

林园：肯定是人心比较复杂，每个人都觉得自己有独到的地方，每个人都觉得自己最聪明，而且贪婪是人骨子里的东西，对于普通人来说，以这样的人性去处理股市上的东西，那么失败的概率比较大。其实对上市公司的判断标准书上都写了，但是多数人管理不好自己的情绪。如何平息自己内心的欲望很重要。

提问 71：近 10 年您比较少出现在公开场合，这 10 年您做了哪些布局？

林园：我也没做什么布局，就做好自己的事，先在股市上把钱赚了再说，不要走弯路。

提问72：您虽然拥有了不少财富，但听说您生活上比较节俭，甚至在吃穿上对自己有些吝啬。您如何看待财富的作用？就您看来，哪些钱值得花，哪些钱不值得花？

林园：我也没有刻意吝啬，都在正常花销。可能和个人骨子里的东西有关，和从小的经历有关。我喜欢去比较哪个东西的性价比高，这是一种乐趣。

提问73：就您看来，对拥有10亿以上财富的人来说，应当尽哪些社会责任？

林园：只要这些钱你没有浪费就行，最后财富都是社会的。所以，钱只要没乱花，最后都是国家和全人类的。我觉得赚钱就是一种工作，是一种享受，和钱多钱少没什么关系。

2018-06-04

（本文不构成操作建议。股市有风险，投资需谨慎。）

七、未来 30 年投资医药股最坏的结果是赚 100 倍

在最近的演讲中，林园表示："我们认为未来 30 年投资医药股最坏的结果是赚 100 倍。"

"这个时候应该跑步进场。长期看，未来 30 年投资医药股的确定性和存银行差不多。"这是林园投资董事长林园近期在一个论坛上演讲时提出的观点。

林园 1989 年以 8000 元进入股市，到 2006 年底赚到 20 亿身家。2006 年归隐江湖，沉寂 10 年后，林园于 2016 年再度"出山"，只因医药股在牛市途中，他要寻找下一个"茅台"。2016 年 4 月，林园卖掉银行、保险股，买入医药股。据说，林园毕业于临床医学专业，曾在深圳红十字会医院（现深圳第二人民医院）任医生。学医出身的民间派私募基金经理林园怎么看待医药行业未来增长的逻辑？医药投资机会分布在哪些细分领域？一起来看看林园在 7 月 5 日的演讲。以下为演讲全文。

这个时候应该跑步进场

今天（7 月 5 号）大盘是下跌的，我也跌了。不过这个时候应该坚决买入，跑步进场，因为长期看，目前 A 股跌到这个点位可能差不多了，风险不大。我们炒股的如果把账算清楚了，其实就相当于在做一个固定收益类的投资。股市是今年好明年不一定好，期货可

能年年都有好的行情，但长期看，我过去30年都没有错过，这个成绩就是实力的证明。今年5月份我去美国，犹太人就说："你这个方法为什么不会失败？我们也研究这个，你难道在宏观把握上全世界第一不成？"我说那试试看！过去30年所有大的层面的东西，我都能把握。

投资医药股未来30年最坏赚100倍

今天我为什么要讲医药股？中国经济现在实际上是过剩，全球大多数地方都是这样，很多的行业你去投资的话，失败的概率非常大，因为很多东西已经过剩了，只有慢慢淘汰。唯一的例外是医药行业，它在未来30年会有一个确定性的增长，增长空间有多大？我们认为未来30年投资医药股最坏的结果是赚100倍，最好的结果是赚500倍，大概在这个范围里面。

这是我们计算出来的一个波动范围。100万放在我这里30年，我相信最坏的结果是1个亿。为什么未来30年医药股的确定性非常高？刚才我说了，我们做投资，一定要把它当成一个固定收益的东西，要像存银行一样，在大概率上要稳赚不赔。银行、保险、地产、互联网，这些都是全世界排在前面的发展事业，这些我们看都不看，我不投，我就投医药。大的环境上，我们医药股和国外同期的相差100倍。我是1963年出生的，我们这一代人是全中国最多的，大约4亿人。30年以后，我们这代人差不多就到了死亡的年龄。我们这代人活的时间会越来越长，不会短命了，将来医药公司赚得最多的就是我们这代人的钱。我相信未来30年医药行业的大发展是个大概率事件。

只投治疗高血压、心脏病、糖尿病的医药股

一些内科方面的慢性疾病过去100年都没有治好,为什么?因为这些病其实是治不好的。得这些病的人最终就是要死的,不要想着新科技、基因技术能够把病治好。我们在医药股上的投资策略就是只投能治疗糖尿病、心脏病、高血压这3类疾病的医药股,而且我们投能预防或者治疗这3种病的并发症类的公司,因为这3种病都是治不好的,生病的人如果最后死亡了,更多是由于并发症导致的。我是学临床的,我相信我在医药方面的研究是比较准确的。只要这类病人活着,就要天天吃药。我们几十年在投资上总结出来的规律就是,你选择的股票必须在它的领域具有垄断地位,而且对于消费者要具有高黏性的特征。高血压、心脏病、糖尿病相关的医药板块占长期医药消费的75%以上。我把账算清楚了,我就不会亏钱。如我前面所说,首先中国医药发展和中国人口是不匹配的,和国外相差了100倍。另外就是人口老龄化,慢性疾病对相关药物的需求黏性高。过去说要发明新的东西让人活到100多岁,这个概率非常小。过去100年,医疗进步很大程度上主要得益于抗生素的发明。过去几年,我对国内100多家三甲医院做了调研,发现大内科病在过去3年的就诊量增加了一倍。但这类病人大部分是在家里吃药,去就诊是极个别的。我们分析下,应该是过去3年得这类疾病的人口数量增加了一倍。随着收入的增加,人类会越来越惜命。为什么现在生存时间久的药企不多?为什么过去很多人养不活这些药企?因为过去很多中国人有病不去治疗,对健康没那么重视。而我们这群20世纪60年代前后出生的人,应该说是中国当下最有钱的一代人,在他需要治病的时候,他有这个支付能力,他会拿钱来延续生命的。我刚刚说的这3种病是吃了药就离不了的,离了药就要

死的，所以这个领域开支是非常大的。这就是我们的一个最基本的逻辑，这个逻辑是不会错的。而且我们看到，过去医药股平均下跌大概超过五成，甚至有些股票跌了百分之六七十。今天大盘这个点位你进场，就投医药，长期基本没问题。这就相当于存银行，它未来收益的确定性非常高。投资没有诀窍，就是你要把账算清楚。

2018-07-11

（本文不构成操作建议。股市有风险，投资需谨慎。）

八、充满争议的投资神话，未来 30 年的投资机会

资本市场风云变幻莫测，英雄辈出但潮起潮落，私募江湖更是纷繁复杂跌宕起伏，十数载，无数私募英雄崛起陨落，也有很多私募常青树屹立不倒，经历市场不断锤炼后赢得信任，不断做大做强，成为行业的佼佼者。针对这些国内的优秀私募机构，私募排排网将进行系列报道。

今天，私募排排网带大家走进国内优秀的私募公司林园投资，分享这家老牌私募公司的价值投资心得。

林园是一个风格异常鲜明的私募大佬，也是一个充满争议的私募大佬，从 8000 元到 20 亿元的神话，到 2008 年产品净值暴跌近 60% 进而备受质疑，再到近几年净值持续亮眼，特别是 2017 年的大幅飙升，林园一直受到市场的瞩目。

从浮躁的热闹到沉寂后的平静，林园的一生跌宕起伏，充满着传奇色彩。几度牛熊，林园唯一不变的是，他依然平静、淡定与自信，依然坚持着自己的价值投资方法，坚守自己认为对的投资方向。

充满争议的投资神话

网络流传着无数关于林园的神话，特别是从 8000 元到 20 亿元那个神乎其神的传说，一度被疯传。故事是这样的：

1984年林园毕业于陕西某卫生技术学校临床医学专业，同年被分配到深圳市红十字会医院做了一名医生，1986年调入深圳博物馆工作。在博物馆工作期间，他曾在南京某知名学府进修电子工程专业。

1989年下半年，林园怀揣从老娘那里借来的8000元进入股市，抓住市场信息不透明导致各地股票存在价差的机会，在深圳、上海反复波段式倒卖深发展，几个月盈利12万元，在股市中赚到第一桶金。

对于自己的成功，林园也感到幸运女神的眷顾。这位高调的"股神"在回答一位大学生的提问时承认："我从8000元赚到12万元，那时候谁知道股票是怎么回事。那时候股票是一个稀缺资源，你买了它就涨。当时我二十几岁，也是糊里糊涂的。"

从1990年到1992年，林园把目光投向了"获利丰厚"的原始股。在接下来的两三年，他奔走于海南等地收购原野、锦兴、琼民源、深华新等原始股，这些股票上市后股价均翻了十几倍甚至几十倍。1992年，林园的股票市值已超过了1000万元。

1992年，林园巧合地转战西安房地产市场，躲过熊市。1994年，他重新进入股市，重仓深发展和四川长虹，1995年到1998年翻了9倍，财富再度大涨。2000年，他撤离A股市场。

2001年到2003年，林园在市场"消失"了3年。2003年的熊市尚未退去，林园又回来了，并带来了价值投资的理念。在这轮投资中，他的重仓股主要是贵州茅台、五粮液、云南白药、招商银行、宝钢、万科和中原高速等"准龙头"股。几年之后，当熊市走到尽头，牛市就在眼前的时候，林园的身家已经到了4个亿。

2006年，大牛市到来，价值投资大获全胜，贵州茅台、五粮液、招商银行、铜都铜业、伊利等暴涨，林园的财富顺利地增长到了20亿元。从8000元到20亿元，一个核裂变式的财富神话，就这样诞生在这个有着无数神话的A股市场。

然而，并不是所有的人都相信林园的神话，对林园的质疑声音也从来没有停止过，特别是林园的狂言更是被无数人攻击，"骗子"的称呼不绝于耳，一包20余份的资金市值明细表也存在疑点，难以完美证明神话的真实性。

关于林园神话的争论没有定论，也许会一直持续下去。然而无论真实性如何，引起证券界轰动的林园，无疑已经创造了一个神话。

2007年，深国投基于对林园的信任，和林园共同建立了以他的名字命名的信托产品。但是这一次，林园并没有复制几年前的辉煌，在2008年，他的产品净值下跌了近60%，业绩大幅回撤。市场对林园的质疑更是汹涌而至。

然而，林园却仍然保持着冷静、自信，仍然在过轻松自得的生活。林园自己明白，他所用的投资方法无法抵御系统性风险，但如果市场走好，他能够获取更高的收益。他深信自己购买的公司是有价值的，是值得长期持有的，未来一定能够穿越市场的周期，给以自己高的回报。

同时，由于购买产品的资金多为自有资金和亲戚朋友的钱，他们对他的投资理念非常了解和认可，因此并没有造成大的压力。

林园说："如果拉长时间看，从2001年开始看，即使到2008年的最低点，我们的投资组合仍然有25倍的回报。我们买的股票都是2001年买入的，2008年的大跌，对我而言，无所谓，没有造成多大的伤害。"

林园，依然坚持在价值投资的道路上行走。

林园的反击战

走过惨不忍睹的 2008 年，林园的净值开始反弹之旅。2009 年，在 4 万亿经济刺激计划的驱动下，中国 A 股开始了大幅反弹之旅，走出了一个小牛市，众多个股更是走出了波澜壮阔的牛市行情。那一年，林园的产品取得 __% 的年收益率，排名第 __ 位。

2010 年，A 股震荡起伏，个股结构性机会明显，行情相对难以把握，沪深 300 指数下跌 12.51%。2010 年，是乱世出英雄的年代，众多草莽英雄揭竿而起，林园的产品年收益率为 __%，排名第 __ 位。

2011 年，是阳光私募出现以来最为艰难的一年，这一年沪深 300 指数大跌 25.01%，阳光私募普遍亏损惨重，清盘、并购、募集困难等报道不断见诸报端，林园的产品获得 __% 的正收益。不知不觉间，林园已经完成了大逆转。

2012 年、2013 年，塑化剂事件和三公事件使得白酒危机出现，以贵州茅台为代表的白酒股大跌，林园产品承受回撤，分别下跌 3.83% 和 6.94%。

2014 年牛市启动，随后股灾发生，林园安全穿越，2014 年、2015 年和 2016 年，分别取得平均年化 __%、__% 和 __% 的收益。

2017 年，价值投资大年的到来使得林园再度强势占据市场焦点。他长期持有的贵州茅台、五粮液、伊利股份、片仔癀、云南白药、海天味业等大涨，旗下产品获得平均 __% 的收益，名列市场前茅，最高收益产品的收益率高达 __%。

2018 年，众多去年收获颇丰的价值投资私募净值大幅回撤，而看好医药股的林园旗下产品却一枝独秀，平均收益率高达 __%，最高收益产品的收益率更是高达 __%。

从私募排排网－组合大师的各项数据看，无论是长期，还是中短期，林园旗下的产品各项指标的表现都是抢眼的。以成立最早的产品为例，截至2018年7月底，近5年、3年、2年和1年的收益率分别高达__%、__%、__%和__%，分别位列同策略的前4%、1%、1%和2%。近5年、3年、2年和1年的夏普比率分别高达1.16、1.36、2.15和2.02，分别位列同策略的前4%、1%、1%和3%。其他各项指标也都名列前茅，林园旗下产品整体表现的优秀可见一斑。（林园投资具体收益，请百度查询）

不做闹心的投资，只买确定性强的垄断型龙头企业

人们对林园神话的真实性虽然仍有争议，但是林园对价值投资的坚持却受到众多私募机构一致的赞许。无论在怎样的市场环境下，无论受到怎样的质疑和攻击，林园对价值投资始终如一，深信曾经为自己创造了财富神话的投资方法，在未来仍然能够为自己打开一片天。

"我认为投资的第一重要性就是确定性，赚钱的确定性。我觉得股市是不能总结经验教训的。我要求我自己百分之百的正确，没准你错一次就是毁灭性的，赔钱就让你毁灭。"

林园的自信来自他对自己投资方法的深信不疑。林园说自己只买便宜的东西，自己的投资追求确定性，只投资垄断型企业、能够算得清楚账的企业、能够看得清未来3至5年盈利情况的企业。投资最坏的结果也是3年回本，一般来说就是3年之内不管有什么风险，都要见到高点，如果不是这样的话，投资方法就是有问题的。

"要成为市场的常青树，就要保证投资策略百分之百的正确，百分之一的失误都有可能带来巨大的损失，因此投资方向和买入时机是十分重要的。我现在的投资标的，我认为是二三十年内都不会衰退的行业，大多是为老百姓提供衣食住行的生活必需品的行业，是哪怕在短短三五年内也绝对不会亏本的、方向正确的行业。在行业的选择上，我一向青睐垄断型行业和龙头企业，相比于其他数以千计的小企业，这些企业具有绝对的竞争优势。市场竞争太激烈，我们惧怕竞争，我们投资人的钱不能亏本。"

另外，林园只投自己能搞得清楚的行业，搞不懂的行业坚决不参与。多年来，林园的投资组合基本上集中在消费股和金融股上，加上未来坚定看好且已经大量买入的医药股，其他行业很少涉及。他长期持有的贵州茅台、五粮液、伊利股份、片仔癀、招商银行等股票就是经典的案例。2016年后，林园清掉了银行股，转而买入医药股，这也是他2018年业绩持续亮眼的重要原因。

林园长期坚持价值投资，追求投资的确定性，实现财富的复合增长，而优秀的选股能力是其业绩长期优秀的核心要素。从私募排排网－组合大师的分析中也可以看到，林园的选股能力非常强，而择时能力不明显。

在林园的投资体系中，具体操作过程的核心是熊市买入盈利确定的垄断企业，满仓持有并跟随企业同步成长，牛市进行阶段性操作。

首先，林园很重视构建价值投资组合以控制下行风险：选择具有绝对竞争优势的垄断型行业作为投资标的，选择低估值、高增长的成长型龙头企业，逢低买入，组合投资，并且长期持有。

其次，分批买入，多元化持股，控制投资组合下行风险。林园公司的基金组合通常在20只以内，一般先少量买入，然后进行长期跟踪，根据个股形势再进行买卖操作。通过选股去泡沫，依靠企业本身的内增长抵消股市泡沫，个股最高仓位控制在30%以内。

林园坚持长期持股，如贵州茅台自 2003 年买入后持有至今。然而在下面几种情况下林园会卖出股票：投资标的出现极端高估值时坚决卖出，选择替代标的买入；投资标的的基本面严重恶化，不符合公司的投资理念及持股标准时坚决卖出。此外，林园公司定期对市场风险进行评估，若出现投资组合下行的风险时，及时启动应对措施；积极利用衍生品对冲工具为投资组合锁定系统性风险；当出现极端市场状况时及时减仓或者清仓，同时配置低风险投资标的。

林园平时轻松自如，并不像其他投资人一样沉重，不闹心的投资是林园推崇的投资之道。对此，林园说："我一般不会太费心地去深入调研，在我看来，需要经常调研的企业太闹心了，这样的投资不是我追求的，而垄断型企业一定是让你的投资轻轻松松的，这些不闹心的投资才是我要做的。"

几度牛熊后，林园的方法经历过时间的磨炼，经过时间的检验，开出了鲜艳的玫瑰。

医药股是未来 30 年最确定的投资品种

林园 2006 年归隐江湖，再度出山已是 2016 年。2016 年 4 月，林园卖掉银行股、保险股，买入医药股，这是因为林园判断医药板块当时不是牛市的初期，就是熊市的末期，熊牛交替。林园称："经过对过去 3 年的观察，我们发现医药行业已经由熊转牛，并且过去 3 年，医药指数大幅度下跌，现在是在底部区域，是目前可以购买到的确定性最高的标的。"

林园认为未来 30 年投资医药股最坏的结果是赚 100 倍，最好的结果是赚 500 倍。他表示："医药板块现在有过去 15 年不遇的机遇，也就是买入的机遇。对于现在的医药板块，不但是要买，而且要跑步进场，坚决买入，这个时候非常关键。在未来30年，医药板块是唯一一个具备确定性的投资板块。中国的银行、地产、保险、制造业是全球第一大市值，互联网可能也是在全球名列前茅的，唯独医药板块和国外的差距是100倍。医药板块现在是有爆发点的，有一些人离不开某些'成瘾性'的药物。老龄化带来的一些疾病是治不好的，但是有些药物可以不让人死亡又能防止并发症，我们现在就是要投资这些药物，如治疗高血压、心脏病、糖尿病的药物。"

林园只投资确定性强且具有高黏性的垄断型行业，因此他将未来的投资方向瞄准在高血压、心脏病、糖尿病3个方向。

林园认为高血压、心脏病、糖尿病这些病只能保守治疗，一旦罹患这些疾病，就意味着需要吃一辈子的药，也就是具有"成瘾性"，"成瘾性"用互联网的说法也就是"客户黏性"。同时，林园在调研100多家三甲医院后发现，最近3年，内科门诊的病人增加了一倍，而治疗高血压、心脏病、糖尿病的药占医药总销售额的70%以上。

"现在没办法去比较选择具体的个股，投资者在考虑投资时可以考虑投糖尿病、心脏病、高血压这3种病。只要是它们牵涉其中的，我们都可以投。目前并没有具体的个股成为寡头，你看不出来谁是领头羊，所以只能说都买一些。但是我们会根据公司的经营情况，通过公司报表等综合考量、控制股票投资，然后随着个股的发展慢慢把投资集中到龙头上。"

除了医药股，林园认为下跌幅度较大的成长股也值得关注，另外可交债、可转债在今年都是确定性很高的投资机会。

林园，A股市场的风云人物，曾经创造了投资的神话，也受到市场的质疑。然而无论神话的真实性如何，时间总会给出最终的答案。但林园对价值投资的坚持和践行，却是投资界不可多得的经典案例。

我宁愿相信这个神话的真实性，因为 A 股市场曾经创造了无数的奇迹，财富的神话也确实在 A 股市场上大量存在着，并且，未来会继续涌现。

股市变幻莫测，风格不断轮换，私募江湖也是城头变幻大王旗，但不变的是，林园依然故我，依然坚持价值投资的道路，其长期业绩却在不知不觉中穿越牛熊，领跑市场。

2018-08-08

（本文不构成操作建议。股市有风险，投资需谨慎。）

九、建仓三大慢性病医药股，散户可投医药指数

说起林园，想必大家都不会陌生。资产从8000元增值到300亿元的神话，激励了无数人前赴后继奔向股市，但至今也没有谁能够复制他的资产增值路径。

2016年以来，林园售出了银行股，开始布局医药股，调研和建仓医药企业。要完成这项浩大的建仓工程，据他估计，还需要两年的时间。

2018年，A股市场整体回撤幅度较大，林园这一次也没有幸免，但他直言"现在就是买入的时机，不做这个事儿（建仓）心里过不去那个坎，亏还是会亏，但也亏不了多长时间了"。

作为一个典型的陕西人，他的回答都非常简短，但切中要害，在快问快答中展现了他在A股28年来的杀伐决断。

哪些细分品类值得投资？缓解糖尿病患者并发症的胰岛素就值得布局，技术还不完全成熟，国内外市场空间巨大；而拮抗剂降压药这类技术成熟、处于生产厂家混战阶段的行业，就不值得进入。

如何挑选医药股投资标的？要选能够缓解高血压、糖尿病和心脏病并发症的中成药、生物药，要进入那些多家小盘股竞争的行业做好埋伏，而这些企业一要有盈利，二要有壁垒，确保未来有足够大的成长空间。

对个人投资者，他建议"不要借钱，用自己的钱去买医药基金

指数，或者医药股的可转换债券，买好了睡大觉就行了"。

以下是格隆汇对林园的专访实录。

大方向要正确

现在在医药股板块最热门的话题就是4+7带量采购，对这一政策，市场普遍持两种观点，一种是认为大量采购减少了流通环节，利好医药股，一种是认为买方"一票制"压价，会导致行业利润大幅下滑。您怎么看这两种观点？

我们基本没有投仿制药，所以对这一部分研究少一些。但我的第一个反应是仿制药企业会变少，最后整个行业会回归到一个常规该有的利润水平。一些没有产生规模效应的企业会消亡，仿制药企业的竞争会减少，资源向头部企业聚拢，成为批量化生产的一个行业。这和电视机行业有点像，因为技术水平差不多，只能是持续降价。凡是持续降价的行业最后都会形成寡头，因为大部分小企业都没了。

带量采购主要会对仿制药行业造成比较大的冲击，那这是不是意味着国内药企都要在创新药上发力？

医药大都没有彻底的创新，都是老方子的再利用、老技术的再改良。

国内外的经济形势有没有可能让您做出仓位上的调整？

我们从来都是满仓运作，用更好的标的替换掉原来的标的，从仓位上看是没有什么变化的。这两年我们新发了很多基金产品，我们认为现在医药行业进入到了一个能精准把握的阶段，竞争马上就要开始，这时候就该投了。这是一个大方向正确的事情，应该抓紧这30年好好赚一笔。

当前这个阶段，整体市场上的回撤都是比较大的，您也是满仓运作，会不会感觉比较有压力？

现在就是典型的熊市，便宜，但是买了就要亏。这个阶段会有一点压力，但我们会在标的上做些改变，有一些技术上的处理。

A股亏的时间也不会太长了，现在的下跌已经脱离了基本面，有时候是因为基金斩仓或者平仓。杠杆导致的风险我是把握不了的，但是市场会自动修复这样的过量下跌。

您说"投资的敌人是竞争"，医药股现在显然是还没有分出胜负，那么您怎么判断买入的时机？

现在就是买入的时机，我们买入的时机总是比别人早。如果行业格局已经是剩下三五家在竞争，这时候我们只有可能是持有。我们买入和持有的策略是不同的，买入一定是在形成寡头或者垄断之前，你看不出行业里谁是龙头，先买入一些小股本的股票，赚取它盈利放大加上股本放大的利润。

医药股要分出胜负，至少会在15年以后，所以一开始就要先去埋伏，看看谁能跑出来，通过时间的推移、企业经营情况的跟踪调研，再一点一点加码，集中在某一些企业。

您认为只有医药股这块的账能算清楚？

医药股的账很容易算。一是因为国内人口老龄化的趋势，50岁以前，人在医药消费上的开销很少，到了 50 岁以后，人的身体慢慢开始容易出问题，这代人是要看病的。二是中国人口世界第一，消费量第一，药是嘴巴的消费。三是医药股有一个即时反馈，医药生产多了，过段时间很快就会过期。

一般我们算未来 3 年的账，只有极个别的企业能往后看 5 年。投资首先是选行业，最重要的是行业的景气度高，这样企业大概率会胜出；其次我们的投资标的都是经过长期跟踪的，不是说只跟踪了一天两天。我们更重视投入产出的持续性，最好投资 1 块钱，每年都能挣 1 块钱，不要去考虑那些投 10 块挣 100 块的。

已配置胰岛素药企

嘴巴的消费具有"成瘾性"，那怎么量化医药股的"垄断性"？

最好投资独家产品，不是独家产品不要去投，看都不要看。

医药股的细分领域里您最看好的是高血压、糖尿病、心脏病，是投治疗类药品还是缓解并发症的药品？

我们主要投资那些治疗高血压、糖尿病、心脏病所产生的并发症的药，有一部分中成药，不投仿制药。这 3 种慢性病产生了医药行业 70% 的营业额，其中又有 60% 的钱是花在了缓解症状上。化学药品的消费很少，比如说一个心血管的病——心梗，在医疗手册里心梗的首选药物是硝酸甘油，但是硝酸甘油的消费量，全中国一年才不到 4000 万元！太小了。所以一定是投日常不断在用的药。

为什么中成药是您投资的重点？

首先，这类药风险比较小，都是传统的药方，经过了几千年的实证，副作用基本没有，只是起到一个维护健康的作用。其次，它的核心都是中药的再利用。比如说，一个中成药本来是用于治疗肝病的，但突然发现它在其他并发症上的效果非常好。

您会倾向于在各个细分领域里选一到两个跑得快的企业，还是直接选择一个比较热门的领域？

在目前这个位置上，我们是普遍撒网的战术，大概投了10家公司。重点是这个公司该占多少的仓位，我们要结合它的股价来定。这些公司必须是已经盈利的，只要大盘企稳，它们就不会持续下跌，我预测在未来36个月之内，甚至有可能在12个月之内，我们投资的个股股价就会创新高。

现在国内用于治疗糖尿病的胰岛素超过半数依赖进口，您怎么看国内胰岛素企业的发展前景？

这部分市场一定是非常大的，我们做了一些配置。中国的药企开始研制胰岛素的时间比较晚，市值最大的也只有百来亿，海外公司动辄就是4000多亿。现在国际上胰岛素的研制技术也还没有完全成熟，只要再有10年，国内的胰岛素市场，包括海外的胰岛素市场，慢慢都会被中国的药企蚕食。

未来国内生产胰岛素的药企，发展空间一定是非常大的，一是因为国内对胰岛素的消费能力本身就很大，另一方面是因为中国药企能够最快、最节省成本地研制出仿制药，海外药企比不了这种成本优势。比如抗生素，在20世纪90年代中国还主要依靠进口，后来是白云山在90年代末生产出我国第一款具有新型结构的半合成头孢菌素——头孢硫脒,到现在中国抗生素的生产成本不到外国同类药的一半。

在降压药市场上,钙拮抗剂降压药(CCB)和血管紧张素 II 受体拮抗剂(ARB)两类药品占比超过六成,您是否会考虑投资这些品类?

这些降压药品类技术已经非常成熟了,基本是处于生产厂家混战的阶段,我们基本不投。

不失去一般性

机会应该不只在医药股,也有医疗耗材、器械、养老服务,这些为什么您没有关注?

医疗器械也是不错的,但是医疗器械不像吃药,天天要吃,不吃不行,药品会有不断地消耗。对医疗器械的需求是存在的,但是我不知道具体的需求量,今年这么多人买,那明年多少人再买,这种不确定性就可能会带来风险。

耗材就更搞不清楚了,具体到每一个企业,到底能消耗多少台制氧机是很难计算的,而且耗材相对门槛低,药的门槛高,一个药的研发周期是好几年。

药品就是快消品,我们算账会算它最低能达成的结果。人随着年龄的增长,用药量是会逐步增加的,56 岁的用药量到了 60 岁只会增长,不可能减少。

您在过去 20 多年的投资中,不少决策在事后都被证明是对的。这其中有没有哪些普通人也可以掌握的普遍规律?

那可能就是"不失去一般性",就是遇到事情以后,知道今天什么是最重要的,那就去做。股市投资者要买的核心资产就是企业价值,那最起码你不能买贵了,夏天不要说去买空调,这就是投资的"一般性"。像现在我最重要的就是建仓,这就是很关键的时候,稍微把握不好,真的是会亏钱的。

当下您会建议散户投资者如何配置资产?

不要借钱,用自己的钱去买医药基金指数,或者医药股的可转换债券,买好了睡大觉就行了。

股市只有5%的时间上涨,95%的时间下跌,你不能指望正好赚完上涨的钱,又不承受一点回撤。低位一旦开始上涨,涨幅就会比较大,一旦涨了30%,多数人就会想都涨了这么多了,那更不敢买了,结果就为了这30%,错过了以后100倍的上涨。熊市里的这种心态,会让人错过这一次的大机会,而这一次历史大机会是15年不遇的。

2018-12-25

(本文不构成操作建议。股市有风险,投资需谨慎。)

十、293 次出价，"民间股神"林园慈善晚宴以 19 万元落锤，神秘中标者待揭

电影《西虹市首富》有个片段，王多鱼花费 4000 万元请"股神"吃了一顿饭，被称为"全天下最贵的午餐"。

如果你有一个可以和"股神"吃饭、面对面请教的机会，你愿意花多少钱？

近日，"中国顶级投资家林园慈善晚宴拍卖"登陆阿里拍卖平台，起拍价 1 元，于 1 月 8 日开拍，拍卖款项将全部用于慈善公益，最终以 19 万元的价格被神秘人士拍下。

实际上，近年来一些私募人士都在效仿巴菲特的慈善午餐拍卖。比如北京私募金石致远资产 CEO 杨天南此前也举办过"天南的午餐"拍卖活动，以 16 万元成交；鼎益丰集团董事长隋广义的"问道梧桐"慈善拍卖会，最终以 50 万元的价格落锤。

"民间股神"林园慈善晚宴以 19 万元落锤

提起林园，财经圈的人并不陌生，在许多人看来，他就是中国股市的一个"神话"。此前有媒体报道称，林园自 1989 年涉足金融市场投资，具有 28 年证券市场投资经验，个人交易资产从最初的 8000 元增长至 2005 年的数亿元。

此次拍卖的宣传语是"中国顶级投资家林园慈善晚宴拍卖"，该

活动在 48 小时之内开放拍卖。据了解，在竞拍结束时，最高竞价显示为 19.01 万元，总计出价 293 次。截至目前，中标者的真实身份仍不知晓。

据了解，此次拍中者将与"股神"林园和央视财经评论员苏培科共进晚餐，期间可以向林园询问个股以外的任何问题，而且中标者可以携带不超过 5 名同伴一同参加晚宴，晚宴的地点设在成都，具体时间原则上为拍卖后双方确认。林园被奉为"民间股神"，并担任私募基金林园投资的董事长。他 10 年前在贵州茅台上大赚，如今投资版图遍布全球，而且精准押注从未失手。由于林园具有民间派私募的特点，因此他的晚宴拍卖具有很高的关注度。

2018 年 10 月部分产品净值遭遇大幅回撤

林园晚宴的流程与巴菲特午餐不同，其背后是一个"嵌套模式"，它将被放在某位知名财经评论员的"约访"中，并作为这位评论员深度对话系列的第一期。值得注意的是，拍卖晚宴的形式对于基金经理有多重效果，包括树立个人品牌、舆论造势等，最终可形成吸金效应。从 2011 年第二季度到 2017 年第二季度，林园可谓"销声匿迹"。在 2017 年"复出"后，林园改变了过往在投研上"单打独斗"的风格，引进了基金经理马骁雷。

2017 年重出江湖后，林园开始高密度发行私募产品。私募排排网的数据显示，截至 2018 年 12 月 24 日，林园投资合计拥有 41 只股票策略产品。林园一直对医药股情有独钟。2018 年 3 月份，林园还公开指出，未来将长线布局医药股。不过，2018 年 A 股市场跌宕起伏，"黑天鹅"事件不断。如长生生物的疫苗事件爆发后，整个医药板块下跌，另外一些医药股被曝出"黑天鹅"，导致公司股价大幅下跌。而重仓医药股的林园投资自然也受到了较大的影响。好买基金数据显示，2018年10月，林园管理的部分产品净值出现"断崖式"下跌，月内净值回撤超20%。

另外，2018年12月19日，在格隆汇2018海外投资系列峰会上，林园表示，未来30年中国医药产业在全球市场上的地位将达到与我国人口全球占比相匹配的程度，未来30年，50岁到60岁的人，即最具购买力的一代，将陆续进入暮年。林园表示，过去3年，中国部分医药公司利润已经实现持续增长，目前已经到达爆发点。2018年在一系列事件影响下，部分医药股遭遇大幅回调，目前买入点已经到来。

2019-01-14

（本文不构成操作建议。股市有风险，投资需谨慎。）

十一、6个字值19万？！阿里拍卖"股神"林园神秘晚宴

金庸在其《书剑恩仇录》《飞狐外传》中都曾写过这么一位人物，"五十岁左右，宽大的布袍，上唇微髭，头发已现花白，中等身材，略见肥胖，笑吟吟心慈面善，乡下土财主模样"，但偏偏这位憨厚老实的普通乡下大叔，坐了名满天下的红花会的第三把交椅，江湖人称"千臂如来"赵半山赵三爷，一手暗器本事独步武林，为人豪爽，朋友遍布天下。

这亦是天下网商记者见到林园的第一印象。

林园，男，56岁，陕西人——1989年，他携8000元入股市，至2019年，已累积身家300亿。30年间，纵使股市血雨腥风，一身素衣的林园依旧所向披靡，大隐于市，拥趸们尊其为"民间股神"。

近日，"林园慈善晚宴拍卖"登陆阿里拍卖平台，最终以19万元的价格被神秘人士拍下，拍卖款项全部用于公益项目。天下网商记者在成都现场直击了这场"中国版巴菲特午餐"。

"股神"现身

"时而隐于江湖，时而重出江湖"，这是业界对林园的评价。

自2019年以来，A股一路高歌猛进，宛若井喷，2月25日三大股指暴涨5%，两市成交额继2015年以来首次突破万亿——街头巷尾，全民言股的时刻再次重现。

此时，向来深居简出的"股神"突然现身，意欲何为？先听"股神"自己怎么说。

至于此行，林园说，主要是阿里拍卖、爱德基金会、《培科思想会》，还有泸州老窖的一群老朋友，把他给"拍卖"了——前不久，阿里拍卖上挂了一个"来参加拍卖吧，与'中国股神'超级大咖林园吃顿饭"的公益活动，结果被人以19万元拍走了。

据了解，此次拍卖所得将悉数捐出，资助贫困地区学子求学。

"如果只是谈股票，我就不出来了，但听说为了公益筹款，我就答应了"，林园说。

"股神"传奇

就像所有的传奇均起于微时，林园也不例外。

最早，他是陕西某卫校临床医学的毕业生，然后是深圳红十字会医院的医生，再是去了深圳博物馆工作，清闲至极，方才开始接触股票。

1989年，拿着全家拼凑的8000元人民币起步，林园投身中国股市数十年来，财富成倍增长，至于目前已至多少，我们可以从一个细节还原——晚宴现场，央视著名财经评论员苏培科说过这么一句："林先生身家300亿，百忙之中，还能参加本次慈善活动……"

某搜索引擎这样评价林园："在多少人葬身充满暗礁和险滩的中国股海时，林园却从没有亏损过一分钱；当很多人靠赌博和投机妄想一夜暴富时，林园却仅靠两条腿和一个会算账的脑子稳稳地、大把大把地赚钱。"

法国路透社、英国《金融时报》、美国CNN争相报道他，中央电视台更是在一期节目中将其称为"民间股神"。

对于这个称呼，林园有自己的看法。"我是全世界第一的行业宏观策略师。这是华尔街基金经理对我的评价。"在林园看来，成功不过是看准了行业，以及选对了进入行业的时机。

"大方向把握准了，在这个方向里选确定性最高的投资，就对了！"他说。

这些年，林园的每一步都踏在点子上：1991 年做房地产；90 年代初卖电子元器件，炒四川长虹；2003 年搞白酒。每一步，他都赶上了行业的风口，精准把握中国经济的脉搏。

其中，林园的"封神"之作，要属其 17 年来投资茅台，痴心不变终得所愿的故事。

从 2001 年贵州茅台上市，林园就一直买入和持有该股。即使茅台曾因突发事件遭遇停盘，他仍坚挺到底，目前依旧是重仓在手。他表示从 2005 年以后，茅台超过 40 块就没买过——而至记者发稿日，茅台每股股价高达 727.35 元。加上历年分红送股，复权价高达 5400 多元，投资回报 180 多倍。

"股神"语录

如今，"封神"的林园日渐低调，他担任私募基金林园投资的董事长，平时很少和外界接触，最喜欢的事情是周末吃完饭去跳跳舞，用他自己的话来说是，"知足常乐"。

晚宴当天，林园分享了很多赚钱的"秘诀"，金句不断。

"行业很热的时候，很多人投，我不投"。

"没有 100 倍以上的收益，我不投，要搞就搞大的"。

"没有行业龙头的时候去买，龙头出来了，就不要买了。"

"判断一个股有没有价值"，林园给了公式："行业＋垄断＋成瘾"。他说，当初投茅台，就是坚持了这个公式。

此外，他还呼吁大家大胆投医药股，"未来30年，医药股的利润空间是100至500倍"。

说到兴头，林园更是开玩笑说："我只要活到80岁，我就是全中国最有钱的。"

林园的自信，不无由来。从来，他都是牢牢将命运抓在自己手里的人。

"我没比别人高明，我看的东西也并不比你多，我就是把自己管理好。你们说什么，我都不听，我就能把我这双手管住，把自己变成机器。"在林园看来，很多人投资失败，就是因为今天弄这个，明天弄那个。管不住自己的人，有钱也会变成没钱。

"聪明人喜欢走捷径，下笨功夫的人，才能走得远。"林园说。

大道至简，高招无形，这就是一代"股神"林园的真经——"看得准"和"稳得住"。

当然，最后我们还是要提醒广大读者：股市有风险，投资需谨慎。

2019-02-26

（本文不构成操作建议。股市有风险，投资需谨慎。）

第十四章 林园粉丝心路历程集锦

林园炒股秘籍

> 这些年来，随着林园先生财富的增加，以及相关媒体的持续报道，林园先生获得了众多的追随者，本章将收录其中一部分追随者近10年的心路历程。

一、守股如守寡——深圳投资者余军

欢迎收看今天的《投资者说》，在中国的A股市场，很少有人能比林园更具有话题性。他在20世纪90年代便被冠上"股神"的光环，从8000元入市到现在拥有上百亿身家。2017年11月，我们《投资者说》栏目也播出了他的投资故事，点击量迅速达到了上百万。很多观众都在关注他，他的投资理念和方法究竟有什么特别的地方？今天节目的主人公余军跟林园一起投资长达15年以上，他深刻领悟了林园的投资精髓，并逐步总结出了自己的投资之道。一起来看余军的投资故事。

余军：寻找中国的巴菲特

2001年，对于余军来说，是人生的一个十字路口。告别了从事10年的石油贸易，自己还能做什么？面对屡战屡败的股市，面对巨亏一半的股票账户，余军还能继续往前走吗？看他接下来的选择。

在余军的办公室，记者看到了一本已经被翻得支离破碎的书——《巴菲特的投资策略》。圆珠笔、铅笔、水笔，密密麻麻的笔迹记录了余军寻找投资之道的全过程。

余军：像它这上面写的，我们所做的事，不超过任何投资者的能力范围。这些东西跟我以前接触的东西完全不一样。然后这本书我就一路看下来了，每年翻个几遍。因为太喜欢这本书了，所以都已经翻烂了，有的页数掉了，又把它们黏到一起，都已经黏过好几次了，封皮也没了，确实这本书我感觉写得太好了。

2001 年，余军决定破釜沉舟，他辞去了石油公司总经理的职位，一门心思做股票投资。他得知巴菲特在证券行业是当之无愧的领军人物，通过多方寻找，他找到了《巴菲特的投资策略》这本书。这本书让余军如获至宝，他推翻了以前的投资思路，开始明白买股票其实是投资企业，做企业的股东，要真正了解企业自身的经营情况。但究竟该如何选择企业呢？他认为书籍里的巴菲特离自己有些遥远，他希望在身边找到一个中国的"巴菲特"。

余军：我希望能够找一个离我们近一点的，一个能够看得见，能够摸得着的老师，我就想在中国能不能够找到这样一个类似于巴菲特的人，能不能够找得到，也是不靠做庄，不靠看 K 线图，不去听消息，不去靠预测，这个人在哪里，我一定要把他找到。

我花了 3 年时间，去苦苦地寻找，从深圳飞到北京，在 2003 年底的时候，终于碰到一个人，这个人叫作林园。

林园，中国股票市场传奇人物，20 世纪 90 年代便被冠上"股神"的光环，当时就有媒体报道，他在股市里创造了从 8000 元到上亿的投资神话。1989 年，林园以全家拼凑的 8000 元投入证券交易市场，以88.45元在场外买入深发展，此后反复买卖这只股票，在几个月的时间里盈利12万元。之后短短几年，林园通过大量收购深华新等原始股，将自己的股票市值扩大至1000万元。1993年，林园以1000万元重仓买入了四川长虹和深发展，盈利9倍左右。1999年，"519行情"爆发，上证指数持续大涨后创下历史新高，而林园在2001年上证指数到达2100点附近时，全线撤离A股市场，顺利逃顶。

2003年底，余军几经周折，在深圳找到了林园。

余军：我说林总，你那个做庄吗？他说我不做庄。我说你听消息吗？他说我从来不听消息。我说你看K线图吗？做那个技术分析吗？他说我不做这些，我是靠我的双腿去跑上市公司。

在与林园的初次交谈中，最让余军印象深刻的是，林园谈到自己从1989年到2003年的短短十几年间，已经赚了4个亿，约5万倍，130%的年收益率。不可小觑的收益率让一直在学习巴菲特理念的余军尤为吃惊。

余军：巴菲特2001年的时候，他的收益率也就是23.8%，但是林园是130%，我当时就愣住了，我说这个收益率是很让人吃惊的。当时对林园我有两个判断，一个是这个人是个大骗子，第二个是这个人是个大神人。

是骗子？还是"股神"？余军为何有如此大差别的判断？语出惊人，高傲自大，不可一世，第一次接触林园的人都会有这样的感觉。再看林园，他的"抠门"在圈子里是出了名的，全身行头不过百元，没有名表、名车，也没有随从。从飞机下来只坐大巴，酒店只住二三星级的，就算30块的东西也要讲价，吃饭最爱便宜的土豆丝，他会是一个拥有4亿身家的"中国巴菲特"吗？

再看网上，"林园+骗子"字样的文章不断出现，质疑声从来没有间断过。可林园永远是一股"别人笑我太疯癫，我笑他人看不穿"的傲人神态。

林园： 我的投资方法不会错，一定是不会错的，你说的那些企业，是吧？你认为当下好的一些企业，它们都有风险，你投它们不如投我，我就不会错。

余军：坚守一只好股，有时比"守寡"还难

林园究竟是神人，还是骗子？余军还没完全做出判断，就得到了一个消息：林园让他买一个股票，而且是砸锅卖铁买，这个股票是茅台。其实有不少网友给我们留言，说你们能不能别再说茅台了，都说烂了，难道价值投资只有茅台吗？但不得不承认，茅台是A股市场最经典的价值投资案例。茅台最新的股东人数已经将近9.49万，但这里面有多少人陪伴茅台走过15年以上？又有多少人经历了茅台的一次次风波和下挫？余军就是其中之一。正如余军所说，守一只好股比"守寡"还难。接着来看他坚守茅台的故事。

记者： 这上面还专门有您的这个名字。

余军： 对，这是定制的，是，这个酒喝起来感觉好喝。

记者： 像这个是只有一瓶还是……

余军： 我刚才说的定的那些酒全是这个样子，几百箱全是他们帮我定制的。

记者： 都有上面的这个名字？

余军： 是，这也算是对我们这个坚定的投资者的一种鼓励、一轮鼓励。对，这就是很典型的，就是做投资做成了股东。但是你要知道我们当时买它，投资它这个企业以后，我们经历的这个心理上的煎熬，也是很难受的。

茅台，15年，200倍收益，虽然这个数据现在看起来让人羡慕，但只有余军自己知道这份坚持的辛苦。

2001年至2005年，A股步入了长达近5年的熊市，市场一片低迷。2003年，余军还在判断林园是神人还是骗子的时候，林园给了他一个出乎意料的指示：买入茅台，砸锅卖铁买。

余军： 他跟我讲的第一件事情是，余军，全仓！他用了4个字，哪4个字？砸锅卖铁。砸锅卖铁去买股票，我当时就觉得不可思议。全仓的概念，就是你拿出你的全部身家，用他的话叫砸锅卖铁投入到股市里面去。

尽管心存疑虑，但余军依旧把原来公司的股份全部退出来，并将所有薪资存款一股脑儿地重仓买入茅台。连日常生活的开支，都是掐着手指头精打细算。

余军： 能够购买一手股票的全部都买了，能够买100股的我们全部都买了，要过年，我们就算了下过年估计要花多少钱，算了一下，比如说要花3万块钱过年，那我们就会在年二十八卖掉3万块钱的股票，到年二十九就把这个现金取出来，年三十收市，是这样。我们账上永远没有钱，所以我们是没有钱的人。

砸锅卖铁买茅台的理由是便宜。余军和林园第一次去茅台厂调研，看到的情形让他感觉到了前所未有的兴奋，更加坚定了持有茅台的决心。

余军：我就问提货的司机，我说师傅你们在这儿等了几天？那个司机告诉我们，他已经在这儿等了3天了。我说那你还需要多长时间可以提得到货？他说我们能够在5天之内提得到货就算很不错的了。我们到了酒窖里面去，他们厂里的员工就告诉我们："你看我们这一些存酒的价值，都已经不止50亿了，但是我们的市值才40个亿，而且茅台酒有一个特点，它跟普通商品不一样，它的存货越放越值钱，所以每年我们的存货还在增值。"我就知道了，真的是很值钱。

但是随后几年，茅台经历了几轮风波，股价也如坐过山车般起伏不断。2012年下半年，白酒行业突发"塑化剂事件"，后来又有了"限制三公消费"，贵州茅台一时间成为众矢之的。2014年1月8日，贵州茅台最低跌至118元，林园的"赚钱机器"也在那时成为人们茶余饭后的谈资，曾经一时无两的"股神"林园似乎被茅台股价拉下了神坛。

嘉宾1：我们一直觉得您好像认为茅台的消费理念是不会变的，

但很多茅台的酒类研究员在报告中都会提出来,茅台的最大风险是人们消费习惯改变。我觉得这种事情正在发生,我们这代人好像没有人会聚会喝茅台喝得宿醉不归,这会不会是您的一种执念?

嘉宾2:对于茅台的估值和整个市场的表现,市场分歧是非常大的。从股价表现情况来看,确实从260跌到了120。我想请问林总,您自己有什么反思没有?

林园:我也没什么反思,反正就是,我这个人也好面子。每次去茅台吧,人家老板就说,就你一个人坚持。他说你这一股独大了,当时我也没听出什么意思。后来想想,别人都走了,我这个人也就是笨,笨人笨办法,我就在里面待着,心安理得,我觉得就可以。

虽然质疑声不断,但是余军和林园始终固执地坚守着自己认准的企业。

伴随着一轮又一轮的质疑声,白酒板块在2017年走出了壮阔的行情,贵州茅台更是吸引了所有场内外投资者的目光。15年的坚持,让余军深刻体会到价值投资是一种信仰,不能动摇。

余军:所以你看那么多投资者都买了茅台,但是中途又都卖了。那你说他们的认知不对吗?认知是没问题的,问题是买,买了以后他就卖掉了,好一点的赚个百分之三五十。差一点的,在调整的时候,他亏着钱把这个股票卖掉了。那么这个就不是认知的问题了。我认为这属于人性的范畴了,自己过不了自己这一关,一下贪婪一下恐惧。

所以投资需要定力,我们那个圈里面就有句流行的话,叫守一只好股,比"守寡"还难,很有意思,就是说想真正持有这些好的公司，难度很大。

【编后】

15年的坚持，终于让余军守得云开见月明，在投资上获得了可观的回报，也走上了正确的投资之路。虽然跟随林园，但余军不是照搬照抄，他不断学习，总结自己的投资之道。如何在众多的上市公司中，挖掘10倍以上的种子企业？如何在变幻莫测的股市中，寻找盈利增长的确定性？在股灾来临时，该如何操作？欢迎收看明天《投资者说》余军的故事。

2018-05-03

（本文不构成操作建议。股市有风险，投资需谨慎。）

余军：如何寻找10倍以上的种子企业

昨天的《投资者说》，我们看了余军的投资故事，他用10年的时间在迷茫中摸索，后来几经周折找到了林园，也找到了价值投资的方法。15年的良师益友伴随余军一路走过了牛市的更迭，也经历了熊市的风霜。虽然跟了师傅，但余军不是照搬照抄，他在不断学习，总结他自己的投资之道，其中最重要的一条，就是寻找10倍以上的种子企业，并长期持有，那他是如何寻找的呢？接着来看他的投资故事。

余军：这是我们这么多年来做的一些投资笔记，15年了，大概有40多本。

在余军的办公室，珍藏着40本投资笔记，里面记录了他15年来的投资调研行程。

这是余军写给投资者的一封信，里面讲述了一个故事。2013年，林园和余军在办公室接到了云南白药吴董秘的电话，说云南白药1993年上市，为庆祝上市20周年，白药公司希望找到一位投资者，作为股东代表写一篇关于公司价值成长的纪念性文章。吴董秘说，20年来，买入卖出云南白药的股东不下上百万人，只有一位投资者，在1993年以2元多的价格买入，持有了20年，收益达到700多倍。这位投资者就是林园。

云南白药是林园和余军在10多年以前共同认定的种子企业，在他们的选股中，只有种子企业才能进入他们的买入目录。

余军：我们把未来能够涨10倍以上的叫种子，只有种子才能长大，我们投资者就是要分享这个种子长大的过程。那么怎么找这种种子企业，我们首先要搞清楚这个问题。首先要找行业，这种种子企业一定是在未来需求大的行业里面，只有在那里它才有可能产生。

余军说，未来需求大的行业才可能产生种子企业，比如20世纪90年代的电视机行业，2000年以后的高端白酒行业等，要紧跟时代发展的大方向。确定了未来需求大的行业板块，接下来就是筛选企业。种子企业还有个标准是股本小、市值小，这意味着买入的股票价格要低，但盈利确定性强。

余军：在未来需求大的行业里面，我们就要找龙头，要找好的企业，要找行业内的第1名，首先要看是谁占的市场份额最大。然后要看它的商业模式，是不是一种垄断的商业模式，也就是它有核心的竞争力，这个东西只有它能够做，其他的做出来就不是那么回事了。理论上来说，这种企业是没有竞争对手的。我们永远要买第 1 名，你看它的营收，要看它的盈利能力，有第 1 名为什么要买第 10 名呢？

余军说，种子企业的股价要被低估，还要有发展的确定性，要有垄断的经营方式、商业模式，有品牌知名度，还要有高度的市场占有率。

记者：这么筛选下来的话，其实符合标准的企业应该也没几个了。

余军：确实不多，所以我们叫千里挑一嘛。3000 多家里面，现在能够让我们重仓持有的，下重手的，敢于下重手的也不超过 3 家，很少。但是一旦找到，不要轻易把它丢掉，就一直拿着，一直拿下去，一直持有。

记者：那您从开始到现在买过的股票一共有几只？

余军：我们敢于下重仓的到现在也不超过五六只，就是从 2003 年到现在。

余军说，要发掘 10 倍以上的种子企业，就要对未来市场需求有充分的调研和分析。2012 年，余军在新疆旅游的途中，看到了一家上市公司的产品。

余军：在当地游牧民族的一个很偏僻的小卖店里面，我们发现了有一家上市公司的品牌榨菜在那里卖。我说在这么远的地方，还能够买得到这个榨菜，说明它的需求还是很大的。从地域上看，它的需求量很广，从这个消费结构上看，从领导一直到普通老百姓，大家都在吃，说明消费群体的结构上它也很广。生产这种产品的企业是容易产生种子企业的。

余军经过多方考察，发现国内消费者对榨菜的巨大需求，公司也符合种子企业的各种标准，于是他在2012年以4元左右的价格买入了这个公司的股票，目前已经获得6倍收益。2003年至今，余军买过并长期持有的种子企业有贵州茅台、云南白药、涪陵榨菜、同仁堂科技等。虽然手里的股票不多，但他已经从种子企业的发展壮大中，分享了巨大的红利。

余军：追求确定性，投资可以很简单

找到种子企业，并长期持有，与企业共成长，听上去很不错。但是市场中有人看多，就会有人看空，一个股票能否涨，似乎永远无法找到确定性。但是余军却不这么认为，他为自己买的股票，建立了一个非常严格的筛选标准，使他的股票盈利的确定性最大化。

余军：我们家里用的全是（上市公司的）这些东西，你看，这是海天的（酱油），海天的产品，这个是老恒和，这是它的一种酱油，这个是它的料酒，这个公司是在香港上市的，所以喜欢上一个产品，就喜欢上一个公司，投了一个上市公司，更加喜欢它的产品。

吃穿住行，余军的生活中充满了各种上市公司的产品。经常使用上市公司的产品，能让他对公司有更好的了解，这是余军判断公司能否持续增长的重要依据。

选择了种子企业，并不是 10 年、20 年不动，中间还需要不断观察和跟踪。余军把他的风险控制分为 3 个步骤：投前调研、投中评估与投后监控。他调研的足迹遍布全国各地，从公司内部，到产业链上下游相关的企业，再到终端零售，每一个细节余军都不会放过。

余军：实际上是每年在往后面延，我们看不到 10 年，看不到 20 年，但我们可以看 3 年，甚至再好的企业我们可以看 5 年，然后到第二年又看三五年，一年一年地这样延过去，最后才到今天。

2009 年，同仁堂科技和味千拉面，两家公司同时进入了余军的视线，余军分别对两家公司的市值、产品的需求等进行了全方位的考察，并尝试性地买入。可没过多久，他保留了同仁堂，放弃了味千拉面。

余军：意识到它有很多指标根本都不符合我们那个指标，一个是它的历史很短，第二个是它的品牌只是一个区域性的品牌，跟同仁堂科技是没得比的，第三个是它的盈利模式，它的垄断地位是没有的，因为餐饮业的门槛，你知道，不高，竞争对手太多，消费者选择的余地太大，一下吃这家，一下吃那一家，从这几个要素来考量之后，我后来就把它出掉了。

企业是否在持续盈利，股票是否值得长期持有，不断观察就是为了增加确定性。在各种财务指标中，余军最看重的是企业毛利率的变化。毛利率是毛利与营业收入的百分比，余军说，毛利率背后隐藏着很多奥秘。毛利率高，通常意味着企业经营垄断、产品竞争力强、销大于产、存货积压少，等等。余军还喜欢将毛利率做两个维度的比较，行业间的横向比较和企业自身的纵向比较。

余军：不要只看一个季度的，甚至也不要只看一年的，我们喜欢看什么？我们喜欢看过去10年的数据、过去10年的主业务收入、过去10年的利润情况、过去10年的负债、过去10年的毛利率的变化。要看10年数据，这样的话，它的趋势是往上的，而不是一下下一下上，去年挣了今年亏了，明年又挣了，这种确定性就差，我们要找一直在往上走、一直在增长的趋势，这样就说明它的盈利是稳定的，它未来的盈利确定性应该是高的。

苛刻的选股标准也会让余军错过一些好股票，但余军说，一个人永远不可能赚市场所有的钱，他只能赚能力圈范围内的钱。无法确定能盈利的股票，他宁愿不碰。

记者：找这种确定性，在市场上3000多家上市公司里边，也并不是一件容易的事情，尤其像腾讯，真是在2000年前后看的时候，你也未必能看得到未来它能发展到这么大，像这样的确定性怎么去给它确定下来？

余军：像你刚才说的，有些公司我们感觉到没有确定性，我不知道它未来市场情况怎么样，不知道它的成本怎么样，不知道它未来的竞争对手是谁，不知道它投入的研发还有多少，不知道它的品牌以后会是什么样，很多东西我都不能确定，所以算了，我们就投那些确定性强的东西，因为投资不是赌博。

余军：股灾该不该卖股票

股灾来临时，到底该不该卖股票，是很多价值投资者讨论的话题。找到了种子企业，并持有能持续盈利的公司，在大盘起起落落时又该怎么操作？经过20多年市场的考验，余军有了自己的答案。

余军：我们是正好反过来，在大家都在亏钱的时候，熊市的时候我们就很兴奋，就会去发基金。牛市来了，我们反而会觉得很难受。因为没有，没有好的标的可以买了，因为都不便宜了，都贵了。

现在的余军已经不惧怕熊市，反而还乐在其中，到处寻找便宜的公司。可是10年前的那一轮金融危机，余军并没有这么淡定，他也曾一度怀疑自己的方法是否正确。

余军：2008年那一次，从6100跌到1600，我算了一下，跌幅是73.6%。我们财富的缩水率大概也是这个数，所以当时跌得也挺惨，惨到什么程度？我甚至怀疑我们这个方法对不对，一想到这些事情，我就会跑到深圳的大鹏，有个海，到海边去，就在那里发呆，就在那里思考，到底出了什么问题。为什么在这个熊市里面，我们全仓在里面一股都没卖，这种方法对不对，我已经产生了一些怀疑。

个人财富在短短一年间迅速缩水70%，这让余军非常痛苦。他找到林园，质问他为什么不在市场大跌时卖掉股票，为什么在长达一年的大跌中傻傻坐等财富流失。

余军：为什么不在高点卖掉一些？林总说高点只有一个，我知道什么时候是高点吗？你知道什么时候是高点吗？不知道，事后看是知道，事前看是不知道的。

好公司就像钻石一样稀有，一旦发现了钻石，我们为什么要把它卖掉呢？当你把那么好的钻石都卖掉以后，你去买什么呢？所以我们很多投资人说高抛低吸，牛市里面最高点时我们要把它卖掉，低点时我们再把它接过来，想法是正确的，理论也是正确的，但是实际上做不到。因为人都不是神，不知道未来会发生什么事，一个做不到的理论，实际上就是悖论。

余军冷静下来思考，他分析自己买的是企业，正如巴菲特所说，在投资的时候，我们把自己看成是企业分析师，而不是市场分析师，也不是宏观经济分析师，更不是证券分析师。

余军：我在想我每年都去这些企业做调研，我选的企业有错吗？我认为我选的企业没错，但我投资的企业没错，为什么我的财富会缩水呢？问题出在哪里？市场出了问题，而不是企业出了问题，那我为什么还要去看市场呢？我就当市场没有发生一样，所以从此以后我就不看行情了，我的手机上是没有行情软件的，我的办公室里面也是没有市场行情的。因为我看的不是每天价格的波动，我看的是企业的价值，它的内在价值，它的盈利能力。当时有一个数据，让我非常惊讶，因为我发现在2008年最低点的时候，我的个人资产尽管缩水了70%多，但是我的个人资产比2003年底开始将全部身家投到股市里面去时还涨了一倍以上，也就是说在这么大的熊市最低点的时候，我还赚了一倍多。这是在2001年以前从来没有发生过的事情。

经过这一轮牛熊更迭，余军认为，好股票任何时候卖掉都是错误的，一切的重点都应围绕企业，而不是市场因素。只要企业没问题，就可以不顾及大盘因素，任凭波动，任凭股灾，他都坚守。余军开玩笑说，自己采取的是"乌龟"政策，以不变应万变，波澜不惊，但却长寿。

余军：所以我们就只能做到一点，熬着，一个好公司，牛市里面我们也拿着，熊市里面也拿着，然后我们在里面待上15年，跟它熬着。今天反过头来看，我们可以发现在任何时候，在过去的15年中间，任何时候卖掉茅台都是错误的。6100点卖掉茅台也是错的，1600点卖那更加是错的，不涨不跌的时候卖还是错的。所以好公司是要坚决地拿在手里，然后伴随着公司的成长而成长，这才是我理解的价值投资。

在采访的众多投资者中，余军是唯一一个自始至终都没有打开过交易软件的人，因为他的手机没有装交易软件。为了不受市场因素的干扰，余军远离喧嚣，在离深圳市区数十公里的大鹏湾，余军承包了几亩农地，当起了农夫。青菜、西红柿、茄子，轮番种植，余军乐在其中。

记者：什么时候开始想到用种菜这种方式，来让自己远离这种喧嚣？

余军：那是2011年以后，因为跟着企业，伴随企业的成长，它需要时间。那么有的时候呢确实是感觉精力过剩，我们就做点健康的事情，种种菜，运动运动，晒晒太阳，我觉得种菜很好的，然后种的这个这么好的菜，自己又可以吃，又没有农药，又没有化肥。现在身边的朋友都在吃我种的菜，我没事就送给他们一些。

余军也是一名帆船爱好者，如今，练功、出海、种菜、调研，是余军生活的全部。他希望自己能知行合一，做个A股市场的常青藤。

2018年5月4日

余军：深圳市格林施通资产管理有限公司董事长

（本文不构成操作建议。股市有风险，投资需谨慎。）

二、高山仰止，一生追随——北京投资者王曦缇

我与林园先生相识于北京大学的课堂上，那是 2006 年的秋。当时我正在北京大学学习证券投资管理课程，他恰好是去讲课的老师。那一节课，他言简意赅地阐述着朴素而深刻的投资理念，那一节课重建了我对股票的认知，那一节课我至今难忘。

我的父辈是做酒生意的，所以我自小便对中国酒文化耳濡目染。当林先生讲到关于茅台酒的投资理念，讲到如何区分其价格与价值时，不禁让我想起平日里父亲和我聊如何做酒的生意，我们中国人如何对酒文化情有独钟。我发现先生是从一个生意人的视角去研究茅台、投资茅台的股票，这已经超越了单纯股票投资的层面。

因此我对林先生产生了更多好奇，经常和同学一起去他办公室喝茶聊天，求知若渴地听他聊股市里的经验教训、那些股市里亿万富豪们的坚持与坚信、那些百亿富豪们的跌宕起伏、那些股市里的故事。在先生举重若轻的讲述中，每一个投资轶事都栩栩如生，一幕幕仿佛就发生在眼前。从此"高高在上"的老师，传说中的"股神"，便成了我的投资导师，高山仰止，一生追随。

走访上市公司，实地考察每一家投入的企业，具体分析每一家企业运营、经营、生产等诸多实际情况与当下社会的供需关系，是先生的日常工作。而闲暇时的他，习惯每天自己去菜市场买菜。起初我难以想象先生这样身家的人会每天挤在熙熙攘攘的人流中亲自

购买柴米油盐、水果、蔬菜；但我又深深地相信一个爱逛菜市场的人，他是贴近生活的，他是生活在民生之中的，他是热爱生活的；逛超市于他是一种乐趣也是一种情趣，他可以感受到生活的乐趣、生之乐趣，他也能从热闹的市井中吸取生活的热气，保持生活的能量。先生说：一切取之于民用之于民，一切来源于生活。我想，这世间哪有什么神仙，每一次股票投资的胜利，看似神来之笔，其实都是人间烟火、柴米油盐衣食住行，这才是人类财富的根本，这才是世界最真实的本源，就像一碗陕西面条的纯真质朴、一锅汉中凉皮的家乡情义。

我一边紧紧地追随与膜拜先生，一边与父母沟通尽早把家中的闲置资金和房地产资金转变为金融资产。2010年我卖掉第一处房产，之后，我把家中闲置的资金全部拿出，处理掉手中的房产，在2012年以平均价格200元买入贵州茅台，35元买入五粮液，15元买入同仁堂，50元买入云南白药，12.5元买入招商银行，6.2元买入民生银行，还有涪陵榨菜和洽洽食品——但具体购入价格没有详细记载。此账户2012年中大盘2200点左右时建仓，至今日大盘2800点左右，大盘最多上涨了20%至30%，而我的这个账户此时已翻了五六倍了，远远超过同期大盘。

我自2005年关注股市，2006年进入股市，与林园先生相识，至今已有13个年头了，越发觉得股市知易行难，看似门槛很低，开个户就可以买入，但其背后逻辑、投资理念、坚持与坚信的信念不是常人所能及的，更不是朝夕间便能驾驭的。它是在正确的方向上长久地等待与坚持，是在无聊与寂寞中孤独的忍耐。先生常说，股市里有95%的时间是等待，只有5%的时间在上涨，而这5%的时间便可以涨出95%的价格。有了先生的加持，坚守不再孤独，等待也不再煎熬。现在的我，安之若素地面对涨跌，一切不急不慢视涨跌如无物，等待结果说话，因为唯有时间可以证明一切，也唯有时间从不说谎。

先生喜欢走路，而且步伐极大，速度极快。为了追随他的脚步，我再也没穿过高跟鞋，即刻脱下红装变武装。先生说"我的每一分钱都是我靠双脚走出来的"，此言不虚。这些年，陪着先生走遍大江南北，每一天走在大街小巷、走在田野乡间，所到之处他总要事无巨细地去了解当地民生，问问具体的价格。小到一餐一饭，大到每个企业、整个产业、国家乃至全球的整合对比，都见微知著地印在他的脑海中。可以不夸张地说，他的心中装着这个国家近几十年的经济走势图，每个时期的波动与转变他都如数家珍，信手拈来。所以我们投资的每家企业的所有财务指标，早在企业报表出来前，先生就已经把未来3年的账都算完了。他的勤奋、自律、克己、利他无不体现在每一个细微之处，他扎实的调研、严谨的态度、果敢的魄力、坚韧的信念使得先生对每一笔投资都胸有成竹、稳操胜券，也使得他在这几十年的投资中能做到顺其自然、荣辱不惊。

在跟随先生的10年间我顺理成章地解决了个人财务自由，感谢林园先生给了我坚定的后盾与实力，也让我在对生活的认知上更能简洁而清晰地看到事物的本质，以及对未来更有自信。先生于我，亦师亦友，如兄如父。感谢他给了我更高的视野，更全面的思维格局，最重要的，他让我在有生之年，遇见了更好的自己。无疑我是幸运的，无疑我愿把这份幸运与大家分享，分享投资的乐趣，分享资本的红利，分享复利带来的平静、安逸与快乐。让这种分享成为一种能力，用分享的精神把林园先生的理念传播出去，让更多的人如我一般从容，而世界也会变得更美好。

最后想借此机会感谢自己生活的这个最好的时代，国泰民安、天佑中华；感谢这 10 年间一起勤奋走过的"小"伙伴们：吕晓红女士、张健先生……这 10 年间我们一起嬉笑调侃、晚睡早起、混沌一餐，无数次追车赶路、无数次相互指正、无数次结伴同行……感谢每一个兢兢业业的企业；感谢每一位勤勤恳恳的企业家。相信未来一起走的人会越来越多，相信每一个人都可以通过自己的努力让家人过上更好的生活，让这个国家因你而闪亮一点点，相信更多的人将如林园先生一般海纳百川有容乃大，管理好自己然后感染更多的人，相信榜样的力量！

何谓神，见心见性，见天地，见众生。"股神"林园，实至名归。

王曦缇

2018 年 8 月 5 日于北京

（本文不构成操作建议。股市有风险，投资需谨慎。）

三、炒股其实没风险——成都投资者楚华

楚华：理解透了，才敢说炒股没风险

【导语】今天的《投资者说》我们给大家介绍的这位投资者有点意思，他叫楚华，来自成都，在接受记者采访时他宣称"炒股没风险"这么一个观点。炒股怎么可能没风险呢？他是用怎样的投资方法才得出这样一个反常的论断呢？一起来看看他的讲述。

这个人姓楚名华，主业是卖菜刀的。因为祖传下来一门打铁的好手艺，他靠着卖菜刀在四川农村地区发家，十几年下来他拥有了自己的厨具公司，到处开连锁店，生意慢慢做大。

然而别人大多只知道楚华是个卖菜刀的，却不知道他还有炒股这个第二职业。楚华说话快人快语，性格有些大大咧咧，然而做事情却谨小慎微，节俭为本。比如他的店面舍不得装修，他开的车是一辆老旧的破车，车上还贴着他家菜刀的广告……他给人的感觉就是一个没什么架子、特别"接地气"的人。

楚华：就说股票这种东西，别人都赚了钱了，那我可以少弄点钱。我先试一下，看一下，别人说是不是有风险，我先研究一下。我要理解到是不是有风险，最后我发现这个没风险，你把它理解透了，那就是没风险的。

炒股票没风险，楚华能得出这样的结论，其实跟他的人生经历

有关。他6岁开始就跟父亲在成都荷花池摆地摊，19岁第一次开店卖面包，21岁跑去海南岛贩甘蔗，随后开超市、倒卖啤酒，小本生意做过不少，但都失败了，到最后好不容易才靠卖菜刀发家。创业艰难、种种挫折让他对"风险"有过切身的体会。而炒股票，这些年来他觉得至少比做实体经济来得轻松。

楚华：很多没搞懂的人觉得这个东西是个坏东西，这个东西是害人的，像毒品。但是你理解透了过后，这个确实是个好东西。第一，你不用那么累。第二，你可以边周游世界边玩，钱也赚了，还比别人赚得多。

说起来，楚华在小时候就接触过股票，不过那是在20世纪80年代末90年代初。当时成都除了有名的"红庙子街"外，还有不少类似的股票街头市场。

楚华：原来这一片都是人，全部都是摆个桌子在那里收股票。当时茶铺，这里有一个茶铺在河边，都是人。我也不知道这些人在干啥，我当时很小也不懂，这些人都是戴这么大的戒指，很大的金戒指一个个，反正搞得珠光宝气的，我觉得这些人很有钱。我当时也没搞懂什么叫股票，反正每天就很多人在这里。我爸也跟着一批人在这里，这街上都是这头买，买了过段时间卖。比如说这些人买100块钱一股，到那面去150就卖掉了，就一天赚个50%。这样搞来搞去的，搞到最后这个地方被国家封掉了，说这个是不合法的股票市场。

当年的街头黑市如今变成了电器街,一切都变了,不过楚华还是保存了几张未被卖出的股票,成为那段历史的见证。而楚华真正开始炒股是在2007年大牛市期间。

楚华:我这个做企业的知道怎么样赚钱,什么样的企业赚钱,为什么能赚钱。我就做这个的,我知道,我就是学营销的。你看我书里面有很多可口可乐,我当时做超市的时候我就买了很多7-11、家乐福、百思买、沃尔玛,很多很多,连锁的很多,都有。然后国美电器、苏宁电器我这里都有,看了很多连锁的书,然后做股票我就买了很多巴菲特的书。

楚华在炒股前也看了一些价值投资的书,不过他并没有教条化理解书本知识,而是根据行情趋势做波段,在那一轮牛市中赚了一些钱。

楚华:中国铝业当时实际上还是别人推荐的,再加上我自己的,赚了一笔。因为我当时在华西证券,华西证券对客户维护比较看重,专门有个客户经理,当然我也算个大户。我说这个股票还好,但我发现中国铝业这个东西,当时有色也是一个行情。有色这个东西比较好,当时也是很火,再加上我看财务报表,中国铝业估值不高,然后又是龙头,当时又有包钢合并,很多概念,当时炒概念嘛。然后这么大的企业,关键是一下子不会破产,国企。然后资源这个东西本来就稀缺。那个时候稀缺的东西不怕,当时我就是这样想的。好像20多块买过30多块也卖过,每次赚得不多,赚了百分之几十就跑了。因为牛市嘛,一直涨,你买什么股票都赚钱。最后我发现中国铝业好像估值太高了，我就没做这个东西了。如果买着不动还是完了，现在还是完了。

楚华：划定能力范围，只买看得懂的股票

【导语】楚华其实和很多散户一样，选股时比较看重公司基本面，但实际投资时基本上是根据趋势进行波段操作。当然用这种方法，有的人赚钱也有的人赔钱，不过楚华说他这些年基本上都赚钱了，是真的吗？他又是怎样做到的呢？

楚华靠着中国铝业在 2007 年大牛市中尝到了甜头，他开始寻找下一个投资标的。这回他把目光放到了中国平安上。

楚华：当时不断地炒，慢慢地炒，不断地学习。我发现中国平安保险这一块，它是会持续成长的，虽然它当时遇到一个事情。平安的问题还是因为它当时收购了国外的一个投资公司。遇到金融危机它基本上就打水漂了，它几百亿就打水漂了，这个对它业绩影响很大。但是赚钱啊，要不了几年它就赚回来了。好的企业就这样，它犯了错误很快就会扭转，那你这个企业不好的话，像遇到这种情况，早就玩完了。

2007 年，中国平安收购比利时富通集团，因金融危机，这笔投资的价值缩水 95%，一度成为中国企业海外投资失败的典型案例，这一事件也让中国平安在 2008 年股价大跌，从 149 元跌到了 19 元，不过在随后的半年里它又反弹到了 63 元左右。在这个过程中，楚华相信像平安这种大公司不会倒，于是在反弹行情里赚了不少钱。在这之后直到现在，他对大盘蓝筹股产生了特别的偏好。他的自选股中，基本上都是一些市值庞大、业绩稳定的蓝筹股，其中银行股占绝大部分。

楚华：首先我们就说这个银行不会破产，我们解决这个问题，这个公司不会垮，就跟我们以前买平安、买中国铝业一样，这个公司不可能垮，垮了就不行。然后第二个是它的基本面，它这个（股价）都在净资产附近，每年净资产收益率还在百分之二十几。

楚华所谓"炒股没风险"的投资策略其实很简单，就是挑这种破产概率极低的银行，然后根据市场波动做大波段，高抛低吸。虽然相对来讲，银行上涨和下跌比小盘股慢，但因为市值庞大、流动性好，对于楚华这样有几千万元股票市值的投资者来说，用不着为了流动性而考虑分仓的问题，再加上持股基数大，高抛低吸，即便只有5%的收益，绝对值也相当可观。

楚华：银行的话，我赚钱赚得最多的是兴业银行。这几年实际上别人都说招行好，但2008年过后，兴业银行业绩各方面成长性都比招行好，价值投资他们都喜欢招行。有些时候我也做一下格力，格力做一个大波段，中信证券也做过，但每次我买的话都是买这些比较大的，市场比较低的时候买。后面万一跌了，套住就不管它，涨起来了都说牛市来了，我就卖掉就可以了。很简单，我基本上每次都赚钱的。

靠着银行股周期波动，楚华赚了不少钱。但他其实很好奇，那些做短线的人到底赚不赚钱？于是他也偶尔投机过题材股，但几乎每次都以失败告终。

楚华：据说人家做短线的很赚钱，一年资产翻几倍、几十倍，我周围的股东也认识很多做短线的，他们也给我推了些股票，反正就是些小股票，我没听说过，干什么的我也不知道，我听别人说买了一两只好像是。反正每次都没赚钱，最后都亏，亏本出去了。这些股票虽然亏本，但是我买得很少，我在试探性地研究到底短线行不行，他们说这么牛我就试着。这个时候，就这个时候买的（唐德影视），买了过后就跌到这里，就是2015年的时候，跌到这里它又涨起来了，我就把它卖了。停牌前一天我把它卖掉了，结果这一看，卖到顶点了，后面就一直跌了，我再也不敢了，这是我这一辈子最后一次做小票，我再也不做这种股票了。

用自己摸索出来的方法赚钱，跟着别人炒短线却赔钱，两相比较，他得出一个结论，"划定自己的能力范围"，这也是楚华所谓的"炒股没风险"的前提条件。他觉得超范围地买自己看不懂的公司，心里没底不说，即便赚钱也拿不住。

楚华：我买过腾讯，也赚到了钱，但是最后卖了。因为它不在我能力范围之内。我赚了钱就没做了，但是它一直高涨，但这个东西我理解不透啊，就是你理解不透的东西，有很多都是赚钱的。我认为我这个人笨，我从小就笨，我就只能做点笨的事情。赚大钱就让那些聪明人去做，我就做点能力范围之内、我这个笨人能做的事情。

楚华：不远千里拜师求学，和投资大师交朋友

【导语】虽然楚华说自己笨，但是他并没有停止学习。为了提高投资能力，2016年，他不远千里去拜师求学，成了投资大师林园的朋友。

林园：今天在哪拍的？

楚华：在我家拍的。

林园：在家里拍的？

楚华：今天大盘，你对大盘怎么看的？有人说牛市要来了。

林园：不行。不要了，不要了，吃不完了。

每逢节假日，只要有机会，楚华就会像这样去拜访林园。他说自己是林园的铁杆粉丝，今天能和自己的偶像在一起吃饭聊天，都是源于3年前的一次千里拜师。

楚华：我一直想找他，但是我很胆小，觉得人家这么高大上一个人对吧，他也不会轻易见我，所以我一直不敢。还有就是这么多年来林园老师也没出来，没出来露面了。后来有个朋友做短线的，也算我的启蒙老师吧，他发个短信就说我给你推荐一个人，你去找林园，你要做价值投资就去找林园。我朋友是不做价值投资的。他说我是妖怪，你是神仙，你要做神仙你找神仙去，然后他把怎么样在网上找地址（告诉我），我找了半天，在网上搞了个地址，去找找到了。

于是楚华从成都南下深圳拜访林园。当时他在深圳人生地不熟，

好不容易找到了林园旗下基金开户的一个证券公司营业部。

楚华：他们看了我一下说没有这个人。我说你们跟我说一下嘛，我很远过来的，他们有个老总出来了，是当官的嘛，是个女的。出来就跟我说，你找他什么事啊？我说我想拜访一下他，我很崇拜他。我说好的话可能买点他的基金，我是这么跟她说的。最后她就给了我联系电话。当时林园老师好像在邮轮上面，电话打不通，在公海上面好像是在玩，我在深圳等了3天。深圳下很大的雨我记得，林园老师从高铁上下来时下着很大很大的雨，他可能觉得我很诚心，就把我带到他别墅去吃饭去了，我很感动当时。

就这样，楚华成功地和林园交上了朋友。闲暇时间跟林园的交流，即便是觥筹交错间得到的只言片语的指点，让楚华备感受用。

楚华：他的理念，我总结一下有两个，第一个是你把股票拿住，还有就是你买这个股票前要考察几年，开始试探性地买100股，然后不断调研，开股东大会，然后不断加仓，觉得可以就不断加仓。加仓过后，他的预期跟我们的不一样，我们的预期就是这个股票赚个百分之二三十，翻一倍就跑了，他的预期是我买的这个股票要涨几十倍到100倍。人的预期不一样，最后得到的结果也不一样，虽然同一只股票同时买。

楚华坦言，要把一只股票拿到赚几十倍上百倍，对目前的自己来说还做不到，但他也在努力学习投资大师的眼光和智慧。除此之外，他还致力于培养自己的孩子，希望孩子能从小学会投资理财的能力，以便将来能在更高的起点上把家族财富继承下去。

楚华：每天有时间我就给他培训一下，就培养他这个兴趣爱好，现在很小嘛，7岁多。现在开始培养兴趣爱好。后来我们有个亲戚问他，楚浩然，你以后长大了要干什么？我长大了要像我爸爸一样当个大老板，赚很多很多钱，炒股票。你不卖刀了？你不卖楚家刀了？他说不卖楚家刀了，卖楚家刀太累了，炒股票。

2018年5月4日
楚华：成都楚家厨具有限公司董事长
（本文不构成操作建议。股市有风险，投资需谨慎。）

四、跟着林园改变命运——青岛投资者于宝顺

今年是 2018 年,要是从跟林园相识的那一年算起,整整有 12 个年头了。在投资的理念和方法上,也追随林总 12 年了。有时我自己常常回忆,如果不曾认识林总,那么我根本不会对财富,对股票,对投资,对人生有如此清醒的认识。他改变了我整个认知,也改变了我整个人生,在他身上有不尽的能量,在他身上我能看到的是我未来才能理解的认知。这么多年,很多人给林总加之各种称谓,比如投资大师、"中国巴菲特"、"民间股神"、传奇天才,等等,这一切都源于林总的业绩。刚开始接触林总时,他就告诉过我,判断一种投资方法的好坏就是看挣的钱是不是够多!这么久以来,在股市里对于我个人而言,只学会了一种投资方法,那就是按照林总的方法做,听他的话,然后去执行。听起来很笨,其实我也明白,想学他,想成为他,那是学也学不好,做也做不成,他是不可复制的。经过这十几年的业绩验证,是林总的策略和方法,让我从 500 万市值,走到 9 位数大关,带着我一直走在通向财富的大路上。这是一条我人生的快车道,我会一直走下去。下面我就说一说这一路走过的旅程。

2006 年 10 月我父亲在北京大学进修,先后听了厉以宁等中国顶级的经济学家关于中国未来经济和股市的研究数据以及发展方向的讲座,那时的中国正在完善企业改制,优质企业在逐步上市。当时

我还在青岛。父亲来电讲，经过北大好几个教授的邀请，林园作为北大的特邀嘉宾来做演讲，是一个炒股票从8000块到10个亿的传奇人物，你把手里的事情赶紧放下，明天来北京学习学习。听到这些，我感觉能在中国的顶尖学府里讲投资，而且有丰富的实战经验，这是一个厉害的角色。没有一丝犹豫，简单收拾后出发，赶上了第二天林总的演讲。当时能容纳200人的教室，塞得满满当当，幸亏去得早才有了个能看得清讲台的地方。林总的开篇很简单，你们有什么问题尽管来问。对市场足够了解，还有对自己的方法足够自信，才能在北大的讲台上，让顶尖的学子尽情发问。说句实在话，一开场林总就把我征服了。随后就是潮水般的问题，关于经济形势的，关于行业的，关于中国能不能持续经济增长的，等等。具体我记不清了，不过有一点我还是很清楚，那就是他总是能用最直白的话讲出最深的道理！这也许就是大师吧。当谈到个股时，林总提到茅台是中国最好的上市公司，从分红到净利润的增长，可以说是中国的唯一。也谈到上海机场、招商银行，用他的话说，这都是中国将来顶尖的企业，我们持有这些企业就可以享受到中国经济增长的红利。听了林总的一番高谈阔论，我真的是脑洞大开，决定不去创业，不自己单打独斗浪费时间，要按林总的思路和方法，去买中国最好的上市公司，因为林总当时就有句名言，我们买的这些公司都是"赚钱机器"。

2006年底通过父亲的百般找人推荐，我获得了到林总北京办公室学习的机会，当时我就下定决心，哪怕是打扫卫生，端茶倒水也值了。林总本人很友善也好客，在他当时的北京办公室，我们常常是听着他笑谈经济，我记得当时林总跟我说过：小于你很有福，二十几岁就认识我，等到了三十几岁就是亿万富翁，不过在我这个俱乐部里，过亿也仅仅是脱贫，到时候也不能骄傲。天啦！现在想想林总说的话，当时我觉得是个高不可攀的理想，12年过去了，林总让这一切变成了现实。静下心想想，一来是感激林总带领着我们前进，不让我们走弯路。二来是由衷地钦佩，他不仅是自己赚钱，还兼顾着身边这帮人，境界至高，望尘莫及，是兼济天下的大君子。

2006年11月份开始我们就在茅台、上海机场、铜陵有色、招商银行上陆续建仓。买上以后，这些股票也是反复震荡！在持续震荡时，林总总是从公司的业绩跟基本面去判断，不断给我们树立信心。2007年，去上市公司调研时，我们也有机会跟着他一起，深入了解我们所持有的上市公司。据林总说，每年都要来这里，看看公司。这跟我之前了解的股票完全不同，完全不是盘面上的股市，而是真切的公司，在做事情的公司。通过调研，发现林总身上更多的可贵精神，比如他总是能找到又便宜又好吃的饭店、性价比最高的酒店。不舍得让我们这些人多花一分钱，用他的话说，我们是钱迷，只喜欢钱！这些公司的管理层也对林总尊敬有加，其原因也是林总投的是他们公司，会经常来考察这些公司，给上市公司提了不少的合理意见，真的做到了对公司的关心和信任！这也是林总的身体力行，换取了上市公司的尊重！我也感到能跟林总做股票是一条正确的轨道，也庆幸自己没有去创业，不用去跟这些优质的公司竞争。我入市的时候正好是上证2100点左右，到2007年10月时大盘已经到了5600多点，我们手中的股票平均都有3倍的收益，钱来得太快，说实话自己都不敢相信自己的股票账户。就算是在下跌时，林总也表现出了常人没有的自信，坚持绝不空仓。下跌时虽然我们的市值有损失，但是对中国的经济和市场潜力林总是毫不怀疑的。在林总眼里，最大的风险就是离场。2008年到2009年，我们就是在持续跟踪上市公司的业绩，并没有受到市场情绪的影响。这期间有很多人的情绪出现波动，林总也是很耐心地给大家分析讲解。其实他对周围朋友的关心，远甚于自己挣了多少钱。市场自 2009 年开始走入低迷期，林总始终不受外界的影响，媒体和一部分人开始怀疑林总，对于这些他也不愿去解释，现在想想可能在那时林总就知道，以后的时间会证明一切。从 2010 年开始，我们就把更多的持仓，往茅台以及一些食品类的公司上集中，林总也看重高分红、高利润率的公司，如茅台、恰恰食品、涪陵榨菜这些。虽然股市的寒冬还在持续，不过到了 2014 年初时，我们股票的市值，以及林园基金的市值又创了新高，这个新高比 6100 点时的大盘还要高，算上持有林总基金的份额以及个人股票账户的市值，我当初的 500 万已经到了 3000 多万。林总时常告诉我们，我们持有的公司都是未来中国乃至全世界最好的公司。从熊市里的业绩表现上，我清楚地认识了到这一切。但是能做到像林总这样对未来有如此清醒的把握，全国又有几个！安全快乐地赚钱，是我最深刻的体会。从 2014 年底开始，林总又有了新的布局，他在那时说，中国的银行、房地产等行业已经逐步走出了世界级的大公司，医药板块还没有出现，应该布局医药股。在这个行业里未来也会出现世界级的大公司。随着生活水平的提高、人口的老龄化，大家的健康意识会越来越强。当时就有人调侃，林总的投资理念就是喝着酒吃着药！从 2015 年开始，我们所持有的这些公司就开始发力，茅台接连创出新高，医药股票也开始陆续翻倍。又是在大盘涨到 5100 点时，我们又踏准了时机。这时我的个人基金和股票的市值已经达到了 6000 多万。在林总的指引下，这 10 年我在股市里享受到了资产蜕变的快乐。我在家跟母亲聊天时还说，如果没有林总，我不可能在 10 年完成这样的业绩。林总不仅是在投资上给我指引了方向，而且在生活上教会了我如何去选择更合理的生活方式，花最少的钱办更多的事。做人以信为本，对朋友以诚相待。社会上有很多人把林总妖魔化，那是不了解他。我个人跟林总相识10年，我觉得他是活佛下凡。我不仅是跟着他在股市上赚钱，在人生的道路上，他也给我树立了一个正面的榜样。习主席在2015年提出要感恩。我感恩的就是两件事，感恩父母给予我生命，感恩让我结识林总。2017年开始林总终于又肯发基金了，这也给了我们机会，从2017年开始我把更多的现金资产，转入林总基金，跟上他的脚步，就等于坐在中国经济发展的高速列车上。以后的10年，我相信中国也会出现像伯克希尔这样的基金管理公司，而那个管理人必然是林园。那时我最骄傲的是，基金持有人里有我。

2018年7月19日

于保顺：青岛包装物资有限公司副总裁

（本文不构成操作建议。股市有风险，投资需谨慎。）

五、太阳、水、林园——上海投资者任永平

在波澜跌宕、熊长牛短的中国股市，短短 30 年，从 8000 元人民币到数百亿的金融财富，林园成就了这样的传奇，宛如金光灿灿的太阳，耀眼夺目！宛如汹涌滚滚的财富之泉，流光溢彩！惊叹之余，人们多么想知道林园的财富密码呀！

非常幸运认识林园近 20 年了，每想到他是怎样的一个神一般的存在时，我的脑海都会不由自主地浮现太阳和水，只是那是冬日的暖阳，那是夏日的清泉。

与林园一起的日子是非常难忘的，记得 2007 年 6 月的一天，在深圳，林园出席由香港注册财务策划师协会等主办，《深圳特区报》、华扬教育公司等协办的一个财富论坛：《2007 股票投资理念与技巧》，我开车把林园准时送到了位于华侨城的会场。到了现场，看到一个很高级的会议室已坐满了 600 人以上，主办方的老总们也殷勤地迎接并请林园上台就坐，告诉林园，好多人都是仰慕林园"股神"大名而来，真是一票难求啊。林园噢噢了两声，表示知道了，也很高兴的样子。林园看还有不少人在排队，好像在办什么手续，就说让他们直接进来吧，不用再签什么名了，主办方老总立即补充道，您来讲座，1680 一张的票早就卖完了，现在那些人是在花同样的钱买站票呢。您看您的影响力有多大，比演唱会的票都贵，我们以后可以多联手搞这样的活动。林园听后立即火冒三丈，高声说道：你们

什么时候跟我说过要卖票？你们说的就是给学会计金融的学生娃娃随便讲讲股票。我说不收费，你们倒卖起我来了。主办方忙说，实在对不起对不起，我们可以与您分成的。听后林园更火了，你们跟我分成？你以为这几个钱就能请我吗？我昨天坐飞机赶到这里，就是想着你们让我给学生娃娃们讲讲课，我根本就没想钱的事。我若想钱，根本就不会来。不说了，你们现在马上退钱，不然我就走了。说完，再也不理谁，径直半后仰着坐在最后一排的空位子上了。别说主办方晕了，我也晕了，这说让退钱就能退钱？那么多人怎么退呀？得退到几点呢？主办方又来陪着笑容商量了，林总，您能不能先讲课，我们到时候自己慢慢退？林园斩钉截铁地说，我信不过你们，我可以等，等到几点都行，退完票，爱留下来听的就听，不想听的就走。主办方看到实在没有回旋的余地了，下定了决心，开始退票。当会场的听众们搞清楚林园刚才在大声说什么，是怎么回事时，报以了热烈的掌声。在退票经过林园的身边时，我也能清楚地看到每个人的眼睛里所流露出的敬佩甚至崇拜的目光。退票进行了很长时间，队伍依然很长，林园像没事人一样地与我们聊天。主办方看样子也适应了新的情况了，有条不紊地退票，就像有条不紊地卖票。突然，林园说，开始吧，相信你们会退票的，不耽误大家的时间了。

就这样，林园在雷鸣般的掌声中走上了主席台，主办方的领导致辞直接变成了道歉。林园讲话时是这样说的，我看他们还算实在，真在退钱了，谁愿意把到手的利益退回去呢？你们也应该为主办方鼓鼓掌。我看主办方选了这么好的会场，还给你们准备了礼物，也没少费心，也有费用。我看，你们也不像学生娃，也不像缺钱的人，也应该付给主办方一些费用，一人就出个500，你们觉得怎么样？就在林园商量的语气结束的那一刻，会场爆发出了更热烈的叫好声和掌声，我看到主办方的人也在使劲大力地鼓掌。

那天，在主席台上本来有几位作陪的领导，中途都悄悄离开位子到下面听了，仅有林园的小小身躯在主席台上手舞足蹈，高谈阔论，伴随着林园的是观众不时的剧烈掌声。

林园是非常疼爱自己的孩子的，经常会看到他抱抱逗逗自己的孩子，有时他身体有些小感冒类的不舒服，就会看到他会坐在离孩子稍远的地方，笑眯眯地长时间地温柔地凝望着自己的孩子。他的两个孩子的生日差了两天，那天他与家人连我 10 个人，给两个孩子并在一起过生日。我想，两个孩子的生日一起过，一定非常隆重吧，一家人一起在外吃饭本来就比较少的。林园在住家的楼下小超市给孩子买了一个蛋糕，在住家走不了几步路就到的人民食堂，全家人一起吃了顿饭，林园点的饭菜，鱼肉齐全，各种特色小吃酒水，10 多个菜，也是非常丰盛的，到最后结账时，用完了代金券，共花了240 元。实际上，与林园一起吃饭的次数越多，你会越习惯他，林园的一句口头禅就是"不浪费"，当他看到大家都吃得很好，又没有任何浪费时，他的高兴往往会超过花钱本身。

林园一直是一位超级买家，大到房产汽车，小到水果蔬菜，他一定是货比三家，总能买到超值的好东西。林园在穿着上是非常讲究的人，常看他穿很漂亮又很合体的花衬衫，他告诉我，这些全是意大利原产的，在香港买的，原价每件 2300 港币，清仓，2000 港币他买了所有合适的 13 件，每件又花了 8 块钱改了一下下摆。林园非常喜欢逛网店，经常在网上淘宝，他甚至能买来 8 块钱一件的意大利客供面料的 T 恤衫。他告诉我一定要注意是外贸尾单、客供面料，而且要注意产地，还要多比较。有一次他告诉我，亚都加湿器，标配的和豪华的，功能完全一样，除了外壳不同，生产成本有 10 块钱的差别，零售价却相差 1000 块。我几乎不敢相信我的耳朵。

与林园相处多了一定会发现，他的确像太阳，总是充满了正正的能量，爽朗直率，光明正大，直接而恒定；他又很像水，细腻敏感，清澈空灵，低调朴实，至柔至坚，向着既定的目标不屈不挠又无拘无束坚定地流淌着。也许正是太阳与水的品格，混合生成了林园的财富密码吧。

2018 年 8 月 8 日

任永平：上海中汉投资有限公司董事长

（本文不构成操作建议。股市有风险，投资需谨慎。）

六、与林园的六次见面——成都投资者黄元泽

最开始了解林总是通过 2005 年《成都商报》的报道，凭直觉，感觉这是一个世外高人，后来 2007 年认购了华润信托林总发的产品。都没见过面，直接认购的。

2007 年，在（深圳）华润信托的会议上第一次见到林总本人。不高的个头显得很沉稳。当时他的身家应该有 20 亿，很平易近人。我向他请教了些股票和基金方面的问题，临别时他主动递了张名片给我，我很感动。

第二次是 2008 年茅台股东大会，和一朋友专程去茅台看望林总，并请教了些股票方面的问题。其间他讲了句话影响了我一生。这句话就是"核心理念是持有"，简简单单的一个词语"持有"价值连城。好股票重仓持有才能挣大钱，这一观念影响我这一生，使我在以后的炒股生涯中受益匪浅。还有一句就是"趋势形成，涨会涨到你不信，跌会跌到你不信"。

第三次在 2012 年 5 月左右，给林总打了个电话，咨询林总什么股票可买。他当时推荐了某某某科技，当年某某某科技翻了 3 倍。2013 年 4 月，分拆出某某某国药，国药上市后又重仓国药，两三个月又翻了两三倍。那个参与某某某科技和某某某国药的账户一年多挣了 10 倍，最后到 2014 年、2015 年牛市做完，那个账户大概翻了 60 倍左右！

第四次，2013年林园来成都的时候，住在锦江宾馆。当时贵州茅台10倍左右的市盈率，是塑化剂事件最严重的时候，大家都在纷纷抛售茅台，我问他能买不，他斩钉截铁地说，国外具有成瘾性的产品至少是20倍市盈率，茅台被低估了，可以买。当时我很迷茫，对他说买茅台的事也半信半疑，后来的结果大家都知道了。

第五次，2017年四五月的时候，林园参加完五粮液股东大会，来成都给我打电话。晚上聚餐的时候，他推荐了片仔癀。他觉得片仔癀挺好的，此股后来成为2017年、2018年最牛的医药股之一。

第六次，2018年1月一起在成都西门一家汤锅吃饭。他又说了句让我印象深刻的话，"我们从来没有因为高估卖过一只股票"，这句话值得反复思量和学习。认识林总多年了，他周围一帮朋友的资产从几万、几十万到几亿甚至10亿，我也是受益人之一，很是感谢他。"怕周围朋友不听话，亏钱"是他的口头禅，他希望周围的朋友都能因为股票而发财，经常为朋友考虑。

2018年8月17日

（本文不构成操作建议。股市有风险，投资需谨慎。）

七、林园是世界顶级行业宏观大师——上海投资者文安国

1. 相识

我一直是做实业的，因缘际会，在 2011 年底手头正好有一笔闲钱，想在资本市场有所作为，于是一直寻找机会。一年来见过北上广深众多业内精英，总觉得所遇非人，直到 2012 年底朋友给我引荐了林园。在北京同仁堂科技的股东大会上，我见到了仰慕不已的"股神"林园。硕大的鼻子，笑眯眯的小眼睛，透着精光，长得像尊大活佛，简单的几句闲谈，一针见血，能让人感觉到他对股市的热爱，对所投资企业的了解，对自己挣钱能力的自信，还有就是他对人的无比真诚，也深深地打动了我。他说，文总，你是干过企业的，挣钱不容易，你要先花时间好好考察，你适不适合干这一行，这个行业上吊的、跳海的、坐牢的都有，股票这个行业，今天高了，明天低了，就像玩过山车一样，你如果心理过不了关，最好不要介入。听完"股神"的这番话，我对这个人、这个行业又有了新的认识，不经历风雨哪能看见彩虹，人生就是要不断打拼挑战，完善自我。我当即给林园先生表了态：进入一个行业，必须找到这个行业的标杆，你就是中国股市的顶尖高手，股市挣钱标准的制定者，我已下定了决心跟你干，相信你，大不了从头再来。"股神"说，有你这几句话，我就放心了。第二天早上我就去开了户，一周之内分两笔打入，现在已经跟林园 5 年了，我的总资产翻了四番，这是我人生中第二次

创业的劳动成果，搁以前做传统行业时，做梦也不敢想象有这样大的收益。林园彻底地改变了我的人生，让我对中国资本市场有了全新的认识与感悟。

2. 央视采访花絮

2017年10月，中央台财经频道采访林园先生，采访地址是成都望江名门，当时我在场，林园和记者有一段对话，挺有趣的。林园说，你们不要再找我了，我精力有限，我只能搞好我自己的事情。当时几个央视记者说，近30年来，中国资本市场命运多舛，熊长牛短，风流总被雨打风吹去，曾经的风云人物，坐牢的坐牢，破产的破产，只有你百战百胜，基业长青，不找你，我们找谁？！

为什么"股神"林园先生是投资界伟大的投资大师？今天的成绩，与他本人长期的勤奋努力和坚持是分不开的。一年365天，林园先生几乎天天都在投资的企业里边考察边调研，与企业同命运共患难，共享财富增长的乐趣。他凭借个人的洞察力和敏捷的思维，发现好的企业后，自己带团队，三番五次地调研，直到看清看懂，既看企业的产品、市场、团队，又看未来几十年行业与企业的增长情况，绝不会盲目投资。

3. 打造全国最有钱的班级

林园先生通过20多年的辛勤劳动，换来了今天的百亿财富，不但自己富了，还带动身边的朋友、亲人和同学一起致富。当年汉中卫校的西八一班，很多同学跟着林园，现在都资产过亿，这个班目前应该算国内最有钱的班级。"股神"本人的真诚善良、大爱之心，深深地感染着身边的每一个人。

4. 2017 年底雪球价值投资大会

2017 年 12 月 9 日，雪球价值投资大会在深圳福田体育场召开。两天的大会模式，基本上是台上的嘉宾侃侃而谈，台下的听众正襟危坐，互动交流几乎没有。林园先生一出场，打破了这一惯例。他那真诚直率的演讲风格，简洁明了的投资理念，深深地感染了在场的近万名听众，演讲总是被一浪高过一浪的掌声打断。演讲结束后，主办方破例让林园先生留下来，在台上与现场听众进行了半小时的互动，详细解答了听众提出的问题，解释了什么是投资的确定性，何为垄断，为什么以前只投资与嘴巴有关的具有成瘾性的消费品，为什么买入与持有是两个系统，为什么现在只投与高血压、糖尿病、心脏病这 3 种病的治疗有关的公司，为什么个人投资者必须买基金，为什么现在是 15 年不遇之机会，必须跑步入场……

5. 林园是世界上顶级的行业宏观大师

2006 年底林园投资公司成立，在一位了解林园实力的深国投（现改名华润信托）领导的多次劝说下，林园于 2007 年 3 月 10 月发行了 3 期产品，至今，收益颇丰。

由于中国股市牛短熊长，在沉寂近 10 年之后，从 2016 年 12 月，林园开始密集发行私募产品。截至 2018 年 8 月，林园投资累计发行 30 多只产品。

良好的品牌形象、稳定的投资回报，为林园先生赢得了广泛的市场声誉。2018 年以来，上证综指从年初的 3580 点，跌到现在的 2680 点，上市公司质押股票频频爆仓，成百上千家 P2P 平台纷纷爆雷，房价下跌，百业衰败，中美贸易战阴云密布，前途未卜。据《上海证券报》统计，截至 2018 年 8 月 7 日，超过 2000 只私募清盘，半数为主动清盘。募集资金极其困难，在一片凄风苦雨中，林园投资不通过券商和银行，仅靠口碑和人员直销，今年就募集了20多个亿。据有关方面统计，林园投资上半年几个月的募集资金，占全国私募资金募集总数的一半以上。这就是实力，这就是林园。

今年5月，我随林园一起去美国奥马哈，参加巴菲特股东大会。国内的参会人员多达1万以上，有不少林园的粉丝知道他去美国，纷纷带着《中国股神林园炒股秘籍》一书来到美国，让他签字，与他合影。在《红周刊》和有关媒体举办的与美国"股神"巴菲特的晚宴座谈会上，林园先生被主办方请上台，与中外投资者分享他的投资逻辑、投资理念。在我看来，林园先生的投资理念与巴菲特先生的投资理念，如出一辙，林园先生只投资与嘴巴有关的具有垄断性、成瘾性的产品，只投资与高血压、糖尿病、心脏病这3种疾病的治疗相关的公司，与巴菲特的"护城河""能力圈"理论，一脉相承。根据福布斯富豪最新数据显示，截至2018年1月18日，巴菲特的身家为919亿美元，约合6000亿人民币，在全球富豪排行榜中位列第三，仅次于亚马逊的贝索斯和微软的比尔·盖茨。今年巴菲特先生89岁，林园先生55岁，巴菲特的919亿美元身家，说明他过去几十年投资的正确与成功，林园先生的几百亿身家，在巴菲特面前确实不值一提。但要知道，离人生百年，巴菲特先生最多还有10年，而林园先生却有多得多的时间，假以时日，比如再有个10年或20年，按林园最保守的估计，他的资产应该是现有资产后面再加两个零，到时候世界首富一定是林园先生。我相信，你相信吗？让我们拭目以待，时间最诚实，会证明一切！

林园20多年的优良业绩，也引起欧美顶尖基金经理的关注。这两年在私下交流时，有华尔街的犹太基金经理，直言不讳地称赞林园是世界上顶尖的行业宏观大师,过去没错过,将来也不会错。

林园改变了我!

林园也将改写中国人在世界金融史上的地位!

2018 年 9 月 15 日

(本文不构成操作建议。股市有风险,投资需谨慎。)

八、中国特色的"股神新时代"——深圳投资者杨璞

从 2015 年开始，因为公司要开展 FOF 基金业务，我先后在国内外拜访了几百位基金经理和资产管理人，其间，有幸于 2016 年 3 月，作为投资行业里的一个 80 后晚辈，在深圳结识了"传说中的"林总。在那之后的 3 年里，我拜访了林总 10 余次，对林总的印象逐渐丰富立体起来，对林总的投资理念以及投资方法也从困惑、怀疑慢慢转为了认同、崇拜，乃至信仰，从而深刻体会到那句"不要通过别人的嘴去认识一个人"。

这次应作者邀请，我把这几年与林总接触的感受与体会写出一些文字来，惶恐之余深感荣幸。

我总结了一下，在多次向林总请教之后，从林总身上我学到了一个成功投资者所必须具备的 3 个关键理念。同时在林总的启发下，我也慢慢找到了关于投资领域 5 个重要问题的答案。

这里先说一说让我收获最大的 3 个关键理念：

第一个关键理念是"长远的投资眼光"。林总经常跟我们说，"任何时候做投资一定要从现在往后看二三十年"。慢慢地我对这句话也有了我自己的理解：只有用较长远的投资眼光选出来的投资标的，才有可能以坚定的持股信心持有较长的时间，获得数倍的回报，消化股价短期的情绪波动以及政策影响造成的动辄百分之几十的波动，让自己的财富每 5 到 10 年上一个台阶。林总这个理念与巴菲特

异曲同工，巴菲特先生经常说的一句话是"我希望持有一只股票的时间是永远"。

第二个关键理念是"追求投资的确定性"。林总经常强调，"投资一定不能亏钱，一定要寻找百分之百的确定性"。第一次听到林总说百分之百的时候，首先我是不信，然后我是觉得不可能，因为这个要求太高了。但是在接下来逐渐了解了林总的投资理念以及过往的投资史之后，我逐渐明白了他对这条原则的执着与坚持。也因为林总经常反复强调这句话，我才开始真正理解为什么爱因斯坦说复利是宇宙间第八大奇迹。也许很多人都还不知道，办公室里面一张普通的 A4 纸，如果能够对折 100 次的话，高度竟然可以从地球到达太阳。人们都知道巴菲特通过投资把 1 万美元变成了 800 亿美元，林总通过投资把 8000 元人民币变成了 300 亿人民币，印度的拉克什通过投资把 100 美元变成了 32 亿美元，却不一定都知道复利正是这些投资奇迹背后的数学依据。而投资中的确定性则是实现复利的前提与保障，所以查理·芒格才会说："投资最重要的是弄清楚复利的威力以及实现复利的难度。"那么，接下来要说的第三个理念，我认为便是投资中确定性的前提和保障了。

第三个关键理念是"基于全球视野的行业研究"。以前只是知道林总对 A 股了如指掌，随着对他了解的加深，才发现林总其实是站在全球视野下进行各个行业的研判，而在聊到某个行业或者某个企业的诸多细节时，他"该知道的全知道"，并且林总也提示我们这些后辈们，"要有意识地通过几十年的学习和积累，慢慢在脑子中形成全球经济运行的宏观图像"。这句话对我来说如醍醐灌顶，让我清晰地看到了，原来看似简单的国内股票买卖，其投资决策背景却是对全球各个国家、各个行业经济运行的整体了解与把握。这个理念绝对是给我们这些资产管理后辈们指明了一生的努力方向。

投资领域综合了知识、技能、眼光、情商与胆识等诸多因素，这里因为篇幅有限，我只写了我个人认为从林总这里学到的最重要的三个投资理念。幸好林总曾将他的投资理念，浓缩为"林氏六字真言"——行业＋垄断＋成瘾。我想，这六个字真的值得大家时时细细品味。

至于这些年来在林总的启发下，我找到的那5个投资问题的答案，我先把问题罗列在这里，仅做抛砖引玉之用：

问题1，全球范围内，任何一个国家的各大类资产（包括股权、不动产、黄金、债券、大宗商品、古董、艺术品等）之中，哪一类资产是长期来看资产价格收益最高的？

问题2，全球范围内，在投资领域里面，哪些人，用什么样的投资理念，在哪些大类资产中，做了什么样的操作，给自己和身边人创造了巨大的财富？

问题3，在中国，过去30年，哪些人，用相同的投资理念，在同样的资产类别中，做了类似的操作，也给自己和身边人创造了巨大的财富？

问题4，从现在往后展望30年，用同样的投资理念，在同样的资产类别下，还有没有同样的操作机会，可以给大家在未来创造巨大的财富？

问题5，如果以上4个问题你都有了自己比较满意的答案，那么接下来只需要回答，该怎么做？

我认为好问题会带来好答案，在这里我之所以没有给出我自己的答案，这是因为我不认为答案是唯一的，每个人在不同的阶段会有属于自己不同的答案。这些问题若是能引起大家的思考与某些共鸣，甚至能有所收获，我就已经深感欣慰了。

中国有句俗语："读万卷书不如行万里路，行万里路不如阅人无数，阅人无数不如高人指路，高人指路不如自己开悟。"通过这些年来跟林总的交流学习，我真切地体会到了这句话的含义。林总不愿意别人把他称为"中国巴菲特"。其实在我看来，无论是美国的巴菲特，还是中国的林园，又或者是印度的拉克什，他们虽然在不同的国家和地区进行投资，但他们使用的是相同的投资理念，获得的回报也是普通人不可想象的倍数。

还好中国有林总这样的人，用他的实践向大家证明了价值投资在中国是可行的，同时更是证明了中国经济也是行的，中国的财富管理行业也是大有可为的。希望林总身体健康，在接下来的30年引领我们走向中国特色的"股神新时代"。

2019年3月1日

杨璞：深圳前海长征基金管理有限公司总经理

（本文不构成操作建议。股市有风险，投资需谨慎。）

九、"股神"大道——上海投资者杨光

从万米高空俯视，2月的锦官城，浸泡在沉沉霾海之中，一时间，如同沉寂颓唐了数年的大国股市，让人不知深浅，不知所往。

"股神"其人

成都街头，依然寒意扑面。有河畔柳树，已凛然抽丝。"不知细叶谁裁出，二月春风似剪刀。"柳丝虽为冷风雕琢，但春意悄回，倒也惹人思绪。

学习金融知识，自然绕不开股票二级市场。在中国股市，纵横万千里上下几十年，林园始终是一位风云人物、话题人物。他特立独行，或神隐于市，或傲岸人前。

林园是股市英雄，也是慈善人物，闭关数年，他忽然和某机构合作，在阿里拍卖上为慈善发力，拍卖自己的晚餐对谈时间，为贫寒高中生解决生活困局，一时应者云集，最后被一位神秘人士以19万拍得。

我们几位同学有幸在赵薇薇同学的带领下，赴蓉城躬逢其盛，亲受大师指引。飞机例行晚点，等笔者气喘吁吁赶到现场时，场地已然座无虚席，幸好林园先生尚未登场布道。

音乐声响起，主持人简短且不失赞美的介绍结束，一位身材敦实的北方模样的中年汉子从座中起身，不疾不徐开始演讲，他自然

就是叱咤中国股市几十年，从亿万小股民中突围而出的顶级投资家林园先生。

林先生浓眉阔脸，目光坚定。五官之中，罗马型的鼻子最为引人注目，风水学里，罗马鼻主贵主财旺衍子孙。

林先生不是一个过于自谦的人，他开门见山地说："我是全世界第一行业宏观分析师，30年来，我对行业的把握从来都没有错过。宏观经济我说不准，我相信全世界也没有人能说准，但是行业方向我次次可以精准把握。"

他环顾左右，坚定地说："目前我看好医药行业，中国已经过了经济增长的高峰时刻，目前各行各业都在过剩，唯有医药行业还有发展。"

林先生接着说道："未来30年，中国人平均寿命一定比现在长，但根据人口规律，4亿人已经渐次步入老年社会，或者往生去世。而目前人口出生率并不十分乐观，所以任何行业都没有医药行业有前景。"

他说道，"中国的医药行业还没有龙头企业，没有估值几千亿美金的企业，这是我们进入医药行业的黄金时代，至于药企，我比较关注治疗糖尿病和高血压的药企以及品牌中药药企"。

他说："根据数据统计，全世界百年来，医药上市公司所有利润占全部上市企业利润的百分之七八十。我是学医的，以我的经验，不少疾病，特别是慢性病都无法根治，需要持续医疗。未来30年，中国会出现成长100倍到500倍的医药企业，我会把财务指标好的医药企业买一遍。"

择股

林先生自信地说:"30 年内,如果我能抓住一只成长百倍的中国药企,我就有可能是亚洲首富,甚至是世界首富。"

林先生回顾了他 30 年的股市道路。他说:"我 20 世纪 90 年代炒深发展,炒长虹,本世纪初入手茅台和片仔癀,都是基于我对时代发展节奏的把握以及对企业价值的判断,我追求的是确定性和长期复利回报。对我看不懂的行业,我从未染指。"

"目前我不会碰银行,尽管它们市盈率不高,目前全世界市值最高的银行都在中国。零几年的时候,一个汇丰就相当于中国全部银行的估值,那时才是投资银行股的黄金季节。"

他说,2018 年,是他几十年炒股生涯最困难的一年,他从来没有遇到过这么低迷的股市。

问答环节,在回答一位财经记者的问题时,林先生表示目前他不会投资生物制药,因为短期估值太高。至于投资哪一类药股,他认为投资并不复杂,要投就投那些靠核心品种赚钱的"单纯"公司,这些公司的共同特点是:垄断、有核心产品、是刚性需求并有消费持续性,有相关成瘾性。

代表财经早餐的听众问:中国亿万人炒股,为什么你可以冲在最前面获得成功?可以从成长经历和家庭背景中找寻秘密吗?

林说:"我不光是炒股获得成功,我做房地产还有其他生意都是成功的,我爱琢磨、爱钻研、爱动手,我连家里马桶坏了都是自己修,我还爱做菜,生活当中什么事都难不住我,我干什么都成。"

他说:"我父母都是医生,父亲来自广东,母亲来自浙江,他们都是踏实做事的人,我记得小时候,我母亲为了改进煤气炉的使用效率,一次一次试验提升,经过无数次的实践,目标终于达成。"

下午的演讲和访谈在听众的热烈鼓掌中告一段落，林园带着主办方赞助的 6 斤陈年佳酿奔赴慈善晚宴。

投资观

第二天在林园的基金办公室，他和我们几位余兴未尽的同学进行沙龙对谈，直接回答大家关切的问题。

林认为，炒股就是炒人性，他从来不会为周围纷纭的意见影响。

他说，"我二十几岁就有几千万资产，眼睛从来都是往上看的。这不是说我瞧不起人，而是我不会为别人意见左右"。

"我做每只股票，都是有深入调研的。我做茅台的时候，虽然自己不喝酒，但我会问周边的朋友，我还去部队调研过，当时没反腐，部队是大客户之一，我知道这玩意会成瘾，有依赖，况且你见过毛利率这么高的产品吗？不需要很多研发，还可以不停涨价，这就是我投资茅台的逻辑。"

"做医药股票，我有优势，我以前是医生，有很多朋友在医院，我会去药企调研，有的企业也来找我，我看财务报表，财务报表我自己也会做。"

"我是长期投资者，但牛市来了，我也会炒一遍，不炒是傻瓜啊，但 2015 年那次不是牛市"。

2019 年 3 月 1 日

杨光：上海《财经早餐》股东、深圳西遇鞋业创始人、东莞家语文化科技公司董事长

（本文不构成操作建议。股市有风险，投资需谨慎。）

十、伟大的投资家——广东投资者邓君胜

一、坚定的信念

2012年至2014年，白酒行业在限制三公消费和塑化剂事件冲击下，股价大幅下跌。林园老师重仓的茅台也未能幸免，从180元跌到118元。我至今仍清晰记得当时电视台采访老师，访谈现场两个年轻人，质疑老师的投资体系有问题，问为何不反省。林园老师霸气地回答："我的体系完全正确，没有什么好反省的！"在那时艰难的背景下，如果没有对股票本质的深刻理解，对所持有企业的充分了解，是不可能如此坚定的！目前，贵州茅台股价已经进入900元的区间，给老师带来了丰厚的回报。这证明了老师的远见和长期坚定持股信念的巨大价值！

二、投资的真谛

股票的本质是一个企业的股权，老师告诉我们股票的风险本质上是企业经营的风险、买价太贵的风险。为了规避这些风险，老师总是在熊市当中进行战略布局，大量投资各行业中顶级的公司。持有各行业伟大的企业，成为伟大的投资家就是必然！

2018年初同林园老师见面，向他请教投资真谛。老师简明扼要，直透本质：

1. 管好自己：投资最大的敌人是自己，而不是市场、庄家、上

市公司老板。只要不乱买，按体系投资，就能稳定收获回报。

2. 垄断：投资各行业处于垄断地位、产品有成瘾性的伟大企业。这样的企业经营风险小，利润持续不断增长，推动股价不断创历史新高。贵州茅台、五粮液、片仔癀、云南白药等就是典型代表。

3. 安全边际：2018年10月，老师到东莞证券做讲座。当时人心涣散，股市低迷，上证指数跌到了2500点。老师一再提醒投资人，大家都不看好，都亏钱，股票被极度低估的时候，就是战略建仓机会，一年之内产生回报是大概率事件。现在半年不到，很多股票已经创新高，回报丰厚。股票作为企业资产，价格跌多了更有价值，投资回报率更高，风险更低。再好的公司，买价太贵都有风险！

4. 仓位配置：老师要求用长期不用的闲钱投资，在评估股票质地和价值的基础上，配置资金。公司好，估值低时，仓位配置多些；公司好，估值合理时，适当配置。还应配置部分低风险的可转换债券等作为组合的一部分。

三、顶级行业战略分析家

林园老师对行业发展趋势分析理性，眼光独到，战略清晰。去年5月在北京聚餐，老师分析中国未来30年老龄化的挑战与机会、哪些行业会得到大发展、哪些行业会受影响。逻辑严密、数据丰富、论据充分，并采取行动大量投资将会受益的医药行业，预估未来会获得百倍以上的收益。老师过去4次战略投资——地产、银行、家电、白酒行业——从未错过，回报巨大，不愧是全球顶级的行业战略分析家，这次一样不会错，因为他掌握了投资、行业轮动的根本规律。

四、佛道投资境界

有两位顶级投资家进入了佛道投资境界，他们就是投资界的佛，是开悟的人，看透了投资的真谛、股票的本质！一位是巴菲特老先生，另一位是林园老师。巴菲特跳着踢踏舞去上班，而林园老师经常在山清水秀的地方优哉游哉，幸福而自在，摆脱了贪嗔痴的控制，进入了大自在的境界，喜悦而幸福！

投资修的是心，充满爱和善，同幸福相伴，会走得更远，这是每个投资人一生的修行。这样一个引路人就在我们身边！永远感恩林园老师！

2019 年 4 月 8 日

邓君胜：广东滚雪球股权投资总经理

（本文不构成操作建议。股市有风险，投资需谨慎。）

十一、解读我眼中的"股神"林园——深圳投资者李斌

2007年牛市的时候,我有缘偶然读到王洪先生根据林园口述及微博写的一本书——《中国股神林园炒股秘籍》。书中的理念与国外"股神"接近,但案例和实践却紧扣中国股市投资。作为1989年中国股市的第一批投资者之一,林园先生的投资经历,甚至比巴菲特更传奇,年化回报率也更高。

2007年后的这十几年,我自己一直在股市摸爬滚打,有收获,更有失败。而关于林园先生的这本书我一直定期重温,10年至少重读10遍。书中无私分享了一些林园重点研究和投资的行业、股票,这些股票最近十几年的股价业绩表现,印证了林园投资理念的正确,以及他对行业和公司超强的洞察力。

这本书中首先分析了林园前三大重仓股,即贵州茅台、五粮液和招商银行,最近十几年来的经营业绩和股价表现都出类拔萃。例如,贵州茅台公司为股东赚取的净利润10年超10倍,从2007年的28亿增长到了2018年的352亿。按照2007年底上证指数5200点顶部的股价计算,到2018年10月,虽然上证指数只有2440点,也有丰厚的回报率,截至今日,收益率更是超过600%。如果按照书中说的2003年就买入茅台,则已经获得数百倍的收益了。由此可以推测,林园的个人财富目前已经从2007年的20亿增长到数百亿以上了。

2018年10月,中国股市一片惨淡的至暗时刻,我专程到成都拜

访中国股市的传奇人物林园先生，学习他的理念，也想借大神对股市投资的乐观情绪，为熊市中的自己打气。以下为纪要和个人感悟，分享给各位有缘看到这本书的朋友。

以下为纪要：

2018年10月10日，我和朋友一起专程飞到成都，登门拜访林园。见到林园，握手以后，林园爽朗地笑着说："你们能从外地专门跑来找我，很不容易。"我说："我们在股市这么低迷的时候来找你请教，说明对股票投资是真爱。"林园则开玩笑说，看来大家都是真的喜欢赌。

这次我们在林园那里还碰到两位也是从深圳专门飞到成都拜访林园的投资者，其中一位是去年以10亿私募规模在全国排名前十的私募基金公司格林施通的余军先生。余军跟随林园学习和投资多年，旗下基金的业绩表现也非常好。见面后我们在成都的街头找了一个老字号的花椒鱼火锅大排档坐下，边吃边聊。顺便说一句，这个大排档人均消费30元，属于林园喜欢的好吃不贵、性价比特合适那种类型的餐厅。

这里总结了一些关于林园和交流内容的关键词分享给各位：

对林园的印象：说话做事开门见山，对人有情有义。对自己的投资理念和实力信心十足。投资和生活都接地气，讲究性价比和确定性。喜欢投资长期向好行业内的龙头品牌企业。未来10到30年专注于医药行业优秀企业的投资。

说话做事开门见山：林园说话做事都是开门见山、直言直语。在餐厅坐下来就直接问我们来找他的目的是什么，我说别人都是去美国看"股神"巴菲特，而我们来成都看中国的"股神"。林园又问我们在股市中赚了多少钱。他说，过去已经过去，不重要了，理论说再多也没意义，重要的是长期能在股市赚大钱，谁能在股市长期赚大钱他就佩服谁，巴菲特就是这样。在 2006 到 2007 年牛市那段时间，林园也是直言分享了自己的投资理念和股票标的给大众，后来发行私募，因为合规原因，才不再主动提及自己研究和投资的股票标的。

对人有情有义：林园带着身边的人发财，身边的亲戚朋友甚至工作人员都跟随他投资股票发财了，就连当年身边的司机和保姆现在都是亿万富翁。林园当年读卫校时所在那个班级的同学全都发财了，按林园的说法，他们是全国所有学校班级中发财人数最多的一个班，每个人都跟着他炒股发了财。根据初次见面他对我们的态度可以看出，林园是个热情和随和的人。

对所投资的股票信心、耐心十足：林园坚信自己投资能赚大钱的好公司并长期持有的方法是最好的方法，过去 30 年已经证明这一点，未来还会印证。即使股市最近遭遇了新一轮股灾，他也是满仓持股，不惧怕短期下跌波动。林园也提到某某坐庄，其实在 20 世纪 90 年代就有这种玩法，他只是不屑于用这种方式赚钱，因为确定性不够且犯法。

除了信心十足，林园对所持股票的耐心也是十足。云南白药从 20 世纪 90 年代持有至今，近 30 年已经获得几百倍收益，茅台、五粮液、同仁堂、片仔癀等从 2003 年左右买入至今一直持有没卖。

对确定性的把握：基于对投资企业未来经营业绩确定性的把握能力，林园说过去 30 年来他从来没有在 0.5% 仓位以上的股票上亏过钱。错过的大牛股票中有腾讯，但不太后悔，因为腾讯经营的确定性不够高，他自己也不容易搞懂。但对自己认为经营确定性更高的苹果股票的错过，略有后悔。林园身边的人还说林园开车非常谨慎（也可以说是慢），这一点也可以佐证他对确定性的重视。

投资和消费都接地气：林园的另一大特点是接地气。从投资到消费都讲究性价比。消费上非常节俭，不太像亿万富豪的生活方式，而研究上市公司也喜欢去其销售产品的门店探访，去和消费者、管理层交流。他经常在不同的城市生活和居住，感受当地的消费习惯和经济情况。

投资好行业的龙头品牌：林园认为自己对行业的把握是最厉害的，找到长期向好的行业之后，他会投资其中能做老大的龙头品牌企业。林园说十几年前的那本书里就定义了未来10年股市中最赚钱的上市公司和行业的标准。过去十几年赚钱的行业，是以茅台为代表的品牌消费品行业，它代表的是中国消费升级的趋势。最近，林园则给出了未来10年甚至30年最赚钱的行业和股票的标准。林园看好的未来10到30年最赚钱的行业和股票是医药股，尤其是与高血压、心脏病、糖尿病这3种需要长期服药治疗的疾病相关的品牌医药公司。未来10到30年，中国的老龄化趋势会使医药行业的规模、业绩爆发式增长。

未来10到30年，林园将专注于医药行业优秀企业的投资。

中国20世纪60年代出生的人口约有4亿，随着年龄的增长，这些人开始有很多慢性病需要长期治疗，从而将极大地推动医药行业的发展。

相对于国外糖尿病、高血压、心脏病这3个病种的市场规模，国内预计至少有100倍的成长空间。林园调研了100多家三甲医院的大内科病人的数据，发现过去3年大内科的整体就诊量翻了一番。慢性病是治不好的，需要长期进行药物治疗。未来像贵州茅台这样的百倍牛股将要从医药行业中诞生。

在经济调整期，只有医药是刚需，投资风险相对较小，机会相对更加明确。

心脏病、高血压、糖尿病相关并发症的治疗药物产生了医药行业 70% 的营业额，利润也占到医药行业的 70%。这 3 种病的药品都是顾客需要反复购买和消费的。

下面是跟林园见面后的几点个人感悟：

一、林园的业绩真实可靠：林园作为 1989 年最早参与股票的投资者之一，有丰富的经验和阅历，更有过顶尖的投资业绩。但在这 30 年中，大家对他的评价毁誉参半，很多人不相信其 8000 元起家，能只靠股票就赚取数百亿身家，甚至说林园是骗子。其实这是一种偏见。大家都相信做实业的李嘉诚、王健林能白手起家，达到财富巅峰，却不愿意相信股票投资能取得同样成就。林园做股票，是在行业增长期内，买入自己能看懂并能算清楚账的该行业的龙头企业，并一路持有，相当于跨行业做实业投资，是一种确定性极高的投资行为。而李嘉诚做实业是在自己能力圈范围之内投资企业的经营行为，与林园没有实质差别。

另一方面，林园先生在 2006 年左右接受央视财经频道采访的时候，就公开了自己的股票账户，也提供了证券公司交易记录的交割单来证明投资业绩。此外，以下几点也证实了"股神"的名不虚传：2007 年 2 月 28 日上证指数 3000 点左右时林园投资发的第一个基金，后来在上证指数 2480 点的情况下，还有 280% 的收益率；即使是 2007 年 9 月上证指数 5000 点时发的两只基金，至 2018 年 10 月也都有 119% 的收益率；最近两年发的基金，年化收益率则都在 40% 以上，名列全国几十亿以上规模基金的前 10 名。阳光私募的记录有第三方证券公司和银行的监督，真实可信。而在我重新整理这篇文章的今天（2019年4月23日），林园的基金净值，更是纷纷创出历史新高。

二、学习林园投资理念的难点：林园的投资理念就是买入优秀上市公司的股票并长期持有，看似简单却很难坚持。2007年出版的《中国股神林园炒股秘籍》提到，林园要在全国随机找100个人教投资方法和股票知识，使他们复制他的传奇，结果到2008年股灾时，100人走了一大半，到2014年茅台股价表现低迷时，剩余的人也全部坚持不下去了。事后，林园总结说大部分人是在2007年牛市看到他赚钱的财富效应才追随他的，并不是真的对股票投资本身有很大的热情和兴趣，所以最后在股市低迷的时候很难坚持下去。

林园还提到一件事。2006年的时候，《成都商报》、某证券公司和林园搞了一个50万实盘组合，由林园指导，证券公司的人操作，结果前几年在把50万炒到1000多万后，管理账户的证券公司的老总因为炒期货的诱惑，卖掉了这些股票，终止了实盘组合的实验。如果持有至今，这个账户将会有几十倍以上的收益率。所以说，即使赚了大钱，如果没有深刻理解和接受价值投资的理念，也会半途而废。

三、林园对中国股市未来的看法：林园说，现在是熊市转牛市的时候，非常值得买入。所以我们在最近一年多密集发行了很多基金募集资金。我们相信，过去30年我们买入、持有股票以后18个月不亏钱，36个月创新高的历史规律会再次得到验证。我们不在意、不担心现在股市的下跌，我们2008年也跌过50%到60%，很快都涨回来了。股票95%的时间都是不涨或者下跌的，真正上涨的时间大概只有5%，如果刚好在这5%的时间没有持有股票，就会赚不到大钱。所以现在最好的策略就是满仓买入，持股等待。

2007年上证指数5000点左右时发行的几个阳光私募基金，到今天上证指数2500点时，仍然有100%到200%的收益率，最近几年更是进入一年、三年、五年阳光私募10亿以上规模的前10名，林园也是唯一一位进入3个排行榜的私募经理。

2019年4月23日我重新整理这篇文章时，上证指数已经从2018年10月2440点的最低点位强势反弹回到了3200点，我不禁赞叹林园对股市规律和整体估值的把握和判断。

林园说他2007年搞的100人计划失败了，但在我看来，林园的计划并没有失败，相信全国有无数人和我一样，因为读《中国股神林园炒股秘籍》而走上投资的正道，并取得很好的成绩。100人计划失败了，但是该书成就了万人计划。2019年这本书的修订版面世后，希望有更多的有缘人读到这本好书，深刻领会林园分析股市、行业、公司的高超理念，最终在投资的大道上赚到钱，甚至改变命运。

2019年4月23日
李斌：深圳久战久胜投资管理公司投资总监
（本文不构成操作建议。股市有风险，投资需谨慎。）

再版后记

"行业＋垄断＋成瘾"就是林园的财富密码

"行业＋垄断＋成瘾",是林园近两年对他投资确定性理论的最新阐述。在近30年的投资生涯中,林园从8000元到亿万的财富暴增,得益于他抓住了3次历史性的行业机会。

一、银行业。1989年至1996年暴炒深发展,为林园带来了千万元以上的积累,2003年至2016年买入招商银行(包括融资借款1亿多买入招商银行转债)又给他带来了上百倍的收入。林园2016年卖出银行股,是因为互联网金融的兴起导致银行的客户黏性降低,并且中国银行股市值已经很大了,位居世界前列。

二、彩电业。中国改革开放后,老百姓的生活水平逐渐提高。20世纪80年代居家必备三大件是自行车、缝纫机、手表。到了90年代三大件就变成了彩电、冰箱、洗衣机,当时谁家乔迁新房、娶媳妇,必须有一台平面直角带遥控的彩色电视机。需求的火爆,带动了相关公司股价的飙升,在1994年至1997年,林园在以四川长虹为首的家电股上赚了超过4000万的收益。林园卖出四川长虹,是因为竞争激烈导致销售价格下降,进而公司的毛利率下滑,而公司又没有定价权。

三、白酒业。从2003年买入持有至今，林园重仓的贵州茅台为他带来了超过200倍的收益。中国几千年的酒文化，动辄需投资几十亿上百亿的白酒行业壁垒，改革开放以来国民经济每年百分之六以上的高速增长，再加上百姓的消费升级，为白酒行业打开了无限广阔的发展空间。林园最早买入的白酒股票是五粮液。忘了是2001年还是2003年，我随手打开五粮液资料查看十大个人股东，惊喜地发现前三位都是我认识的朋友，包括林园。因为买了五粮液，所以林园也关注贵州茅台，后来发现茅台的各项经营指标都好于五粮液，因此调仓将资金的七成买了茅台，三成买了五粮液。后来的故事大家都知道了，2012年到2014年因为限制三公消费、塑化剂事件，茅台股价"飞流直下"，重仓茅台的林园也饱受非议，林园是"骗子""大忽悠"的传言，甚嚣尘上。林园不为所动，依然一股不卖，相反，茅台每年的分红他都又全部买成茅台股票，并依然信心满满地每年参加茅台股东大会。茅台的董秘及历任高管，对林园持有茅台的定力钦佩不已，所以每年的股东大会，都请他当投票监票员。历经风雨，方见彩虹。今天，2019年4月10日，茅台股价947.99元，按林园16年前买入茅台的最高价29元计算，其累计收益已经超过200倍，这还只是算了茅台16年以来的分红及送股，没有算茅台当年股改时按比例无偿送给股东的大量认沽权证和认购权证。茅台就是林园所说的赚钱机器，其复杂独特的工艺流程、强大的品牌力量、百分之九十以上的毛利率，以及公司超强的终端把控能力及市场定价能力，是对林园财富密码"行业＋垄断＋成瘾"的最完美诠释。到今天为止，林园还没有发现哪家公司的挣钱能力能超越茅台，所以他认为茅台是中国乃至世界最伟大的公司，他会一直持有下去。

在林园的投资理论中，持有和买入是两个系统。现在持有的，是 16 年前买入的；今天要买入的，是未来 20 年、30 年必须持有的。

从 2017 年 12 月，林园开始在很多场合宣讲"行业+垄断+成瘾"的投资理论，而且他认为现在介入医药行业，将是他这辈子资产再上一个大台阶的最后一次机会。

林园的逻辑很简单。

1. 行业。除了医药行业，其他行业都是产能过剩。林园本人及其父母都是医生，医院的同事、熟人、同学遍及全国。通过对 100 多家医院的调查，林园发现每家医院都人满为患，近 3 年来的门诊量增长 1 倍以上。

2. 糖尿病、高血压、心脏病产生了整个医药行业七成以上的营业额。

3. 中国 20 世纪 60 年代出生的人口约有 4 亿，现在 50 多岁，消费能力强，未来二三十年会慢慢老去。糖尿病、高血压、心脏病都是老年慢性病，一旦患上就治不好，只能终身服药缓解症状，其药物具有成瘾性。

4. 美国人均医药消费占 GDP 的 17%，中国仅占 6% 不到。世界前 100 强公司中，医药公司就占了 4 成。反观中国，超大市值公司都是银行、能源、钢铁等垄断企业，医药公司还是默默无闻的小字辈。今天中国最大的医药公司与世界 500 强公司相比，市值相差 100 倍到 500 倍。

5. 结论就是，现在买入治疗糖尿病、高血压、心脏病这 3 种病的公司股票，随着公司股本的扩张和盈利的增加，未来 5 年赚个几倍甚至 10 倍都不稀奇。林园认为，未来 30 年，买这些公司股票最差的结果是赚 100 倍，最好的结果是赚 500 倍。

"赠人玫瑰，手留余香。"本书之所以在这个时间节点上再版，是因为林园觉得现在正是买入医药股的好时机，是近15年难得之历史机遇，如果错过了，就太可惜了。今天买入治疗糖尿病、高血压、心脏病这3种病的公司股票，就像当年林园买入茅台、五粮液，未来30年赚100倍的确定性是百分之百。

买过旧版的朋友，可以跳过前面11章，只看后面新增加的3章。本书在修订再版过程中得到众多朋友的鼎力支持，在此不一一言谢。

最后，以林园最为推崇的美国总统林肯的一句名言，作为本书的结尾："我走得很慢，但是我从来不会后退。"

2019年4月10日

王洪

（本文不构成操作建议。股市有风险，投资需谨慎）